| | | |
|---|---|---|
| 試行 *n* | | あか |
| 試行 *n*+1 | みどり | きいろ |
| | 不一致条件 | 統制条件 |

**図 2-9 負のプライミングの例**（本文 p.47）

実験参加者はインクの色を命名することが要求される。不一致条件においては試行 *n* で抑制された色（赤）が試行 *n*+1 において反応すべき色となる。

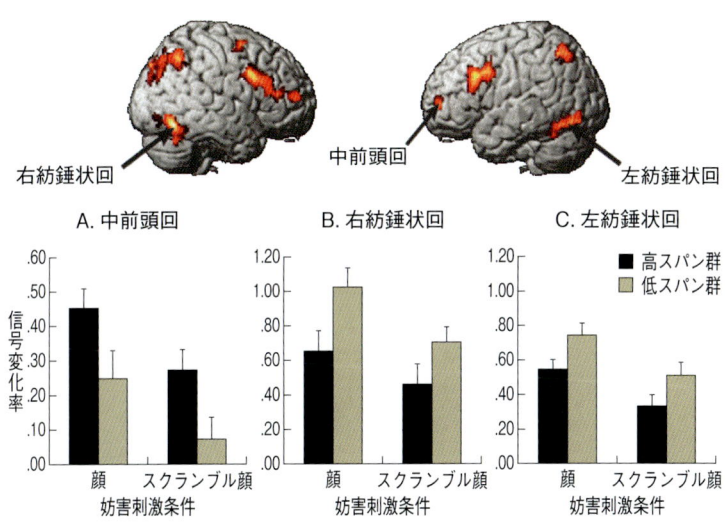

図 4-5 **妨害刺激処理段階における脳活動**——高スパン群と低スパン群の比較（Minamoto et al. 2010 より）（本文 p.116）

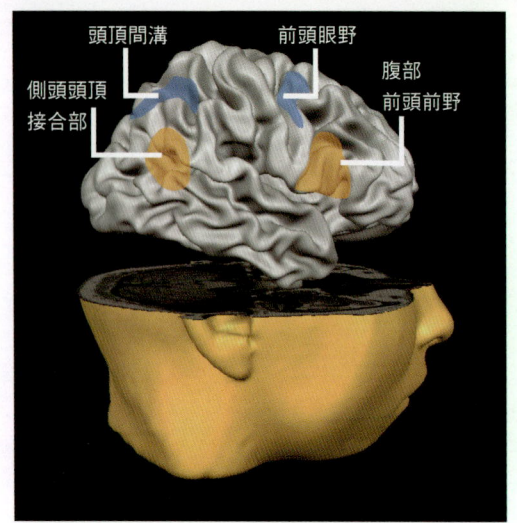

**図 5-2 2つの前頭–頭頂注意ネットワーク**（本文 p.128）
頭頂間溝と前頭眼野は背側注意ネットワーク、側頭頭頂接合部と腹部前頭前野は腹側注意ネットワーク。

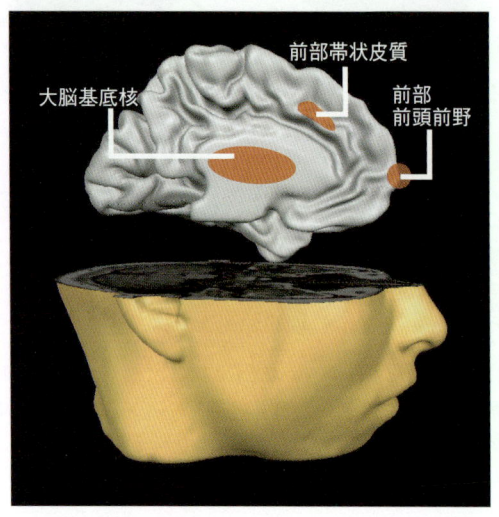

**図 5-5 帯状–弁蓋ネットワーク**（本文 p.145）

社会脳シリーズ 3

# 注意をコントロールする脳
神経注意学からみた情報の選択と統合

苧阪直行 編

新曜社

Social Brain Series Vol. 3
Neuroattentionology—How Brain Controls Attention
(Series Editor, Naoyuki Osaka)

# 「社会脳シリーズ」刊行にあたって

苧阪直行

脳というわずか1リットル半の小宇宙には、銀河系の星の数に匹敵するほどの膨大な数のニューロンがネットワークを形成し、相互に協調あるいは抑制し合いながら、さまざまな社会的意識を生みだしているが、その脳内表現についてはほとんどわかっていない。

17世紀、デカルトは方法的懐疑によって、思考する主体としての自己を「われ思うゆえにわれあり」という命題に見出し、心が自己認識のはたらきをもつことを示した。しかし、デカルトは、この命題を「われ思うゆえに社会あり」あるいは「われ思うゆえに他者あり」というフレームにまで拡張したわけではなかった。自己が社会の中で生かされているなら、それを担う脳もまた社会的存在だといえよう。しかし、自己と他者を結ぶきずなとしての社会意識がどのように脳内に表現されているのかを探る気の遠くなる作業は、はじまったばかりである。そして、この作業は実に魅力ある知的冒険でもある。

脳の研究は20世紀後半から現在に至るまで、その研究を加速させてきたが、それは主として「生物脳（バイオロジカル・ブレイン）」の軸に沿った研究であったといえる。しかし、21世紀初頭

から現在に至る10年間で、研究の潮流はヒトを対象とした「社会脳（ソシアル・ブレイン）」あるいは社会神経科学を軸とする研究にコペルニクス的転回をとげてきている。社会脳の研究の中核となるコンセプトは心の志向性（intentionality）にある。志向性は心の作用を目標に向けて方向づけるものであり、社会の中の自己と他者をつなぐきずなの基盤ともなる。人類の進化とともに社会脳は、その中心的な担い手である脳の新皮質（とくに前頭葉）のサイズを拡大してきた。霊長類では群れの社会集団のサイズが脳の新皮質の比率と比例するといわれるが、なかでもヒトの比率は最も大きく、安定した社会的つながりを維持できる集団成員もおよそ150名になるといわれる（Dumber 2003）。三人寄れば文殊の知恵というが、この程度の集団成員に達すれば新しい創発的アイデアも生まれやすく、新たな環境への適応も可能になり、社会の複雑化にも対応できるようになる。一方、社会脳は個々のヒトの発達のなかでも形成される。たとえば、幼児は個人差はあるが、およそ4歳以降に他者の心を理解するようになるといわれるが、これはこの年齢以降に成熟してゆく社会脳のかかわりがあるといわれる。他者の心を理解したり、他者と共感するためには、他者の意図の推定ができることが必要であるが、このような能力はやはりこの時期にはじまる前頭葉の機能的成熟がかかわるのである。志向的意識やワーキングメモリなどの分泌性ホルモンがはたらきはじめる時期とも一致するのである。オキシトシンやエンドルフィンなどの分泌性ホルモンも共感を育む脳の成熟を助け、社会的なきず

なを強めたり、安心感をもたらすことで社会脳とかかわることも最近わかってきた。

　社会脳の研究は、このような自己と他者をつなぎずなである共感がなぜ生まれるのかを社会における人間とは何かという問いを通して考える。たとえば共感からどのように笑いや微笑みが生まれるのか、さらにヒトに固有な利他的行為がどのような脳内表現をもつのかにも探求の領域が拡大されてゆくのである（苧阪 2010）。共感とは異なる側面としての自閉症、統合失調症やうつなどの社会性の障害も社会脳の適応不全とかかわることもわかってきた。

　さて、脳科学は理系の学問というのが相場であったが、近年人文社会科学も含めて心と脳のかかわりを再考しようとする動きが活発になってきた。たとえば社会脳の神経基盤を研究しその成果を社会に生かすには、自己と他者、あるいは環境を知る神経認知心理学（ニューロコグニティヴサイコロジー）、良心や道徳、さらに宗教については神経倫理学（ニューロエシックス）、美しさや芸術的共感については神経美学（ニューロエステティクス）、何かをほしがる心、意思決定や報酬期待については神経経済学（ニューロエコノミックス）、社会的存在としての心については神経哲学（ニューロフィロソフィー）、ことばとコミュニケーションについては神経言語学（ニューロリンギスティクス）、小説を楽しむ心については神経文学（ニューロリテラチュア）、乳幼児の発達や創造的な学びについては神経発達学（ニューロディベロップメンツ）、加齢については神経加齢学（ニューロエージング）、注意のコントロールとワーキングメモリについては神経注意学（ニュ

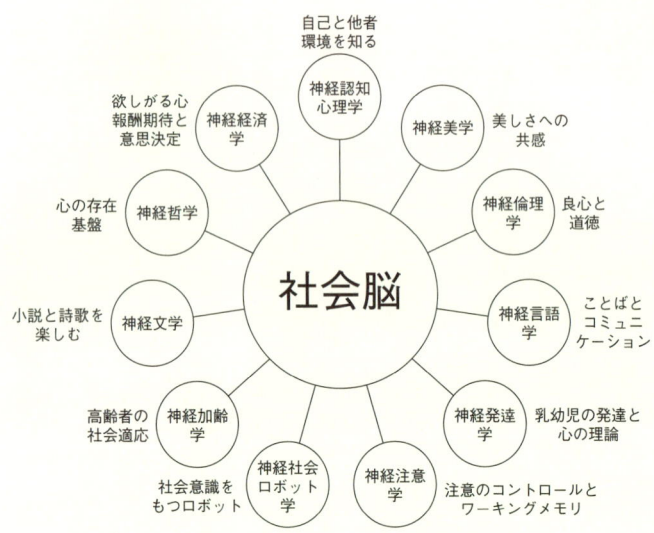

**社会脳にかかわるさまざまな学術分野の一例**

ーロアテンション)、さらにこれらの社会脳の成果を近未来的ブレインマシンインターフェイスで実現する神経社会ロボット学(ニューロソシアルロボティックス)などの新たな学術ルネサンスがその開花をめざして、そのつぼみを膨らませている。驚くべきことに、いずれも「神経」の後に続くのは多くは文系諸学科の名前であり、社会脳研究が理系と文系の学問を橋渡しし、新たな知識の芽生えを準備する役割をもつことを暗示している。筆者は鋭い理系のクワをもって豊かな文系(人文知)の畑を耕すことが社会脳研究という先端科学を育てる手だてであると信じている。これらの新領域の学問は上の図のように多様な側面から社会脳に光を当てることになろう。

さて、科学(サイエンス)という言葉は

ラテン語の scientia に由来しており、これは知識を意味する。これに、con（集める）という接頭辞をつけると conscientia となり知識を集める意味になり、さらにこれは意識 (consciousness) や良心 (conscience) の語源ともなり、科学は社会に根差した営為であることが示唆されている（苧阪 2004）。「社会脳」の新分野は21世紀の新たな科学の研究スタイルの革命をもたらし、広大な領域に成長しつつあるのである。社会脳は人文社会科学と自然科学が協調しあって推進していく科学だともいえる。

この「社会脳シリーズ」がめざすのは、脳の中に表現された社会の姿をあらためて人文社会科学の俎上にのせて、これを広く「社会脳」の立場から再検討し、この近未来の新領域で新たな学術ルネサンスが開花する様子をスケッチすることである。社会脳のありようが人間とは何か、自己とは何かという問いに対する答えのヒントになることを願っている。本シリーズが社会脳研究の新たな展開と魅力を予感させ、多くの読者がこの分野に興味を向けてくれることを期待している。

社会脳の最近の動向を知りたい読者のためには、英文書籍ではあるが最近出版されたばかりの Decety & Cacioppo (2011) をはじめ、Cacioppo, Visser & Pickett (2006)、Cacioppo & Berntson (2005)、Decety & Ickes (2009)、Harmon-Jones & Beer (2009)、Harmon-Jones & Winkielman (2007)、Taylor (2002)、Todorov, Fiske & Prentice (2011) や Zelazo, Chandler & Crone (2010) などが参考になろう（巻末文献欄を参照）。一方、本邦ではこの領域での理系と文系の溝が意外に

深いため、本格的な社会脳関連の出版物がほとんどないことが悔やまれる。

なお、Cacioppo et al. (eds.) (2002) *Foundations in Social Neuroscience* では2002年以前に、また Cacioppo & Berntson (eds) (2005) *Social Neuroscience* には2005年以前に刊行された主要な社会神経科学の論文がまとめて見られるので便利である。

社会神経科学領域の専門誌として、2006年から *Social Neuroscience* (2006–) や *Social Cognitive and Affective Neuroscience* (2006–) の刊行が始まっている。なお、日本学術会議「脳と意識」分科会や、日本学術振興会の科学研究費基盤研究（S）「社会脳を担う前頭葉ネットワークの解明」（http://www.social-brain.bun.kyoto-u.ac.jp/）でも2006年から社会脳を研究課題やシンポジウムで取り上げてきた（その研究や講演をもとに書き下ろしていただいた原稿も本シリーズに含まれている）。

【社会脳シリーズ】
1　社会脳科学の展望——脳から社会をみる
2　道徳の神経哲学——神経倫理からみた社会意識の形成
3　注意をコントロールする脳——神経注意学からみた情報の選択と統合（本書）
4　美しさと共感を生む脳——神経美学からみた芸術

以下続刊
・報酬を期待する脳——神経経済学
・小説を楽しむ脳——神経文学
・自己を知り他者を理解する脳——神経メンタライジング
・成長し衰退する脳——神経発達学と加齢学
・ロボットと対話する脳——神経社会ロボット学

# 社会脳シリーズ3 『注意をコントロールする脳』への序

 この「社会脳」シリーズ第3巻『注意をコントロールする脳——神経注意学からみた情報の選択と統合』では、社会脳のはたらきのなかでも、とくに志向的な心を担う注意を扱う。ここでも、1、2巻と同様に、最新の機能的磁気共鳴画像法（fMRI）や経頭蓋磁気刺激法（TMS）などの脳イメージングの方法と洗練された実験心理学の手法を組み合わせて注意とは何かを考えたい。注意がどのようにコントロールされ、知覚や記憶とどうかかわるのか、その複雑なパズルを解いていきたい。注意という心のはたらきの脳内メカニズムを、外部世界（知覚）から内部世界（記憶）まで広範に研究する新たな学問をここでは神経注意学（Neuroattentionology）と名づけたい。本シリーズの「刊行にあたって」に示した社会脳研究の諸分野のモデル図に即すると、神経認知心理学（Cognitive Neuropsychology）と密接にかかわるほか、「情報の選択と統合」という注意のキー概念において多くの分野と密接にかかわるのが注意である。
 身近すぎてわかっているつもりが、じつは科学的にはよくわかっていないものの一つがまさに注意である。注意とは何か、という問いは、経験的にはだれにでも答えられそうなものなのだが、

脳から見た注意に関しては、今のところ答えるのが困難な問いなのである。注意は心理学では長らくブラックボックスのなかでの作業仮説にすぎなかったが、最近、その脳内メカニズムの全貌が注意のネットワークのはたらきとして捉えることができるようになってきた（本巻2章参照）。いうまでもなく注意は必要な情報を選択し、不要な情報を排除し、さらに情報を統合する心のはたらきであり、背後にはそれを支える脳の機能がある。新たな情報に気づき、何が重要な情報で、何が不要なのかをさまざまな状況下で判断するのが注意の主要な役割である。そのおかげで、当面不要な情報を抑えて、現在必要な情報に注意を向けることができ、日常生活が無駄のないものになる。

注意が注意たるゆえんは、それが制約をもつことであろう。最近、注意を心的な処理資源と考える立場から、意識的な注意の資源には容量の制約があることがわかってきた（意識化されない自動的な注意については2章参照）。たとえば、運転中に別のことを考えたり、あるいは歩行者に注意したため信号を見落とすような場合、その原因は前者では内的思考、後者では別の外的対象にある。内的であれ外的であれ、2つのイベントに同時に注意を向けることは難しい。この難しさは注意が容量の制約をもつことと、そのために注意のコントロールが難しいことを示唆している。

このように、注意は私たちの心や行動を導く羅針盤のはたらきをしているが、心の作業台を照らす注意の脳内メカニズムの研究はワーキングメモリなどの記憶研究を取り込んで新たな展開が

はじまっている。ワーキングメモリはワーキングアテンションと呼ぶ人もいるくらい、注意と深く結びついている（ワーキングメモリについては、本シリーズ1巻8章参照）。この巻でも随所に触れられているように、脳には注意とそれに導かれたアクティブな短期的記憶システム（前頭葉のワーキングメモリシステム）があり、この一時的な記憶システムには、注意を調整しコントロールするはたらきがあることがわかってきた。コントロールがうまくゆかないと見落とし、物忘れや行為のし忘れが生じる。ワーキングメモリのもつ、いわゆる「脳のメモ帳」の容量は制約が厳しく、メモ帳をうまく使うには実行系という注意のコントロール機能が必要になるのである。

現在われわれは、急速に広がるインターネット社会に生きており、スマートフォンなどの情報機器が身体の一部とみなされるほど身近な存在となり、コミュニケーションのツールになってきた。そのおかげで、われわれは毎日多くの情報の検索と発信に追われ、注意という資源を使っている。このダイナミックに変貌を遂げる情報社会で、社会脳が適応的にはたらくためには、スマートフォンなどのモバイル型の身体性情報機器の使い勝手を、注意の容量制約に配慮したワーキングメモリデザインで設計することが必要になってきた。注意をうまく切り替え、不必要な情報は捨てることが必要であるが、切り替えがうまくできないとストレスを感じることになる。

本巻では、1章で注意が時間と深くかかわることを見たあと、2章では注意がどのように研究

されてきたかをその歴史を見ながら、視覚的注意を中心に、研究の最前線を、そのモデルを例示しながらわかりやすく紹介する。3章以降では、前頭葉を中心としたワーキングメモリのはたらきが注意のコントロール機能とどのようにかかわるかについて見る。まず、3章では、2章で紹介したトピックスを詳しく見てゆきたい。4章では、当面不要な情報がどのように脳で排除されるのかを脳の頭頂葉のはたらきを通して見てゆきたい。5章では、複数の注意のネットワークについて、6章と7章では、空間性の注意がもつ興味深い2つの現象を観察する。それぞれ、「オブジェクト置き換えマスキング」(6章) と「注意の瞬き(またた)」(7章) と呼ばれ、報告すべきターゲットとなる刺激が時空間的な妨害刺激によって違った見え方をもたらす現象である。これらの脳内メカニズムについてあらたな説明モデルも示されている。8章では、ピクチャースパンテストという視覚性のワーキングメモリの容量を測る方法について述べている。本書では脳イメージングの方法や手続きについては詳しく触れなかったが、この方面に関心をもつ読者は類書を参考にされたい。

最近の注意の研究では、注意を記述するいくつかの新しい概念や術語が現れている。本邦では、定まった訳語がないこともあったり、表現上考慮すべきものもあるが、本巻の2章で出てくる cortical blindness には「皮質盲」、5章の inattentional blindness には「非注意盲」、さらに3章や8章に出てくる change blindness には「変化の見落とし」という訳語を当てたことをお断り

しておきたいと思う。

最後に、最新の研究を紹介する原稿をいただいた著者各位には心より御礼を申し上げたい。また、新曜社の塩浦暲氏からは編集上のアドバイスを、大阪大学特任助教の金田みずき博士からは専門用語についてアドバイスをいただいたことに感謝したい。

2013年7月1日

苧阪直行

注

[1] 苧阪直行編　2010　『脳イメージング――ワーキングメモリと視覚的注意からみた脳』培風館
　　村上郁也編　2010　『イラストレクチャー認知神経科学』オーム社

# 目次

「社会脳シリーズ」刊行にあたって　i

社会脳シリーズ3『注意をコントロールする脳』への序　viii

## 1 注意の時間窓　　　　　　　　　　　　　　　　　苧阪直行　1

注意とは何か　1

機能主義における注意　3

「現在」とは何か　6

注意の時間学　8

おわりに　11

## 2 注意の脳内メカニズム──歴史と最近の展開　　　越野英哉　13

はじめに　13

ブロードベントとフィルターモデル　15

情報処理資源としての注意 ... 17
注意の制御（トップダウンとボトムアップ） ... 20
脳の視覚情報処理 ... 21
空間的注意 ... 24
視覚探索と特徴統合理論 ... 33
反応競合と抑制 ... 45
ワーキングメモリと注意 ... 50
注意に関係する脳内ネットワーク ... 58
注意のトップダウンな調節 ... 60
おわりに ... 64

## 3 視覚性ワーキングメモリの容量と注意制御　　坪見博之　67

はじめに ... 67
視覚性ワーキングメモリの容量制約 ... 71
視覚性ワーキングメモリ容量の単位 ... 73
ワーキングメモリ容量の脳内メカニズム ... 81
ワーキングメモリ容量の制約と見えのパラドックス ... 89

## 4 注意し選択する脳 ―― 不要な情報を排除する脳 源 健宏・苧阪直行

はじめに … 93
選択的注意に関する研究の歴史 … 96
初期選択と後期選択 … 98
選択的注意の負荷理論 … 101
負荷理論を支持する脳機能画像研究 … 103
ワーキングメモリ容量と選択的注意 … 107
ワーキングメモリ容量の個人差と選択的注意 ―― 認知神経科学研究 … 110
さまざまな認知負荷 … 117
今後の展望 … 119

## 5 複数の注意と意識、脳 松吉大輔

注意とは … 121
注意を測る … 123
二つの注意と脳 … 127
注意と意識 … 131
注意と意識の脳内メカニズム … 134
三つ目の注意 … 143

## 6　注意性のマスキング　　　　　　　　　　　　　　　　　　　廣瀬信之

注意と見落としの関係　　　　　　　　　　　　　　　　　　　149
遍在する見落とし　　　　　　　　　　　　　　　　　　　　　153
オブジェクト置き換えマスキング（OSM）　　　　　　　　　155
OSMの説明理論　　　　　　　　　　　　　　　　　　　　　174
おわりに　　　　　　　　　　　　　　　　　　　　　　　　　179

## 7　注意の瞬きの脳内表現　　　　　　　　　　　　　　　　　　木原　健

はじめに　　　　　　　　　　　　　　　　　　　　　　　　　181
注意と見落とし　　　　　　　　　　　　　　　　　　　　　　182
注意の瞬きにかかわる後部頭頂葉の活動　　　　　　　　　　　188
経頭蓋磁気刺激（TMS）を用いた注意の瞬き研究　　　　　　191
注意の瞬きの神経モデルと認知モデル　　　　　　　　　　　　195
ネットワークとしての脳活動　　　　　　　　　　　　　　　　199
おわりに　　　　　　　　　　　　　　　　　　　　　　　　　203

## 8 視覚情報の容量制約 ――ピクチャースパンテスト（PST）を用いて―― 田邊亜澄・苧阪直行

はじめに ……… 205
注意の容量 ……… 207
ワーキングメモリを測定する ……… 216
ピクチャースパンテスト ……… 219
おわりに ……… 225

文献 (1)
事項索引 (4)
人名索引 (13)

装幀＝虎尾　隆

# 1　注意の時間窓

苧阪直行

## 注意とは何か

われわれの生活は注意（attention）を払わなければならない事物に囲まれている。独仏伊で表記されるような念の入った表示板もある（図1–1）。

「○○には注意」という場合、○○はモノ、ヒトあるいは抽象名詞さえ入ることがある。日常生活でも「信号に注意して渡ってください」だとその意味は一つであるが、「あの人に注意してください」と言われれば、小言を言ってくださいの意味にもなれば、用心するようにという意味にもなり、前後の文脈によって意味が違ってくる。要するに、心の内外のあらゆる対象が注意

**図1-1 独仏伊語（上から）で書かれた「注意！」の表示板**

　の対象となるのである。ところが、注意を向けることがどのような意味をもつかは万人が知っているのに、注意という心のはたらきがどのような脳のメカニズムによって担われているのかは科学的にはまだ解明されていない。中世の神学者アウグスチヌスは「時間とは何かと尋ねられなければ知っている、しかし説明しようとするとなんだか分からなくなる」と言ったという。この言明の中の時間を注意に置き換えてみると「注意とは何かと尋ねられなければ知っている、しかし説明しようとするとなんだか分からなくなる」といった具合になるだろう。経験としてはその意味も意義もよく分かっているのに、科学的に説明しようとすると分からなくなりがちなのが注意である。

　注意という志向的な心のはたらきは、現在の認知心理学や認知科学では心の理解にとって重要な機能であると考えられている。本書では主に視覚的な注意やそれを妨げる騒音などを取り上げられているが、聴覚的な注意やそれを妨げる騒

音については難波（2001）などを参照してほしい。注意についての疑問の一つに、同時にいくつの対象に注意を向けることができるか？というものがある。この疑問に答えるにはちょっと工夫した心理学の実験を行ってみるしかない。本書の2章以降ではさまざまな実験が、その答えを用意している。

## 機能主義における注意

近代心理学の歴史を紐解いてみると、注意は意外な扱いを受けてきたことが分かる。認知心理学が盛んになる前の、行動主義的心理学では、注意は刺激と反応を結ぶブラックボックス内での出来事であり、意識と同様に観察できないものとして研究対象とはなり得なかった。注意は志向的な意識とも密接にかかわることから、これは意識についても同じことが言える（苧阪 1994）。認識論の哲学上での注意の研究史は長いが、注意の科学的研究の歴史はごく短いもので、つい最近始まったばかりなのである。

行動主義では注意を認めなかったが、行動主義と対立した構成主義（心が構成要素の結合により形成されるという考え方）でも注意を統合という意味合いをもつ統覚という心的要素によって説明したのみで、要素主義的（心はその構成要素に分けられるという考え）であり、その機能を説

したわけではなかった。一方、認知心理学や認知科学で採用された機能主義（心のはたらきは環境への適応にあるという考え方）では、注意という心の状態をその機能や目的によって定義することができたため、広く注意が科学的心理学の領域で用いられるようになった。これには情報処理システムとしてのコンピュータの出現と発展が大きな影響力をもったのである。機能主義では、注意はある意味をもった表現（表象）を、階層がもう一段上にある別の目標をもつ表現に変換する過程とみなし、心に志向的なはたらきをもたせるため、それを計算として表現するのである。そして、類似した制約条件や初期値のもとで、同じ解が計算できれば、計算式は問われないということになる。極端に言えば、注意は容量制約のある脳における計算過程で表現できる、ということになる。近代心理学では、機能主義は米国の心理学の父とも言われるジェームス（James 1892）の生物学的な適応アプローチに、その源の一つを発している。

機能主義に立って発展してきた認知心理学や認知科学は、コンピュータ科学の発展と密接にかかわっている。たとえば、認知心理学で重要な役割を果たすワーキングメモリ（working memory）の概念は、もともとパソコンのメモリ（ランダムアクセスメモリ）のはたらきのアナロジーに由来している。草創期のパソコンはマイコンとかワンボード・コンピュータなどと呼ばれ、計算の中間的な結果を一時的にワーキングメモリ領域にはきだし、その中間的データを使って次のステップの計算に進めるといった使い方をしていた。作業用にデータを一時的に貯める記憶領域ということで、ワーキングメモリ領域と呼ばれたのである。当時は高価で容量の少ないメモリ

を有効に使うためのソフトウェア上の方略であった。この概念を、ヒトの情報処理過程に当てはめるアイデアによって、一時的な記憶の表現にワーキングメモリの機能が持ち込まれ、それが現在の高次認知における注意のコントロールに重要な役割を果たすワーキングメモリの研究に発展したのである。研究者によって違いはあるが、ワーキングメモリをワーキングアテンション (working attention) の研究であると主張する人がいるほど、注意のメカニズムと深くかかわる研究領域となっている。

このように、認知心理学や認知科学では、さまざまな情報処理を認知のメカニズムに取り込むことが重視され、そのメカニズムには情報の選択の機能が必須であることから、注意は重要な役割をもつことになったのである。認知心理学の主要な研究領域を形成する感覚・知覚、記憶、言語や思考、さらに意識などのテーマは、その多くの過程に注意がかかわっている。そして、注意はそれぞれの領域で異なった神経ネットワークをもちながら、一方では共通の神経基盤をもつことも分かってきた（2章を参照）。また、当初は作業仮説の域を超えていなかった、注意のメカニズムについても、動物やヒトの脳のはたらきが観察できるようになってきたことで、研究は大きく進展したのである。機能主義の立場から、注意を情報処理チャンネルのフィルターとしてみる情報工学的なモデル、処理資源やスポットライトとして注意を捉える認知モデルなどが提案されるようになり、さらに、注意の脳内メカニズムがｆＭＲＩ (functional magnetic resonance imaging: 機能的磁気共鳴画像法) やＥＲＰ (event-related potential: 事象関連脳電位) などを駆使し

5　1　注意の時間窓

た先端的な認知脳科学の進展によりその解明が加速されてきたのである（2章参照）。このような動向が、今日の注意の科学（science of attention）の隆盛を導いたといえる。本書は注意の科学を、特にその高次な脳内ネットワークのはたらきも含めて明らかにすべく、神経注意学（neuro-attentionology）の確立を目指して刊行されるものである。

## 「現在」とは何か

注意を考える時、時間の流れ、とくに現在を考えることは重要である。物理的時間には過去、現在や未来はなく、それらは人間の時間の意識が作り出した便宜的な区切りに過ぎない。しかし、人間には「現在」があり、そこを基点として、遡ることができる過去があり、思いをはせる未来がある。現在の経験であるけれども過去のことがらであるといった複雑な事象も考えることができる。たとえば、藤原定家が明月記に記録した超新星爆発は1054年4月、つまりおよそ千年前の過去に、かに座星雲で観察された現象であり、現在夜空に見ているかに座星雲もはるかな過去の残照であることを知識の上で理解することができるのである。宇宙にはビッグバン以来の時間があり、人の心には過去、現在や未来があるのである。

われわれは、「現在」をどのように捉えているのであろうか？　経験から見た現在というもの

を哲学的に吟味してみると、「時は単に過去から考へられるものでもなければ、又未来から考へられるものでもない。現在を単に瞬間的として連続的直線の一点と考へるならば、現在といふものはなく、従って又時というものはない。過去は現在に於て過ぎ去ったものでありながら未だ過ぎ去らないものであり、未来はまだ来らざるものであるが現在に於て既に現れて居るものであり、現在の矛盾的自己同一として過去と未来とが対立し、時というものが成立するのである」（西田1949）と考える立場がある。心理的、あるいは経験的には「現在」という時は過去と未来が対峙する瞬間にあって、しかもなきがごとし、という言明である。つまり、「現在」は過去でもあり未来でもある矛盾的自己同一の関係の中にあるということになる。「現在」は便宜上、われわれの心の時間という流れを区切る一つの状態として、あるいは流れを調整する堰やイベントという時間の一里塚を記すマーカーとして感じるだけなのである。実際に「現在」を定義しようとすると、たちまち困難に陥ることを示している。しかし、ここに時間の流れを調整する機能としての注意の役割を見出すことができるのである。つまり、注意は、時間的意識の流れを調整するはたらきをもち、注意こそ心の時間をつくり出しているのだともいえる。

　主観的時間は多重的で、おもしろい性質をもっている。経験の時間学では「現在」は注意を伴う意識を通して認識されるが、身体において「現在」を定義しようとすると一種の撞着が生まれる。身体の一部でもある脳の「現在」は一つではないのである。経験される時間やイベントの系列の生起順序と、物理的世界で生じる時間順序性との間にはズレがあるのである。たとえば、遠

7　1　注意の時間窓

くから眺めると稲妻は見えた後で音が聞こえる。これは空気中では光が音より早く伝わるためであるが、一方脳という身体の内部では事情は異なる。脳では（神経の伝達速度や神経線維の長さにより）音刺激は光刺激より約40ミリ秒早く処理されるのである。稲妻という視覚刺激に対する反応時間が平均150ミリ秒であるのに対して、聴覚は視覚より約40ミリ秒早く脳のゴールに到達することになる。ここでは、脳に同時性の判断を担う領域があって、この領域に張ってあるゴールに最初に到達する神経的信号を見はっていればよいことになるのである。このように情報が脳内の一つの場所に集められることで意識が形成されるというアイデアは、デカルトの劇場モデルという名がつけられており、すべての情報はここを通過するという想定になっている（Dennett 1991）。しかし、このような劇場は脳には存在しないのである。稲妻やその音の響きは主観的な知覚経験であり、ズレは存在するのであるが、それらの微妙なズレが一定の幅の時間窓にあれば、注意がこれらを結びつけて（バインディング）、時間的な同一性を作り出し、「現在」を脳の中で編集するのである。

## 注意の時間学

ここで、注意と時間を結びつける注意の時間学について考えてみたい。楽しい経験は主観的な

時間の経過を短縮しがちであるし、退屈な時間は長く感じられるように、感情経験も時間の経過に影響を及ぼすことが分かる（松田他 1996）。では、感情が関与しないような単調な時間経過の場合はどうであろうか？　時間の経過が何らかのイベントによって区切られ、その区切りの多寡によって主観的時間の長さが定まるとする考えがある。これによると、イベントによって分節化された時間は短く感じられるということになる。実際、1分間をメトロノームの音を聞きながら過ごすと、何も音を聞かない空白時程で聞く場合と比べると短く感じられる。これは、何を意味しているのであろうか？　音を聞くこと、あるいは何かに注意を向けることが心理的時間を短く感じさせている原因の一つになると推定できる。このように考えると、注意は主観的な時間の流れに強い影響力をもっていると考えられる。注意はそもそもそれが空間的な注意であれ、言語的な注意であれ、時間の制約の中での心の現象を取り扱う。したがって、注意と時間は切り離して考えることができない。われわれは時間の中に生きている。

きているのは「今、あるいは現在」であり、過去は意識の中に、未来はこれから経験するであろう予感の意識の中に息づいている。注意はうまく現在を生きるための「意識の流れ」（James 1892）をコントロールする心のはたらきであり、それは注意という脳の適応的プロセスによって担われていると考えることができる。

これは心理的な「現在」が比較的短い時間の範囲（窓）をもっていることを示唆しており、視覚や聴覚の生起の順序や同定には時間的制約があることを意味している。これに配慮して、たと

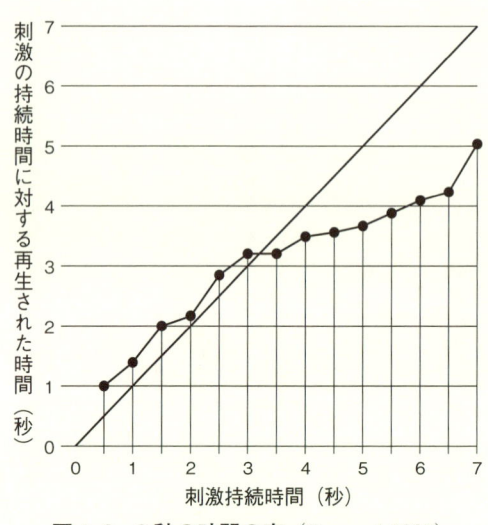

**図1-2 3秒の時間の窓**（Poeppel 1985）

えば光と音が脳の中で同時となるように刺激を置く場所を決めることができる。たとえば、ドイツのミュンヘン大学の神経心理学者ペッペル（Poeppel 1985）によれば、観察者から12・5メートル離れた距離で光と音の二つの刺激を物理的に同時に提示すれば、脳内では同時に（もしあれば）デカルトの劇場に達することになるという。しかし、光や音が脳の中で符号化されて、到着するゴールはそれぞれ異なるのであるから、その主観的同時性を判断するのは、その判断の一端を担う注意のはたらきにあると言わざるを得ないのである。二つの刺激の到着時刻はどちらの刺激に注意するかによって微妙に異なってくるのである。

このように脳の現在は一つではなく、心の時間は多重的な性質を帯びているのである。現在という時間の窓で生まれる同時性という

概念は、主観的時間の意識の流れの中では相対的で恣意的な意味しかもつことができないのであజ。これは注意が現在の時間の窓の中で起こったイベントの系列を束ねる効果をもつことによる。注意の時間窓で観察し得るイベントは同時的とみなされるのである。

では、この時間窓はどの程度の幅をもつのであろうか？　ペッペルは図1‒2のように、物理的な時間と主観的な時間の間にズレが生まれるのはおおよそ3秒を境にすると考えた。この3秒はどのようにして求めたかというと、観察者に持続音を聞かせ、その直後に同じ時間を再生させるのである。その結果、再生された主観的時間は3秒程度でちょうど物理的時間と一致するが、それ以下では再生された時間は少し長めとなり（過大評価）、それ以上では短くなった（過小評価）のである。再生された時間という間接的な推定から3秒を注意の窓として捉えるのは、少し拡大解釈ぎみではあるが、3秒を境として意識の上では、それより短ければ長く、長ければ短く感じられることは実験的（経験的）事実なのである。彼によればこの3秒というのは主観的時間の単位のようなものであり、心理的「現在」の時間幅を表しているという。

## おわりに

われわれは、このような注意の時間窓の中に「現在」を認識している。現在とは、主観的な意

識の流れの中に浮かぶ魚釣りの浮きのような存在にたとえることができるかもしれない。注意の時間幅をめぐる問題で、注意の時間学の研究のさらなる進展が期待されているのである。

# 2 注意の脳内メカニズム
## ——歴史と最近の展開

越野英哉

## はじめに

ウィリアム・ジェームス（James 1983）は「誰でも注意が何であるかを知っている」と言ったが、確かに注意というのはわれわれの日常生活に深く根ざしている現象であると言える。しかし、注意を科学的に検討しようとすると、われわれはさまざまな困難に直面する。その理由の一つは、注意というのは人間の認知活動の幅広い部分、感覚情報のフィルタリングからいわゆる高次認知の実行系機能、そして運動の制御、さらにはわれわれの意識までにわたって関係するため、注意のどの側面に焦点を当てるかによって理解の仕方が変わってくるということにある。

そのためもあってか、注意に関してはさまざまなメタファーが提案されてきている。後述するように注意を情報処理チャンネルのフィルターとしてみる見方、また注意をスポットライトとしてみる見方、感覚、知覚、記憶、言語、問題解決、思考、などの章が並ぶが、注意はそのすべてに関係している。その関係の仕方はそれぞれの領域で異なっているようにも思えるが、それらを超えて共通したものもあるように思われる。注意の研究は認知心理学の分野では80年代に空間的注意、視覚探索の領域を中心に飛躍的に増加したが、その後90年代から脳機能画像が発展するにつれて、認知心理学と認知神経科学の間で活発な相互作用が見られるようになってきている。

本章の主な目的は、認知心理学を専門としない方々のために認知心理学と認知神経科学における注意研究に関する基礎知識を提供することにある。本章ではその中でも大きな領域である視覚的注意を中心に、空間的注意、視覚探索、刺激競合と反応抑制、そしてワーキングメモリ（WM）に関して伝統的な認知心理学の研究、また神経心理学と最近の脳機能画像法による知見を概観する。

## ブロードベントとフィルターモデル

1950年代に始まるいわゆる認知革命（Gardner 1987）において、注意研究のリバイバルが起こったが、その先駆をなす研究の一つが「カクテルパーティ効果」の研究である。「カクテルパーティ効果」について考えるには、大きな会場で行われる立食パーティのような状況で友人と会話をしているところを想像するとよい。そのような騒がしい状況においてはさまざまな音がわれわれの耳から入ってくるが、そのような環境の中でも、われわれは友人の声に注意を払うことにより会話を続けることができる。つまり、われわれは重要な情報のみを選択し、それ以外の情報はノイズとして捨てている。しかしそのときに誰かがパーティ会場のどこかで突然われわれの名前を呼んだりすると、われわれはそれに注意を払っていなかったにもかかわらず、気づくことができる。ではどのような情報の処理は注意を必要とし、どのような情報は注意を必要としないのであろうか？

「カクテルパーティ効果」をシミュレートするために「両耳分離聴法（dichotic listening）」という方法が考案されたが、そこにおいては、右耳と左耳から異なったメッセージが与えられ、被験者は一方のメッセージを声に出して繰り返し、もう一方のメッセージを無視するように教示され

2　注意の脳内メカニズム —— 歴史と最近の展開

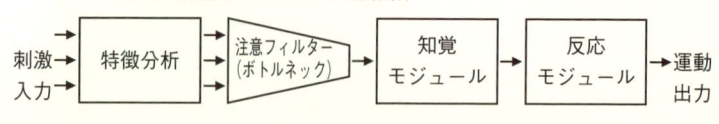

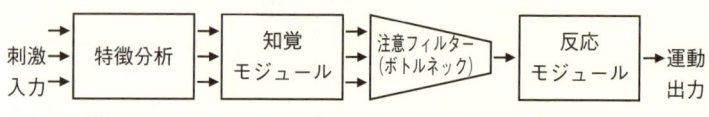

```
初期選択
← 前注意段階 → | ← 注意段階 →
```

刺激入力 → 特徴分析 → 注意フィルター（ボトルネック） → 知覚モジュール → 反応モジュール → 運動出力

```
後期選択
← 前注意段階 → | ← 注意段階 →
```

刺激入力 → 特徴分析 → 知覚モジュール → 注意フィルター（ボトルネック） → 反応モジュール → 運動出力

**図2-1　フィルターモデルにおける初期選択と後期選択**

る。このときたとえば、右耳のメッセージに集中したとき、左耳のメッセージはどのように処理されるかが問題になる。被験者はたとえば、左耳のメッセージの声の物理的変化（たとえば男性の声から女性の声になった）などには気がつくことができるが、その意味までを理解することはできない。つまり注意を払わないと物理的なレベルの処理はできても、意味的な処理はできないということである。

このような結果を説明するためにブロードベント（Broadbent 1958）は注意のフィルターモデルを提案したが、それは基本的には注意の役割を情報処理におけるボトルネックとして位置づけるものである（図2-1参照）。ブロードベントのモデルは初期選択説（early selection）に立つモデルであるが、それによれば刺激の物理的な特徴は焦点的注意を向けなくても処理することができるが、意味的情報の処理は注意を必要とするというものである。つまり、情報処理のボト

ルネックは物理的処理の後、意味処理の前に来る。これに対して、後になって後期選択説（late selection）が提唱されるが（たとえば Deutch & Deutch 1963; Duncan 1984）、それによれば刺激の意味的な情報も注意を向けなくても処理できるのであり、注意による選択を必要とするのは情報処理における、より後の段階である反応選択段階であるとする見方である。

フィルターモデルはその後の注意の研究に多大な影響を与えた。後述するように認知心理学における注意のモデルの多くは二段階モデルであり、それらにおいてはボトルネック以前の処理段階であり焦点的注意なしで情報が処理される前注意段階（preattentive stage）とボトルネック以降の焦点的注意を必要とする注意段階（attentive stage）が分けられる。

初期選択は注意のボトルネックが知覚処理の前にくるため刺激選択であり、後期選択は注意のボトルネックが知覚処理の後にくるため反応選択である。この図では特徴処理の後の段階を知覚モジュールと呼んでいるが、そこには意味的な処理も含まれる。

## 情報処理資源としての注意

注意に関するもう一つのメタファーは、注意を情報の処理資源として捉える見方である（Kahneman 1973）。この見方における基本的な前提は、人間は限られた心的資源（mental resource) しか持ち合わせていないが、われわれのすべての活動はある程度の処理資源を必要とするというものである。したがって、われわれは一度に限られた活動しかできない。聖徳太子は一度に十人の話を聞いてすべて理解したそうだが、われわれにはできない。最近では自動車や自転車を運転しながらの携帯電話の使用が問題になっているが、それが運転の妨げになるのも、われわれのもつ処理資源に限りがあるからである（たとえば Horrey & Wickens 2006）。

このように二つ以上の活動を同時に行う場合の情報処理の特性は、認知心理学においては二重課題（dual task）として研究されてきた。そこにおける基本的な知見は、複数の課題を同時に遂行する場合には単一の課題の遂行に比べて成績が低下するというものであり、これは二重課題干渉として知られている。

二重課題はいろいろな組み合わせが可能であるため、さまざまな観点から研究されてきた。たとえば、記憶項目を保持しながら別の課題を遂行するワーキングメモリスパン課題（たとえば Daneman & Carpenter 1980; Turner & Engle 1989）、二つの課題を交互に行うタスクスイッチング（たとえば Monsell, 2003）、また一つの課題を遂行中にもう一つの課題を始める心理的不応期（psychological refractory period: PRP、たとえば Pashler 1998, Pashler et al. 2001）などのパラダイムは、基本的には二重課題である。二重課題に関して紙幅の都合上これ以上検討できないが、興味のある方は越野（2009）や苧阪（2000）などを参照されたい。

情報処理資源としての注意は自動化（automatization）という概念とも密接に関係している。自

動的過程 (automatic process) とは処理資源をほとんど必要としない過程を指す。これに対して、処理資源をより多く必要とする行動は制御的過程 (controlled process, Shiffrin & Schneider 1977; Schneider & Shiffrin 1977) と呼ばれる。

簡単な例としては、知覚、運動などの技能の習得過程がある。何か楽器を演奏する人は、その楽器を習い始めたときのことを思い出すとよい。ピアノでもギターでも他の楽器でもよいが、最初は指をどのように動かすかといったことに多大の集中を必要としたであろう。換言すれば、指を動かすことに処理資源を必要としたのであり、したがって他のことに振り向ける資源の余裕などなかった。練習中に誰かに話しかけられたりしようものなら、簡単に混乱して指使いを間違えた。しかし練習を積んでその楽器に慣れてくると、指を動かすことにはもうそれほどの処理資源を振り向けなくてもすむようになる。そして音楽家ともなると指は自動的に動くようになり、処理資源の大半は演奏している曲の解釈など、芸術性を高めることに向けられる。

また第二言語の獲得も同様の過程と考えられる。あなたが帰国子女でなく、日本人の両親から生まれて日本で育った場合、最初に英語を習い始めたときは英語を使用するのに多大な処理資源を必要とした。しかし、英語に慣れていくにつれて、英語の使用に必要な処理資源は少なくてすむようになっていく。この移行の過程は自動化と呼ばれる。つまり、処理資源を大量に必要とする（すなわち注意を集中しないとできない）過程から、練習などによって処理資源をあまり必要としない過程への移行である。

注意を情報処理資源として捉えるメタファーには、大きく分けて二つの立場が存在する。これらの二つの立場は先述の二重課題に関して異なった予測をする。一つは複数資源モデル (multiple resource model) であり、処理資源のプールが、たとえば視覚、聴覚といったモダリティごとに存在し、したがって複数存在することを仮定する（たとえば Wickens 2002）。この立場に立てば、二重課題が同一のモダリティに関係する場合は二重課題干渉が起きるが、異なったモダリティに関係する場合はそうとは限らない。一方、単一資源モデル (single resource model) は全体の処理資源が一定で個々の課題はその資源を共有しているとする（たとえば Norman & Bobrow 1975）。その立場に立てば、二重課題の際には単独課題に比べて、二つの課題に対応する処理は限界のある処理資源をめぐって競合するため二重課題干渉が起きる。しかし二重課題干渉の大きさは、当該課題に対する処理の自動化の程度といった要因によっても左右されると思われる。

## 注意の制御（トップダウンとボトムアップ）

注意の制御には、大きく分けて二つのタイプがある。一つはトップダウンの制御であり、もう一つはボトムアップの制御である。詳しくは後述するが、トップダウンの制御は概念駆動型

(conceptually-driven)であり、教示やワーキングメモリに保持している情報などによる自発的(voluntary)、意図的な注意の制御である。ボトムアップの制御とは基本的には刺激駆動型(stimulus-driven)の注意の制御であり、顕著な刺激(たとえば、突然の刺激呈示、シングルトン、周辺視の手がかり)などは注意を比較的自動的に捕捉(capture)する(たとえばCorbetta et al. 2008; Egeth & Yantis 1997)。

トップダウンとボトムアップの制御を統合した注意理論にデジモンとダンカン(Desimone & Duncan 1995)のバイアス競合モデル(biased competition model)がある。その基本的な考えは、感覚器官からのボトムアップな信号は限られた処理資源をめぐって競合するが、そこにおいてトップダウンな注意の役割は適切な行動のためにボトムアップな信号にバイアスをかけることであるとするものである。

## 脳の視覚情報処理

本書ではほとんどのトピックが視覚的注意に関係している。これは聴覚やクロスモーダルな注意を対象としている研究もあるものの、ほとんどの注意研究が視覚の分野に属するという現実を反映したものとなっている。そこで本節では脳の視覚的情報処理の基礎概念をまとめておく。

21 | 2 注意の脳内メカニズム ── 歴史と最近の展開

視覚情報はまず目から入り、網膜で処理される。網膜には5層からなる異なった網膜細胞があるが、その中には色に反応する錐体 (cone)、光に反応する桿体 (rod)、そして網膜神経節細胞 (retinal ganglion cell) などがある。視覚情報は網膜から視神経によって脳に送られるが、その際に二通りの経路を通る。一つは膝状体系視覚経路 (geniculostriate pathway) であり、もう一つは視蓋視床枕系視覚経路 (tectopulvinar pathway) である。膝状体系視覚経路は霊長類やヒトにおける主要な視覚経路であり、網膜から、視床の一部である外側膝状体 (lateral geniculate nucleus) を経て、後頭葉の第1次視覚野に投射する。視蓋視床枕系視覚経路は両生類や爬虫類などの視覚では重要な役割をもつとされるが、ヒトにおいてもある程度の視覚情報の処理に関係するとされる。この経路はヒトにおいては、網膜から中脳 (midbrain) の上丘 (superior colliculus) に投射される。上丘は視覚情報処理において、運動の検出や眼球運動などに重要な役割をもつ領域である。

大脳皮質における視覚情報処理は後頭葉の第1次視覚野において始まる。ここにはさまざまな特徴 (feature)、たとえば、傾き、運動の方向、スピードなどをもつ線分に特異的に反応するニューロンが存在している。さらに大脳皮質においても二つの視覚経路が存在することが提案されている (たとえば Ungerleider & Mishkin 1982)。一つは第1次視覚野から上外線条皮質 (superior extrastriate cortex) を経由して頭頂葉 (parietal lobe) に向かう経路で、背側経路 (dorsal pathway) と呼ばれ、空間的な情報処理に関係している。もう一つは第1次視覚野から下外線条

皮質（inferior extrastriate cortex）を経由して下部側頭葉（inferior temporal）に向かう経路で、腹側経路（ventral pathway）と呼ばれ、物体認識に関係している。

しかしこの二つの経路の間には交互作用も存在する。たとえば、典型的な空間的課題であるメンタルローテーションにおいては、ローテーションの角度が大きい場合は背側経路、特に頭頂間溝（intraparietal sulcus）周辺の活動が上昇する（たとえば Zacks 2008）。また物体認識において、より複雑な物体は腹側経路、特に下部側頭葉周辺の活動を上昇させる（たとえば Kanwisher et al. 1996; Malach et al. 1995）。しかし両者を同時に変化させると、メンタルローテーションの角度の上昇は腹側経路の活動も上昇させるし、また物体の複雑さの上昇は背側経路の活動も上昇させるという交互作用が見られる（Koshino et al. 2005）。

脳における視覚情報処理は、単純なものから複雑なものへという階層構造をもっている。つまり上述の経路において、単一の神経細胞が単一の神経細胞に情報を送るのではなく、受け手の側のニューロンは複数のニューロンからの投射を受けてそれらを統合する。たとえば、網膜神経節細胞は光点に反応するが、それらが直線的に配列されることで第1次視覚野の受容野を形成し、第1次視覚野のニューロンが線分に対して反応することを可能にしていると考えられている。また第4次視覚野（V4）は色の処理に、また第5次視覚野（V5／MT）は運動の処理に対応している。この傾向は高次の知覚情報処理になっても続き、結果として、たとえば、物体認識に関しては下部側頭葉におけるニューロンは大きな受容野をもち、また顔や風景といった複雑な対象

23　2　注意の脳内メカニズム──歴史と最近の展開

に反応することができる。顔の刺激の処理には特に紡錘状回顔領域（fusiform face area）が、また建物や風景の処理には海馬傍回場所領域（parahippocampal place area）が関与していることが知られている（たとえば Haxby et al. 1994; Kanwisher et al. 1997; O'Craven et al. 1999）。

## 空間的注意

### ポズナーのスポットライトメタファー

ジャングルのエコツアーに行ったとしよう。ガイドはどうやら珍しい小鳥を見つけたらしい。「ほらあそこにいます。」と言って指差す。でも如何せんジャングルの中であるため、木も葉も生い茂っていて見にくい。「え、どこですか？」と、あなたが聞くと、ガイドは「ほら、あの木の左側の下から二番目の枝の真ん中あたりです。」と教えてくれる。「葉っぱに隠れていてよく見えませんが。」と、あなたが言うと、ガイドは「もうじき飛び立つかもしれないからちょっと待ってみましょう。」と言う。そして待つことしばし、小鳥は飛び立った。さて、この例で、小鳥が飛び立つのを待つ間、あなたはガイドの教えてくれた木の「左側の下から二番目の枝の真ん中あたり」に空間的注意を払い続けていた。このようにわれわれの日常生活において、空間的注意は

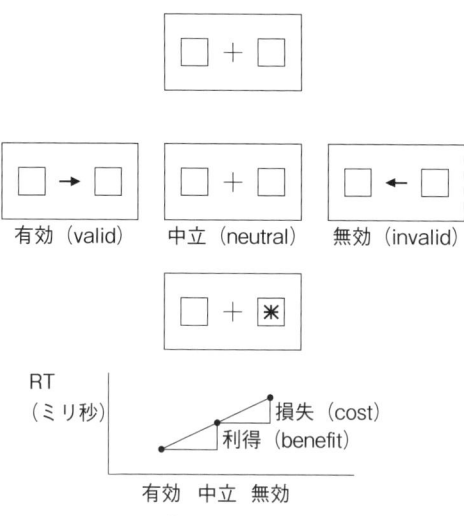

**図 2-2 ポズナーの手がかり課題**

手続きに関しては本文を参照。損失効果は RT（無効）− RT（中立）で計算される。利得効果は RT（中立）− RT（有効）で計算される。中立条件を含まない実験の場合は損失＋利得効果＝ RT（無効）− RT（有効）で計算される。

重要な役割をもっている。

空間的注意に関する基本的な現象は、われわれは空間内で注意を特定の領域に焦点化したり、移動したりすることができる、というものである。この注意の移動は、眼球運動を伴ってもよいが（overt spatial orienting）、伴わなくてもできる（covert spatial orienting）。ポズナー（Posner 1980）は、空間的注意を研究するために手がかりパラダイム（cueing paradigm）を考案した。そこにおいては、（図2-2）に示されているように、注視点の呈示に続いて手がかり（たとえば矢印）が与えられ、被

25 　2 注意の脳内メカニズム ── 歴史と最近の展開

験者は手がかりに従って注意を移動するよう教示される。手がかりの後、標的刺激（たとえば*）が呈示され、被験者はそれを検出（detection）したら反応ボタンを押す。このとき、図に見られるように、手がかりは標的刺激が現れる領域を正しく指し示す場合（有効条件 valid）もあるが、標的刺激とは反対側を指し示す（無効条件 invalid）こともある。まったく手がかりが与えられなかった条件（中立条件 neutral）と比べて、標的刺激が手がかりによって示された側に現れた場合、被験者はすでにそこに注意を移動しているため標的刺激の検出は早くなるが、これは有効手がかりによる利得効果（benefit）と呼ばれる。無効手がかりによって標的刺激とは反対側に注意が向けられていた場合は反応時間が遅れ、これは損失効果（cost）と呼ばれる。

ポズナー（1980）は空間的注意に関するモデルとして、スポットライトメタファーを提案したが、そこにおいては注意は視野の中を移動するスポットライトのようなものとして捉えられ、スポットライトの焦点内にある刺激の処理は焦点外の刺激の処理に比べて促進されるとした。

このような空間的注意は基本的には内的（endogenous）メカニズムと外的（exogenous）メカニズムという2種類の制御メカニズムに従うとされる。内的メカニズムは、トップダウンで自発的な制御であり、中心視（たとえば、注視点の近傍）に呈示された矢印手がかりや、言語的教示（たとえば、右、左）などによって駆動され、手がかりの効果が現れるのに時間がかかるが、その効果は長く持続する。これに対して外的メカニズムは刺激近傍の矢印などの手がかりや刺激自身の突然の呈示（abrupt onset）などによって駆動され、ボトムアップな刺激駆動型で、自動的

である（たとえば Jonides 1981; Yantis & Jonides 1984; Muller & Rabbit 1989）。

これらの手がかりは効果が現れるのに時間がかからないが、一定以上の時間が経つと逆に有効条件の反応時間のほうが無効条件の場合よりも長くなる。この現象は復帰の抑制 (inhibition of return) と呼ばれる (Posner & Cohen 1984; 武田・小川 2003)。復帰の抑制は空間的注意のみならず、後述するような物体ベースの注意に関しても見られるが、一度調べた対象を何度も調べるような非効率的な操作を防ぐためのメカニズムではないかと考えられている（たとえば Jordan & Tipper 1999; Tipper et al. 1994）。

また内的メカニズムと外的メカニズムの間には階層関係が存在し、周辺手がかりや突然の刺激呈示による注意の自動的捕捉効果は限定的である。ある認知過程が自動的かどうかの判断基準はいくつかあるが、たとえば、(1) 意図とは関係なく生起すること、(2) 無意識的に生起すること、(3) 情報処理資源を必要としないことなどがあげられる（たとえば Posner & Snyder 1975）。たとえば、ジョニディス (Jonides 1981) は周辺視に呈示された矢印手がかり (peripheral cue) は、無視するように教示された場合にも、また手がかりがランダムで有効性がまったくない場合でも利得、損失効果をもつことを報告し、周辺視に呈示された矢印手がかりは自動的に注意を捕捉するとした。しかし、中心手がかりが正しく刺激位置を指し示す確率が高く、被験者が中心手がかりを使うよう教示され、またそれに従って注意を移動するのに十分な時間（100ミリ秒以上）が与えられた場合は、それ以外の位置に現れた周辺手がかりや突然の刺激提示さえも注意を捕捉

27　2　注意の脳内メカニズム──歴史と最近の展開

しない（たとえば Juola et al. 1995; Koshino et al. 1992, Yantis & Jonides 1990）。これらの研究はこの二つの制御メカニズムの間には階層関係があり、周辺手がかりや突然の刺激呈示は完全に自動的とはいえないことを示した。

## 物体ベースの注意

狭い空間に物体が重なりあっているような場合、空間的注意はどのようにはたらくのだろうか？　このような場合は、空間的注意よりも個々の物体に注意を振り向けることが必要になるように思われる。今までの研究の結果は、注意の向けられている物体の特徴は注意があたっていない物体の特徴よりも早く処理されることを示している（たとえば Duncan 1984）。

空間的注意と物体ベースの注意を比較した研究にエグリィら（Egly et al. 1994）がある。彼らは図2-3に示されたような刺激を用いた。実験は基本的には手がかり課題であり、標的刺激の検出が求められた。そこにおいてはまず上の長方形の左側（Aの位置）が手がかりとして明るくなる。次に標的刺激は上の長方形の右側に呈示されている。この実験においてはまず、通常の手がかりの効果が得られた。つまり、有効条件の際の反応時間が無効条件の反応時間より短かった。空間的注意と物体ベースの注意に関して重要な結果は、図2-3のようにAが手がかりとして与えられたとき、標的刺激がBに現れた場合とCに現れた場合の違いであった。標的刺激がBに

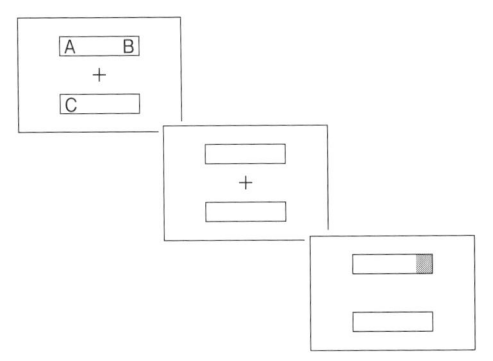

**図 2-3 エグリィらの物体ベースの注意の実験の手続き**
(Egly, Driver, & Rafal 1994)

手続きに関しては本文を参照。2つの長方形は図のように横に並ぶ場合と、縦に並ぶ場合とがある。A、B、Cの文字は実際の実験では表示されない。

現れた場合は、手がかりは空間的には無効なのだが、物体手がかりとしては、同一の物体上に標的刺激が現れたため有効である。これに対して、標的刺激がCに現れた場合は、Bの場合と比較して標的刺激の位置は手がかりの位置からは空間的には等距離にあるのだが、異なった物体上に現れたことになる。この場合標的刺激が手がかりと同一の物体上に現れた場合のほうが反応時間が短かったことから、手がかりは空間的な位置のみならず、物体にも当てはまると考えられた。

## 空間的注意の脳内基盤

空間的注意の神経基盤に関しては、脳機能画像法や脳損傷患者のデータが蓄積されてきている。視覚野の受容野における活動は視床

2 注意の脳内メカニズム ── 歴史と最近の展開

(thalamus) による調節を受けるが、PET (positron emission tomography) を用いた研究では被験者が課題に無関連な刺激を無視したときには視床枕核 (pulvinar nucleus) の活動が上昇したことが報告されている (LaBerge & Bushbaum 1990)。また、視床枕核の損傷患者は視覚的注意の方向付けに困難を示すし (Rafal & Posner 1987)、詳しくは後述するが半側無視の患者は空間的注意を無視している側に移動することがうまくできない (Posner et al. 1982)。それらのデータに基づいて、ポズナーとピーターセン (Posner & Petersen 1990) は視床枕核は新たに注意を焦点化した空間の情報の入力 (engaging) に、また下部頭頂葉 (inferior papparietal lobe) は注意をそれまで焦点化していた領域や対象から分離 (disengaging) することに、また上丘は注意の移動 (shifting) に関係しているとした。

最近の脳機能画像法の研究は脳内の安静時のネットワークを示唆しているが、その中には注意に関係しているものとして主に二つのネットワークが存在するとされる。その一つは背側注意ネットワーク (dorsal attentional network: DAN) であり、前頭眼野を中心とした前頭前野と後部頭頂葉が基本的な構成要素である。このネットワークは空間的手がかり課題などを含む主にトップダウンな制御に関係するとされる (たとえば Corbetta & Shulman 2002)。もう一つは腹側注意ネットワーク (ventral attentional network: VAN) であり、下部前頭前野や下部頭頂葉を基本的な構成要素とし、ボトムアップな処理の割り込みに関係するとされる (たとえば Corbetta et al 2008)。

# 神経学的障害

空間的注意に関係している神経学的障害としては半側空間無視 (hemilateral neglect) と同時失認 (simultaneous agnosia) があげられる。半側空間無視は頭頂葉周辺の損傷によって起こるが、患者は損傷のある半球の反対視野の刺激を無視する (たとえば Halligan et al. 2003; Heilman & Watson 2001)。したがって、右半球の損傷では左視野の無視が、また左半球の損傷では右視野の無視が起きるが、右半球の損傷による左視野の無視のほうが起きやすい。これは通常右半球が空間的情報処理に関係していることによるとされる。したがって、本章における例は右半球損傷による左視野の無視を前提とする。半側空間無視の患者は物体の片側だけを描いたり、皿の片側だけから食事をしたり、反対側だけ服を着なかったり、単語や文章の半分だけを読んだりする。もちろん患者には半側空間を無視しているという意識は

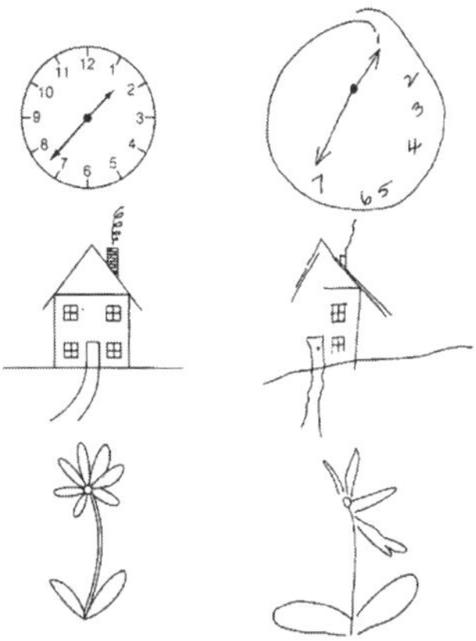

**図 2-4 半側無視の患者による描画課題の結果**（Bloom & Lazerson 1988 を改変）

左がモデルで右が患者のコピー。それぞれの物体の左視野側が無視されている。

ない。

半側空間無視を診断するための課題としては、線分割課題、消去課題、描画課題などがあげられる。線分割課題 (line bisection task) においては患者は横線の中心に印をつけるよう求められるが、左視野を無視するため印は右側に偏る。消去課題 (crossing out task) においては、患者は紙面上の特定の形に印をつけるように求められるが、左視野にある形は無視される。描画課題 (picture drawing. 図2-4) においては、患者は絵をコピーするように求められるが、モデルの絵の右側しか描かれない。

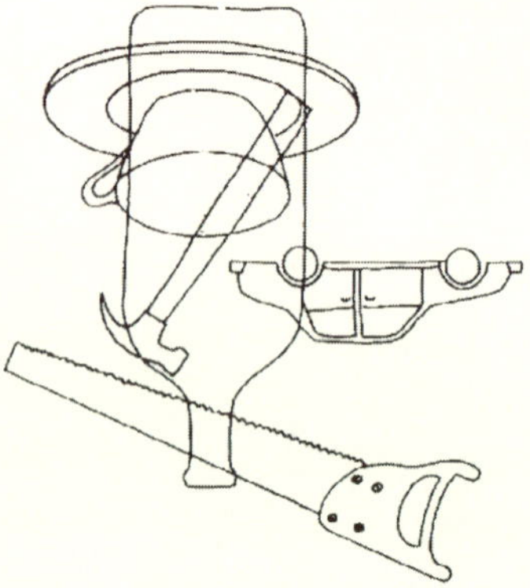

半側空間無視はメンタルイメージに関しても見られる。ビシアッチとルザッチ (Bisiach & Luzzatti 1978) の実験では、患者はミラノの大聖堂前の広場の一方に立って大聖堂を見ているとをイメージしているときに、思い出すすべての建物、お店、などを記述するように要求された。次に、患者は大聖堂の前に立って広場を眺めているところをイメージしたときに思い出すすべての建物や店を記述するように求められた。結果は、どちらの条件の場合も左視野に入る建物やお

**図2-5　同時失認のテスト図版**
　　　　（Coren & Ward 1989を改変）
被験者はこの図版の中に見えるすべての物体を命名するよう要求されるが、通常は1つしか同定できない。

店などが無視された。つまり大聖堂の前に立っているところをイメージしたときは無視された建物や店は、広場の反対側に立っているところをイメージしたときに答えられた。

同時失認 (simultaneous agnosia または simultagnosia) はバリント症候群の一つの症状であるが、患者は一度に一つの物体しか認識できない。たとえば、図2–5に同時失認のテスト図版を示すが、このように複数の物体が含まれている図版から、患者は一つの物体を正しく報告することができるが、それ以上答えることができない。同時失認は頭頂葉（特に下部）の損傷に関係していると されるが、いったん焦点化した注意を分離すること (disengagement) の障害であると考えられている (Laeng et al. 1999)。

## 視覚探索と特徴統合理論

### 特徴統合理論（特徴探索 vs. 結合探索）

友人と駅で待ち合わせたとしよう。約束の時間になったのでそろそろ友人は来るころだ。次の電車がついたらしく、駅からは多くの人があふれ出てくる。この人ごみの中に友人はいるだろうか？　そう思って友人を探すとき、あなたは視覚探索 (visual search) を行っている。この例以

外にも、本棚から本を探すときなど、われわれの日常生活の中で視覚探索をしている機会は非常に多い。お店の商品棚の中で商品を探すときや、この視覚探索という現象は、われわれの注意と物体認識に関して空間的注意と並んで1980年以降注意研究の中心であったし、その結果、非常に多くの知見を得た。本節ではその視覚探索について検討する（視覚探索に関する日本語のレビューは、熊田 2003 などを参照）。

トレイスマンは1980年に視覚探索に関する理論である特徴統合理論 (feature integration theory) を提案した (Treisman & Gelade 1980)。トレイスマンはまず、二種類の視覚探索を区別した。一つは特徴探索 (feature search) と呼ばれ、もう一つは結合探索 (conjunction search) と呼ばれる。特徴探索においては標的刺激は一次元上の特徴の違いで定義される。たとえば、図2-6に示したように、標的刺激が黒い長方形で妨害刺激が白い長方形の場合、標的刺激は色次元で定義されている。これに対して結合探索の場合は、標的刺激は二次元以上の特徴の結合として定義される。たとえば、図2-6では、標的刺激は長方形の色と傾き（黒い縦向きの長方形）によって定義されている。それ以外はすべて妨害刺激である。したがって、この例ではすべての妨害刺激が標的刺激と一部の特徴（黒という色、または縦という傾き）を共有している。

さて、図の例を見れば分かるように、特徴探索においてはそれほど簡単ではない。画面に現れる刺激の数（セットサイズ）を変化させて実験をしてみると、特徴探索では標的刺激が存在するか否かを判断するのに要する時間は

**図2-6　特徴探索と結合探索**

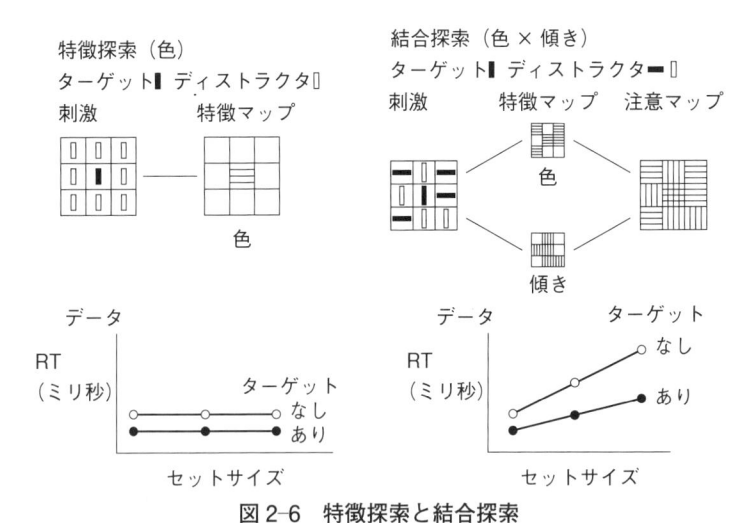

この図では、どちらもターゲットが存在する試行の例が示されている。

刺激の数からは独立して一定である。これに対して、結合探索では反応時間は刺激の数が増えるに従って長くなる。

では、特徴探索の場合は、どのような検索の仕方をしているため反応時間がセットサイズから独立して一定となり、結合探索の場合はセットサイズに依存するようになるのだろうか？　多くの被験者は特徴探索の刺激画面を見たとき、標的刺激がすぐさま目に飛び込んでくるような印象を受けるのだが、これはポップアウト（pop out）と呼ばれる。このときは刺激の数にかかわらず、すべての刺激を同時並行して処理しているとされる（並列探索：parallel search）。トレイスマンによれば、特徴探索においては標的刺激と妨害刺激は一次元上で比較できるため、刺激の数がいくつあっても焦点的注意を必要としない前注意段

階で遂行可能であり、したがって反応時間はセットサイズに依存しないとされる。つまり、反応時間のセットサイズに対する関数の傾きはゼロに近くなる。

これに対して、結合探索の場合は標的刺激は二次元上で定義されているため、一つひとつの刺激に対して逐次的（serial）に焦点的注意を払うことで二次元にまたがる特徴を結合する必要があるとされる（図2-7）。ここにおいて、標的刺激が見つかった段階で探索は打ち切られる（自動打ち切り探索: self-terminating search）。したがって標的刺激が存在しない試行においては、すべての刺激をチェックすることになるが、標的刺激が存在する場合は、平均してセットサイズの半分の刺激をチェックすることになる。そのため、セットサイズが大きくなるほど探索に要する時間は長くなるが、標的刺激ありと標的刺激なしの場合の反応時間のセットサイズに対する関数の傾きの比は1対2になる。

## 特徴統合理論の問題と修正

トレイスマンの特徴統合理論は非常に洞察に富みまた仮説生成力のある理論であったため、非常に多くの研究者を引きつけ、大量の研究を刺激した。結果として、トレイスマンの最初の理論に合わないデータも報告された。その中でも大きな問題の一つは、探索の効率に関するものであり、もう一つは、探索の非対称性に関するものであった（Treisman & Gormican 1988）。

探索の効率に関する問題は特徴探索と結合探索の区別にも関係しているが、それは、特徴探索と思われるものの中にも反応時間のセットサイズに対する関数の傾きがゼロではないものが存在し、また結合探索であっても傾きがゼロに近いものが存在するということである。これは特徴とは何かという問題でもある。つまり、特徴統合理論で示唆された心理学的な特徴は、初期視覚野における特徴検出細胞とは必ずしも1対1には対応していないと考えられる。たとえば、ナカヤマとシルヴァーマン（Nakayama & Silverman 1986）は運動と色、運動と奥行き、色と奥行きの三種類の結合探索を使ったが、運動と色の結合の場合は逐次自動打ち切り探索であるが、運動と奥行きおよび色と奥行きの結合の場合は並列探索になることを示した。また結合探索（たとえば色と形）において、一つの次元（たとえば色）に注意を払いそれをフィルターとして使うことによって、探索効率を向上させることが可能であることも示されている（たとえば Egeth et al. 1984）。これらの結果は特徴探索は必ずしも並列探索とはならないし、また結合探索は必ずしも逐次自動打ち切り探索とはならないことを示した。

それらの研究結果に基づいて、特徴統合理論に対する修正が提案された。たとえば、ウォルフの誘導探索モデル（Wolfe 1994, 2007; Wolfe et al. 1989）（図2-6）においては、前注意段階において各次元の特徴が活性化されるが、その結果が次の注意段階における焦点的注意を誘導するとした。たとえば、図2-6のように標的刺激が色と形の二次元で定義されている場合、色と形は別々に表象される。そこにおいて前注意段階で黒という特徴をもった刺激と縦の長方形が活性化

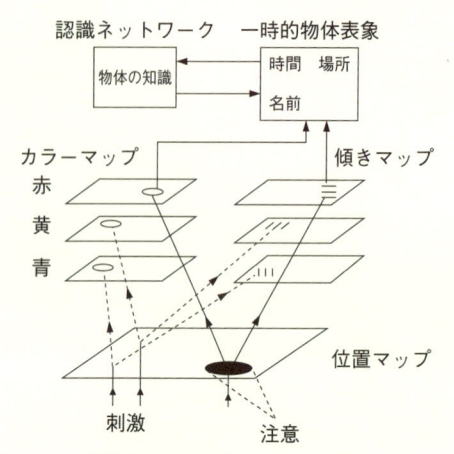

**図2-7 特徴統合理論**（Tresiman & Gormican 1988 を改変）

この図の例ではターゲットは色と形によって定義されている（結合探索）。トレイスマンのオリジナルのモデルではまず色と形は別々に抽出され、表現される。焦点的注意は個々の刺激に関して色と形を統合する。

されるが、この場合標的刺激である黒い縦の長方形は二重に活性化されることになる。また試行が始まる際に標的刺激が示された段階でそれは視覚的ワーキングメモリに保持されるが、その標的刺激の情報は前注意段階における各刺激の表象に対して重み付けをする。次の注意段階においては、前注意段階の結果の表象に基づいて、優先順位の高いものから順に焦点的注意が払われていくとされた。

これらの点に関してトレイスマン自身も修正を加えている。たとえばウォルフの誘導探索モデルでは、注意の誘導においては標的刺激に関係のある特徴（たとえば標

的刺激が黒の縦長方形の場合、黒と縦長方形）の活性化が重要であるとされているが、トレイスマンとサトウ（Treisman & Sato 1990）によれば、注意の誘導においては標的刺激に無関連な特徴（たとえば標的刺激が黒の縦長方形の場合、白と横長方形）の抑制が重要な役割を果たすとされる。

つまり、たとえば、図2−6の場合、白という特徴をもった刺激と横の長方形は標的刺激とは無関連な特徴として抑制され、したがって、標的刺激は最も抑制を受けていない領域に存在することになるとしている。

この点に関しては、標的刺激に関連した特徴の活性化と標的刺激に無関連な特徴の抑制の両方が焦点的注意の誘導に関係していると思われる（Koshino 2001）。また、この抑制の効果は特徴のみならず空間的位置に関しても見ることができる。たとえば、クライン（Klein 1988）は視覚探索の画面の直後に呈示された光点を検出する課題を使用したが、検出時間は光点が妨害刺激の位置に呈示されたときのほうが長かった。クラインは空間的注意に関して復帰の抑制が見られたように視覚探索においても妨害刺激のあった場所には続けて注意が向けられないようにするメカニズムがはたらいているとし、これを抑制的タグ付け（inhibitory tagging）と呼んだ。この現象は一度否定されたのだが（たとえば Wolfe & Pokorny 1990）、後に視覚探索において注意が払われた項目の履歴が記憶されているかどうかの問題として再燃した。ホロウィッツとウォルフ（Horowitz & Wolfe 1998）は視覚探索における履歴は記憶されないとしたが、履歴が記憶されるという結果も報告されている（たとえば Gilchrist & Harvey 2000; Peterson et al. 2001）。

またダンカンとハンフリーズの注意関与理論（attentional engagement theory）(Duncan & Humphreys 1989, 1992）においては、探索の効率を決定するのは特徴探索と結合探索の差ではなく、標的刺激と妨害刺激の類似性、および妨害刺激間の類似性によるとされた。標的刺激と妨害刺激の類似性が低いほど、さらに妨害刺激間の類似性が高いほど、探索は効率的になる。その最も極端な場合は、標的刺激と妨害刺激はまったく異なっており、またすべての妨害刺激は同一となるが、これはトレイスマンの特徴探索となる。

ある刺激の特徴が自動的に注意を捕捉するかは、視覚探索においても検討されてきた。たとえば、視覚探索において、一つだけ他とは異なった特徴をもつ刺激（たとえば緑の刺激の中に一つだけ赤がある場合）はシングルトンと呼ばれる。テーヴス（たとえば Theeuwes 1991, 1992）はシングルトンが自動的に注意を捕捉するとした。これに対して、フォークら（Folk et al. 1992）は随伴的捕捉（contingent capture）という概念を提出し、シングルトンが注意を捕捉するかどうかはその特徴が課題に関係しているかどうかによるとした。またベーコンとエギス（Bacon & Egeth 1994）はシングルトン検出（singleton detection）モードと特徴探索（feature search）モードを区別し、シングルトンの注意を捕捉する効果は被験者の構えに依存するとした。被験者がシングルトン検出モードのときはシングルトンによる注意の捕捉が生じるが、被験者が特徴探索モードの場合は必ずしも注意を捕捉するとは限らないと提案した。これは空間的注意のところで、同様に視覚探索においても刺激な注意の捕捉は自発的な注意の制御の状態に依存するとしたが、同様に視覚探索においても刺激自動的

特徴が自動的に注意を捕捉するかどうかは被験者の課題に対する構えに影響されるということである。

## バインディング問題と物体認識

トレイスマンの特徴統合理論においては物体の特徴は視覚情報処理の初期段階において別々に表象されており、それらが統合されるのに焦点的注意が重要な役割を果たす。このように別々に表象されている特徴がどのようにして統合され、最終的に一つの物体として認識されるかという問題はバインディング問題 (binding problem) と呼ばれるが、それに関してはいくつかのメカニズムが提案されている。

たとえば、情報処理の階層において、低次過程のニューロンと次のレベルのニューロンの間には多対1の対応関係がある。つまり、低次過程の複数のニューロンが次のレベルの一つのニューロンに投射することで、下位の特徴が上位の特徴に統合されている。たとえば、網膜神経節細胞は光点に反応するが、それが集まって第1次視覚野の受容野を形成することで、第1次視覚野のニューロンは線分に反応する (収束コーディング、convergent coding)。

また、トレイスマン (1996) によれば、焦点的注意も特徴統合のメカニズムの一つである。つまり焦点的注意があたることによって異なった特徴が統合され物体イメージが形成される。さら

表2-1　物体認識の3段階

| 段階 | 特徴抽出 | 特徴統合 | 物体同定 |
|---|---|---|---|
| 出力 | 特徴 | 物体イメージ | 物体知識 |
| 脳領域 | 第一次視覚野 | 下外線状領域 | 下側頭葉 |
| 神経学的障害 | 皮質盲 | 統覚失認 | 連合失認 |

に、ジンガーとグレイ (Singer & Gray 1995) は時間的同期 (temporal synchronization)、すなわち異なった脳の領域で表象されている情報は統合されるとしている。このことから、視覚的物体認識 (object recognition) は主に第1次視覚野から下外線条皮質を経由して下部側頭葉に向かう腹側経路で行われるが、これらの特徴は表2-1に見られるような段階を経て統合される。そこにおいてはまず色、形、運動などの単純な視覚特徴が第1次視覚野で抽出される (特徴抽出：feature extraction)。次の特徴統合 (feature integration) の段階において、下外線条皮質のニューロンは複数のニューロンから投射を受けることによって、また、トレイスマンによれば、焦点的注意を受けることによって、単純な特徴を統合し、物体の視覚的イメージが形成される。しかし、この段階における視覚的イメージはまだ、単に視覚的なレベルに留まり、その物体の名前や機能など、その物体に関する知識や記憶とは連合されていない。次の同定 (identification) の段階では下部側頭葉において、物体の視覚的イメージはその物体に関する知識と統合され、物体認識が完了すると考えられる。

## 物体認識の神経学的障害（統覚失認、連合失認、相貌失認）

腹側経路のどこかに損傷があると、失認（agnosia）または視覚失認（visual agnosia）と呼ばれる物体認識の障害が起こる（Farah 1995）。物体認識の障害をもつ患者は物体は見えてはいるのだが、それが何であるかが分からないという症状を示す。物体認識の障害は表2–1に示されているように、腹側経路のどこに損傷があるかによって症状が異なる。まず、第1次視覚野に損傷があると、患者はその損傷の領域に対応した空間内の領域の視覚を失うが、この症状は皮質盲（cortical blindness）と呼ばれ、また見えない領域はスコトーマと呼ばれる。

腹側経路の下外線条皮質に損傷がある場合、統覚失認（apperceptive agnosia）が起きる。統覚失認の患者は図2–8の左側に示されたように、物体をコピーすることができない。また、彼らは二つの物体を示された場合に、それらの異同判断を行うことができない。これは下外線条皮質の損傷により第1次視覚野で抽出された特徴の統合ができなくなり、物体の視覚的イメージが構成されないためと考えられる。

下部側頭葉（下外線条皮質より前部）に損傷がある場合は連合失認（associative agnosia）が起きる。この場合患者は図2–8の右側に見られるように物体をコピーすることはできるのだが、自分でコピーした物体の名前を報告することができない（Rubens & Benson 1971）。また、患者は

統覚失認　　　　　　連合失認

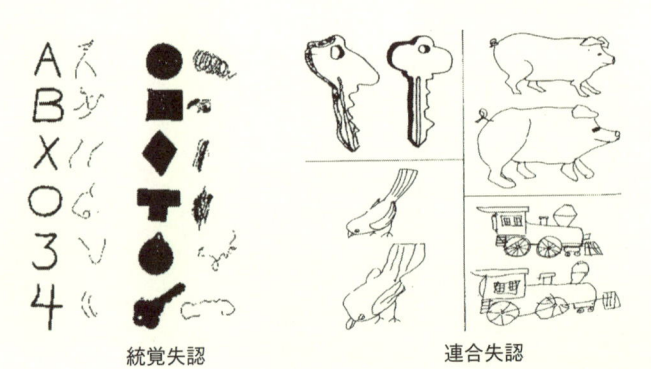

**図 2-8　統覚失認と連合失認**（Fara 1995 を改変）

左は統覚失認の患者がモデルをコピーするよう要求された場合の結果である。アルファベットと数字、および図形が使用されたが、それぞれ左列がモデルであり右列が患者のコピーである。A や X における斜め線、0 や 3 における曲線の存在を考えると、特徴は多少は抽出されているようであるが、統合されてはいない。

右は連合失認の患者がモデルをコピーするよう要求された場合の結果である。コピーそのものは非常によく描けている。しかし患者は自分がコピーしたものを命名することができない。

二つの物体の異同判断はできるのだが、それらの物体の名前を言うことができない。連合失認の場合は、下外線条皮質までの視覚情報処理は問題なく遂行されるため、物体の視覚的特徴は統合され、物体の視覚的イメージは成立していると思われる。したがって、物体をコピーしたり、異同判断を行ったりすることはできる。しかし下部側頭葉の損傷のために物体の視覚的イメージとその物体に関する記憶情報（たとえば、名前や機能）を連合することができない。したがって、物体をその物体の名前を報告することも含めて、物体を同定することができない。下外線条皮質から下部側頭葉にか

けつの領域のうち紡錘状回顔領域（fusiform face area）に損傷がある患者は相貌失認（prosopagnosia）を示すことがある。これは視覚による顔の認識の障害であり、患者は家族や親しい友人の顔のみならず、鏡に映った自分の顔も認識することができない。しかし、患者は家族や友人の声を聞けばすぐにそれが誰であるかが分かる。相貌失認の患者は損傷の程度や領域によっては物体失認を伴うことも、伴わないこともある。

## 反応競合と抑制

最初に述べたように、われわれは日常生活の中で常に膨大な量の刺激にさらされているが、それらのすべてに対して反応することはできないため最も重要な情報を選択する必要があり、注意はその選択の機能に関係する。

ここにおける一つの疑問は、われわれがある情報や行動を選択するとき、選択されなかった情報はどうなるのかということである。単にわれわれの情報処理から排除され、跡形も無く消えてしまうのであろうか？ それともわれわれの気がつかないところで、われわれの行動に何らかの影響を及ぼしているのだろうか？ 先述のように、空間的注意に関しては復帰の抑制（inhibition）という現象が、また視覚探索においては抑制的タグ付けという現象が知られている

が、それらは刺激選択における注意の優先順位に影響するものであった。本節では、反応選択の状況において複数の反応が競合する場合の抑制について検討する。

## ストループ課題

反応の抑制に関して最も有名な課題の一つがストループ課題 (Stroop task) である (Stroop 1935)。この課題においては色の名前が異なった色のインクで書かれている刺激が使われる。たとえば、「あか」という字が青インクで書かれているような刺激である。被験者は、色命名条件では各刺激の文字を無視しながらインクの色を答える。文字と色が一致している場合（一致条件）と文字と色が一致していない条件（不一致条件）を比較してみると、不一致条件における反応時間が長い。これは文字を読むことのほうが色の名前を言うことより自動化の程度が高いため、不一致条件においては色の名前と文字との間に干渉が起きるためであるとされる（たとえば McLeod 1991）。ストループ課題においては一つの刺激が二つの次元（色と文字）をもち、それぞれの次元が異なった反応を喚起することによって干渉が起きる。

それでは、ストループ課題において無視された、または抑制された次元の情報はどうなるのであろうか？　過去の研究によれば、このような情報は次の試行に影響を与えることが報告されている（たとえば Dalrymple-Alford & Budayr 1966; Neill 1977）。試行 $n$ で文字であった色（たとえば、

先ほどの例では(赤)が試行$n+1$でインクの色になった場合は、二つの試行の刺激間に何の関係も無かった場合に比べて試行$n+1$の反応時間が長くなる(図2-9)。これは負のプライミング(negative priming)と呼ばれる(たとえばAllport et al. 1985; Tipper 1985)。この現象はストループ課題においてのみならず、二つの線画が異なった色で描かれていて(たとえば、赤と緑)、片方(たとえば緑)の刺激の同定が要求されもう一方(赤)は無視される場合にも見られる(たとえばAllport et al. 1985; Tipper 1985)。さらに先行する刺激と後行する刺激の間の関係が直接的なものではなく、意味的なものである場合(たとえばTipper & Driver 1988)、また空間的位置に関して、試行$n$の妨害刺激の位置に試行$n+1$の標的刺激が提示された場合にも見られる(たとえばTipper et al. 1994)。

負のプライミングのメカニズムに関しては、大きく分けて二つの立場がある。一つは試行$n$における反応の記憶痕跡が試行$n+1$において自動的に検索されるため抑制されなければならないとするものであり(inhibition hypothesis, たとえばAllport et al. 1985; Tipper 1985)、もう一つは試行$n$での反応の抑制の記憶が試行$n+1$において自動的に検索されるために起こるというものである(episodic retrieval hypothesis, たとえばNeill et al.

| 試行$n$ | | あか | |
| 試行$n+1$ | みどり | | きいろ |
| | 不一致条件 | | 統制条件 |

**図2-9 負のプライミングの例**(カラー口絵参照)

実験参加者はインクの色を命名することが要求される。不一致条件においては試行$n$で抑制された色(赤)が試行$n+1$において反応すべき色となる。

1995)。この試行間の効果に関しては、本章ではこれ以上取り上げないが、この他、ポップアウト・プライミングについての一連の興味深い研究も存在する（たとえば Maljkovic & Nakayama 1994, 1996; 葭田・苧阪 2001）。

## フランカー課題

ストループ課題と並んで反応競合課題（response competition task）としてよく使われるものに、フランカー課題（flanker task. たとえば Eriksen 1995; Eriksen & Eriksen 1974）がある。フランカー課題においてはたとえば、凝視点の上に標的刺激が現れ、その左右に妨害刺激が呈示される。被験者は標的刺激がSであれば右手で、Hであれば左手で反応するよう求められる。その際、標的刺激の左右に現れる妨害刺激（フランカーと呼ばれる）は、標的刺激と同じ場合（一致条件：たとえばSSS）もあれば、反対側の手で反応すべき刺激の場合もある（不一致条件：たとえばHSH）。そこにおいて一致条件の場合の反応時間のほうが不一致条件の反応時間よりも短い。フランカー課題においては通常標的刺激も妨害刺激も同定され、競合は反応選択段階で起きるとされる。フランカー課題は非常に簡便なため、さまざまなバリエーションが認知心理学において使われてきている（たとえば Fan et al. 2002; Lavie 2005; Lavie & Tsal 1994）。

## 抑制と反応競合の神経基盤

前述のようなストループ課題（たとえば Barch et al. 2001; MacLeod & MacDonald 2000）や、フランカー課題（たとえば Botvinick et al. 1999; Bunge et al. 2002; Durston et al. 2003）のような反応の抑制を必要とする課題を遂行している際には、前部帯状回（anterior cingulate cortex: ACC）が活動していることが報告されている。また前部帯状回の活性化はいくつかの同等の選択肢のセットをもった課題、たとえば、動詞生成課題（Barch et al. 2000; Thompson-Schill et al. 1997）、また誤反応の検出（Bush et al. 2000）などにおいても見られる。

ACC の反応の抑制における機能に関する仮説は、主に二通りに分けられるように思われる。一つは競合のモニタリングを強調するものであり（たとえば Botvinick et al. 2004; MacDonald et al. 2000）、それらの仮説によれば、ACC は課題の遂行に必要な反応と、反応傾向の強い反応の競合の程度を評価することで、どれくらいの処理資源が必要かをモニターし、またそのために必要な認知活動に関係した脳の領域と連携することに関係するとしている。

もう一つの立場（たとえば Posner & DiGirolamo 1988; Peterson et al. 1999）によれば、ACC は注意資源の配分にかかわることで、認知機能の制御をトップダウンに直接的に行うとされる。しかし、ACC に損傷のある患者が認知的制御を必要とする課題においてあまり成績の低下を示さ

49　2　注意の脳内メカニズム──歴史と最近の展開

なかったため、ACCは認知的制御には必ずしも必要ではないという主張もある (Fellows & Farah 2005)。また情報が競合する場合にACCの活性化が高いほど行動の修正が良いし、その際には次の試行における背外側前頭前野 (dorsolateral prefrontal cortex: DLPFC) の活性化が上昇する傾向があるという報告もある (たとえば Kerns et al. 2004)。これらの結果はACCの競合のモニタリング仮説を支持し、ACCはDLPFCの表象の強さの制御にかかわり、結果としてDLPFCによる資源配分に影響するとされる (Kondo et al. 2004)。

## ワーキングメモリと注意

### バッドリーのモデル

ワーキングメモリはもともと記憶研究の文脈で提案された概念である。ウィリアム・ジェームス (James 1983) は記憶を一次記憶 (primary memory) と二次記憶 (secondary memory) に分けたが、1960年代にはアトキンソンとシフリン (Atkinson & Shiffrin 1968) のモデルが発表される。そこにおいては図2-10に示されたように、感覚記憶 (たとえば Sperling 1960)、短期記憶と長期記憶が分けられた。アトキンソンとシフリンのモデルにおいては情報の貯蔵機能が重視さ

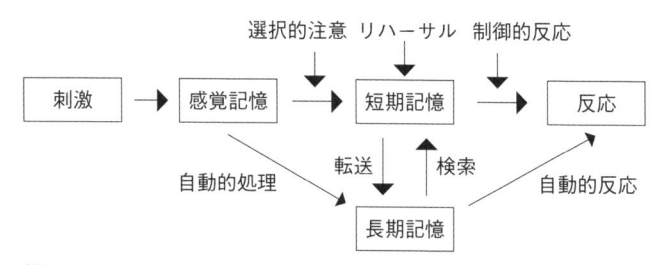

**図 2-10 アトキンソンとシフリンのモデル**（Atkinson & Shiffrin 1968 を改変）

刺激はまず感覚記憶に入力される。そのうち、焦点的注意が当てられた刺激のみが短期記憶に送られる。短期記憶内での情報はリハーサルによって保持される。十分なリハーサルを受けた情報は長期記憶に転送される確率が高くなる。長期記憶から検索された情報は短期記憶に入った後、制御されて反応にいたる。刺激の性質によっては長期記憶に直接アクセスできるものもある（自動的処理）し、また長期記憶の内容が直接に反応をコントロールすることも可能である（自動的反応）。

れ、たとえば、短期記憶の容量は7±2であるとされた（Miller 1956）。

それに対して、ワーキングメモリは、高次認知活動の際に必要とするような情報を一時的に保持し、処理するメカニズムを含むシステムであるとされる（たとえば Baddeley & Hitch 1974）。最近のバッドリー（たとえば Baddeley 2000）のモデルによれば（図2-11）、ワーキングメモリは制御システムである中央実行系（central executive）と従属システムである音韻ループ（phonological loop）、視空間スケッチパッド（visuospatial sketchpad）、そしてエピソードバッファー（episodic buffer）から成るとされる。音韻ループはさらに情報を保持するための音韻ストア（phonological store）とリハーサル過程（rehearsal process）から成る。言語的な刺激は通常音

```
                    ┌─────────┐
                    │中央実行系│
                    └────┬────┘
         ┌───────────────┼───────────────┐
    ┌────┴────┐     ┌────┴────┐     ┌────┴────┐
    │ 視空間  │     │エピソード│     │音韻ループ│
    │スケッチパッド│ │バッファー│     │          │
    └─────────┘     └─────────┘     └─────────┘
```

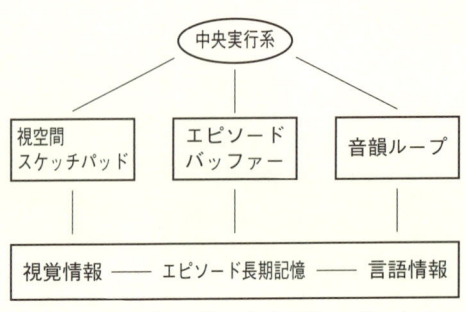

| 視覚情報 ── エピソード長期記憶 ── 言語情報 |

**図 2-11　ワーキングメモリモデル**（Baddeley 2000 を改変）

韻ストアにおいて音韻コードとして表象されるが、それは時間が経つにつれて減衰する。そのためリハーサル過程は音韻ストア内で消失しかけている表象を音韻コードを繰り返すことで再活性化させる。視空間スケッチパッドは視空間情報を保持するシステムである。視空間情報を貯蔵する視空間ストアは右半球の後部頭頂葉に関係するとされるが、言語的情報と同様、時間と共にまたは新たな外界からの刺激が入ってくるにつれて減衰する。ここにおいて、空間情報のリハーサルは空間的注意の継続的な焦点化であるとされる（たとえばAwh et al. 1998; Jonides et al. 2005）。エピソードバッファーはバッドリーによって近年追加されたシステムであるが（たとえばBaddeley 2000)、異なったモダリティからの情報や長期記憶からの情報を統合して一貫したエピソードとして表象するとされる。中央実行系はもともとはノーマンとシャライス（Norman & Shallice 1986）の監視注意システム（supervisory attentional system: SAS）をモデルとして提案されたが、基本的には従属システムに対して処理資源を配分したりするなど、

従属システムの活動を制御する。

また中央実行系の概念は神経科学で研究されてきた実行系機能（executive functions）とも深く関係する（たとえば Fuster 2000; Goldman-Rakic 1995）。この機能は主に注意または処理資源の配分、下位過程間の資源獲得競争（たとえば Gruber & Goschke 2004）、さらにプランニング、情報の維持、抑制、更新などにも関係するとされる（たとえば Miller & Cohen 2001; Miyake et al. 2000）。ワーキングメモリにはこの他にもいくつかのモデルがあるが、たとえば、ジャストとカーペンター（Just & Carpenter 1992）はワーキングメモリを高次情報処理のための処理資源として捉えている。この見方によれば、ワーキングメモリと注意とは非常に近い概念となる。またコーワン（Cowan 2005）はワーキングメモリを活性化された長期記憶内の表象であると捉えていて、4つほどの表象が焦点化された注意の中に含まれることができるとしている。

ワーキングメモリの脳内機構に関しては基本的には言語的な情報処理が左半球に、また空間的な処理が右半球に対応していると考えられる。（詳しくは、苧阪 2002, 2008; Osaka et al. 2007 などを参照）。音韻ストアは左半球の後部頭頂葉に、また言語的リハーサルは左の下部前頭葉に関係していると考えられる（たとえば Owen et al. 1998; Smith & Jonides 1999）。視空間スケッチパッドは右の後部頭頂葉（たとえば Smith & Jonides 1999; Todd & Marois 2005）と下部前頭葉が関係しているとされるが、空間的リハーサル機能は基本的には外的環境に対して選択的注意を配分するのと

同じ前頭葉（前頭眼野）および頭頂葉の領域（主に上部頭頂葉）を中心としたメカニズムであるとされる。実行系機能はDLPFCやACCを中心とした前頭前野に関係するとされる。

## 視覚性ワーキングメモリの容量制約

ワーキングメモリは情報を保持した上で操作する機能であるのだが、それではワーキングメモリにはどの程度の情報が保持できるのであろうか？ ラックとフォーゲル（Luck & Vogel 1997）は変化検出課題（change detection task）を用いて視覚性ワーキングメモリの容量の測定を試みた。そこにおいてはまず異なった色のついた複数の正方形が100ミリ秒呈示され、900ミリ秒の遅延期間の後、再び同数の正方形が同位置に呈示される。被験者は刺激の数がそのうちの一つの正方形の色が変化したかどうかの判断が求められる。結果は、被験者は刺激の数が4つくらいまではほぼ正確に答えられるのだが、それを超えると成績は急激に低下する。またこのパターンは色のみならず、さまざまなタイプの刺激で共通して見られる（たとえば Alvarez & Cavanagh 2004）。したがって、視覚性WMの容量はほぼ4くらいであると考えられる。

ジョージ・ミラーの主張（Miller 1956）以来、短期記憶の容量が7±2であるとする考えは認知心理学者の間で広く受け入れられてきたが、ワーキングメモリに関係していると思われる課題の際には容量は4あたりになる傾向があるようである。先述のラックとフォーゲル（1997）のタ

イプの課題の際のみならず、たとえば、複数物体追跡 (multiple object tracking, MOT) と呼ばれる課題においては、被験者は複数の標的刺激の動いている刺激から成る画面の中で特定の標的刺激を追跡することが要求される。このとき標的刺激の数が4つくらいまではほぼ正確に追跡できる (たとえば Cavanagh & Alvarez 2005; Pylyshyn 2000)。また即時把握 (subitizing) と呼ばれる課題があるが、そこにおいては一目で認識できる物体の数が問題となる。たとえば、目の前で机の上にいくつかのコインがばら撒かれたとき、いくつまでは数えることなく一目で分かるかという問題である。この課題においても、4つくらいまでは数えることなく一目で分かるが、それを超えると数え始めることになる (たとえば Trick & Pylyshyn 1994)。ジョージ・ミラーにとってのマジカルナンバーは7であったが、コーワン (2001, 2010) はワーキングメモリにおけるマジカルナンバーは4であるとしている。

## ワーキングメモリと選択的注意の関係

近年、ワーキングメモリの負荷、さらにワーキングメモリの内容が選択的注意に及ぼす影響が検討されてきている。そこにおいてはワーキングメモリの内容がトップダウンに注意を自動的に捕捉するかどうかが検討される。たとえば、オウら (Awh et al. 1998, Awh & Jonides 2001) は被験者に文字の位置を記憶するよう要求し、続いて、形態弁別課題が与えられ、記憶のプローブが

続いた。形態弁別刺激がワーキングメモリに保持されている位置にプローブが呈示された場合のほうが、そうでない場合に比べて反応時間が短かったため、注意はワーキングメモリ内の位置情報によってガイドされる場合に比べて反応時間が短かったため、注意はワーキングメモリに顔刺激を保持している期間に、保持している顔とそうでない顔の二つの顔刺激を呈示した直後にプローブ（「と」）を呈示し、上下のギャップ弁別を要求した課題において、プローブがワーキングメモリに保持されている顔の側に呈示された場合のほうが反応時間が短いことを示した。したがってワーキングメモリの内容は自動的に注意を捕捉するとした。

ソトとハンフリーズ（Soto & Humphreys 2007; Soto et al. 2008）はワーキングメモリに幾何学図形を保持した上で、幾何学図形（円、三角、四角、六角）の中に線分を含む刺激を二つ提示した。線分の一つは垂直であり、もう一つは傾きをもっていて、被験者は傾きの左右弁別課題（斜めの線分が左右どちらに傾いているか）を求められた。条件としては、ワーキングメモリと同一の刺激が標的刺激を含まない（無効）、ワーキングメモリと同一の刺激は呈示されない（中立）、そしてワーキングメモリと同一の刺激が標的刺激を含む（有効）条件が設定された。結果は無効条件の反応時間のほうが有効条件よりも長かった。したがって、ワーキングメモリの内容は注意を捕捉するとした。しかし視覚探索においてワーキングメモリと注意の関係を検討した研究においては、たとえば、ウッドマンとラック（Woodman & Luck 2004, 2007）はワーキングメモリの内容は注意を自動的に捕捉しなかったと報告しているが、ハンとキム（Han & Kim 2004, 2009）は同様

の刺激とパラダイムを用いて反対の結果を報告している。

## ワーキングメモリと注意の関係に関する個人差研究

ワーキングメモリと注意の関係に関するもう一つのアプローチとしては、エングルらに代表される一連の個人差研究があげられる（たとえば Engle 2002; Unsworth & Engle 2007）。彼らは、ワーキングメモリ容量の個人差は選択的注意の制御に関係していると考えた。主なアプローチとして、彼らはワーキングメモリスパン課題（たとえば オペレーションスパン課題、Turner & Engle 1989）の成績によって被験者を高スパン群と低スパン群とに分け、その群間で注意課題に対する成績に差があるかどうかを検討した。ストループ課題では不一致刺激の頻度が低い場合（25％）に両群間でストループ効果に差が現れた (Kane & Engle 2003)。空間的注意においてはリング課題 (Egly & Homa 1984) が用いられたが、高スパン群はリング状に空間的注意を配分できたのに対して、低スパン群はできなかった (Bleckley et al. 2004)。両耳分離聴法 (Conway et al. 2001) においては低スパン群のほうが、注意を払っていないチャンネルに呈示された自分の名前を聞き取る確率が高かった。エリクセンのフランカー課題 (Eriksen & Eriksen 1974) においては、反応速度に対する要求の高い場合は高スパン群の成績が高かった (Heitz & Engle 2007)。しかし、視覚探索に関しては高スパン群と低スパン群で差が見られなかった (Kane et al. 2006)。このように

ワーキングメモリスパンの個人差はすべての注意課題に関して現れるわけではないが、選択的注意の制御にある程度関係していると考えられる。

## 注意に関係する脳内ネットワーク

注意に関する脳機能画像法の研究によると、注意は刺激や課題に関係した脳領域の活動に影響を与えることが知られている（たとえば Corbetta & Shulman, 2002; Corbetta et al. 2008; Hopfinger et al. 2000; Kastner & Ungerleider 2000; McKiernan et al. 2003）。たとえば、後頭葉の領域において注意を向けている刺激に対応した領域（たとえば空間的注意の中）は活動が上がり、注意を向けていない刺激に対応した領域は活動が下がることが報告されている（Kastner et al. 1998; Kastner et al. 1999; Shmuel et al. 2002; Tootel et al. 1998）。

オクレイブンら（O'Craven et al. 1999）は顔と風景がオーバーラップした写真を使い、被験者はそのうちの顔か風景かのどちらかに注意を払うよう要求された。先述のように、顔刺激の処理には紡錘状回顔領域が、また風景には海馬傍回場所領域が対応していることが知られている。結果は、顔に注意が払われた場合は紡錘状回顔領域が活動の上昇を示したのに対して海馬傍回場所領域は活動の低下を示し、また風景に注意が払われた場合は海馬傍回場所領域が活動の上昇を示

**図2-12 オクレイブンらの物体ベースの注意の実験に使われた刺激**（O'Craven, Downing & Kanwisher 1999）

したが紡錘状回顔領域は活動の低下を示した。すべての条件で視覚刺激は同一であるため、この脳の活動の違いは注意の配分によるものと考えられた（Gazzaley et al. 2005）。また注意の配分によって神経活動が左右されるという効果は脳のさまざまな領域で見られ、体性感覚野（たとえば Drevets et al. 1995; Kastrup et al. 2008; Laurienti et al. 2002; Shmuel et al. 2002）、側頭頭頂接合部（temporoparietal junction）（たとえば Shulman et al. 2003; Todd et al. 2005）などにおいても報告されている。

さらに注意の配分の効果はローカルな現象ではなく、よりグローバルな左右半球間のような脳の広い領域においてもみられる（Smith et al. 2004）。つまり右視野に注意が払われた場合は左半球の活動が上昇するが、それと同時に右半球の活動の低下が見られる。この活動の上昇と低下は脳全体のダイナミックな注意資源の配分によって引き起こされると考えられる。つまり、ある脳領域での神経活動が活発になった場合は、課題に無関係な他の領域の活動はそのときの処理資源の供給状態によっては低下する可能性がある。また課題が非常に難しかったり複雑なものであったりす

59 ｜ 2 注意の脳内メカニズム ── 歴史と最近の展開

る場合はより多くの処理資源を必要とするのに対して、課題が簡単であったり、慣れているものであったりする場合はより少ない心的資源で遂行することが可能である。

## 注意のトップダウンな調節

　本章でこれまで見てきたように、注意の制御はトップダウンなものと、ボトムアップなものが考えられる。われわれが注意をトップダウンに制御しようとするとき、前頭前野と後頭部に活動が見られる。その際、前頭前野の領域は注意に関するトップダウンの信号を送るところであり、後頭部がその信号を受ける領域と考えられる。たとえば、カストナーら (Kastner et al. 1999) は刺激が呈示されることを期待している準備期間において、視覚野のいくつかの領域 (V1、V2、V4) において、活動が上昇したことを報告している。さらに予測活動が前頭および頭頂領域に見られたが、これらの領域は後頭部の活動を調節するトップダウンな信号を準備期間中に送っていると考えられる (たとえば Gazzaley et al. 2005; Miller & D'Esposito 2005)。

## 課題によって誘発された活動の低下

先述のように、脳内における注意の効果は、ある領域における活動の上昇と共に別の領域における活動の低下を伴うことが多い。この現象は課題によって誘発された活動の低下 (task-induced deactivation: TID) と呼ばれる。この注意の効果は前述のように誘発された当該刺激の処理とは無関係な領域において見られることもあるが、抑制されている刺激 (たとえば、空間的注意の中にあって当該刺激との間で処理が競合するもの) に対応した領域の活性化も低下する。たとえば、カストナーら (1998) においては複雑な色刺激が4つ右上象限に呈示された。それらの刺激は同時または継時的に呈示された。したがって、これらの二条件間で一定の時間の間に呈示された刺激の量は同一であった。しかし、受容野内の感覚抑制は同時呈示の場合にのみ見られ、継時呈示の場合には見られなかった。この結果は同時提示の場合のほうが刺激間の処理の競合が大きいことを示している (たとえば Tomasi et al. 2006)。

TIDは処理資源の再配分によるものであるという仮説をより直接的に検討した実験に、マッキールナンら (McKiernan et al. 2003) がある。そこにおいては標的刺激の弁別の容易さ、刺激の呈示レート、および、短期記憶の負荷を操作することで検討した。結果は課題の情報処理量が上昇するにつれて当該領域の活動の上昇とともに課題とは無関係な領域の活動の低下が見られた。

したがってTIDは神経活動の抑制以外にも、他の活動が上昇することに伴う神経活動の低下による可能性も示唆された。また、クロスモーダルに呈示された刺激に対して、視覚刺激が呈示された場合は聴覚野が、また聴覚刺激が呈示された場合は視覚野が活動の低下を示した（たとえばLaurienti et al. 2002）。

これらの結果はTIDは処理資源の再配分による脳内ネットワークの活動のダイナミックな変更を反映している可能性があることを示している。脳内ネットワークの活動のメカニズムとしてはいくつかの可能性が考えられる。一つはある領域が感覚入力から運動出力へのネットワークの一部である場合である。もう一つのメカニズムは注意または心的処理資源の配分であり、資源がトップダウンに配分された領域の活性化は上昇する（たとえばKastner et al. 1998; Shmuel et al. 2002; Tootell et al. 1998）。

## 課題に依存しない活動の低下

TIDにはこれまで見たような課題に依存した活動の低下もあるし、比較的課題に依存しない、つまり多くの課題間で共通して見られる活動の低下もある。後者の典型的な例が、デフォルトモードネットワーク (default mode network: DMN) である（本シリーズ1巻7〜8章参照）。これは内側前頭前野 (dorsomedial prefrontal cortex)、後部帯状回 (posterior cingulate cortex)、下部頭頂

葉 (inferior parietal lobe) といった領域の活性化のレベルが、さまざまな認知課題遂行中のほうが安静時 (resting baseline) に比べて低いという現象を指す (Buckner et al. 2008; Gusnard & Raichle 2001)。この現象は1990年代後半に発見されたが、視覚的、聴覚的課題 (Shulman et al. 1997; Raichle et al. 2001)、聴覚的トーン弁別課題 (Binder et al. 1999)、視覚的、またイメージ課題 (Mazoyer et al. 2001) など、さまざまな課題において観察された。

DMNが安静時にどのような活動をしているかという問題は現在活発に議論されている。ある研究者たちは、DMNは外的環境の受動的モニタリングに関係するとしている (たとえば Gilbert et al. 2007; Shulman et al. 1997)。これは意識的、能動的にではなく、なんとなく漠然と外界の情報を受け取っているという状態である。DMNは内的精神状態や心的シミュレーションなどのような内側に向けられた思考や（空想、想像、白昼夢など）、ふと記憶が浮かんでくるような現象である。たとえば Christoff et al. 2009; Mason et al. 2007) に関係するという説もある。マインドワンダリング (mind wandering、たとえば Christoff et al. 2009; Mason et al. 2007) に関係するという説もある。マインドワンダリングは無意図的想起、つまり思い出そうという意図がないにもかかわらず、ふと記憶が浮かんでくるような現象である。

DMNの活動の低下のメカニズムもこの課題によって誘発された活動の低下という現象に関連しているように思われる。たとえば、マイヤーら (Mayer et al. 2010) はDMNの活動の低下は課題がどの程度の処理資源を必要とするかに依存するとしている。つまり難易度が高かったり、複雑だったりするため処理資源を多く必要とする課題のときは、DMNの活動の低下も大きいと

いうことである。メイソンら (Mason et al. 2007) の実験においても、習熟した課題の遂行中により多くのマインドワンダリングが報告されたが、これは新奇な課題の遂行の際はより多くの処理資源を必要とするのに対して、習熟した課題の遂行は処理資源をあまり必要としないことによると思われる。またバックナー (Buckner et al. 2008) はDMNと外部刺激に対する注意とは競合関係にあり、注意が特定の対象に向けられているときはDMNの活動が低下するのに対して、注意が特定の対象に向けられていないときはDMNの活動が上昇する傾向にあるとしている。DMNというのは脳内の固有なネットワークと注意を考える上で非常に興味深いデータを提供してくれると思うが、本節では紙幅の都合でこれ以上立ち入ることができないので、興味をもたれた読者は他論文（たとえば、越野 2012 など）を参照されたい。

## おわりに

注意が重要なのはわれわれの処理資源に限界があるため、状況に応じた適切な行動のためには心的資源の適当な配分が必要となるからである。感覚領域や運動領域などには多少の機能局在も見られるといえるが、脳は基本的にはネットワークとして機能している。それらのネットワークの中には遺伝的な決定要因の強いものもあれば、後天的に獲得されるものもある。また、それら

のネットワークの中には活性化されやすい（自動化の程度の高い）ものもあれば、活性化するのに努力を要するものもある。しかしこの違いは固定されたものではなく、発達段階に応じて、また個人によっても差がある。その中で注意の重要な機能の一つは、課題状況に応じたネットワークを活性化することであると考えられる。これはボトムアップになされる場合もあるし、トップダウンになされる場合もある。

「はじめに」でも述べたが、注意という研究分野はいまや巨大な領域となっており、重要なテーマを取り上げるだけでも一冊の本が書ける。本章ではその中でも視覚的注意を中心に概説したが、認知心理学と認知神経科学の対応に関していえば、空間的注意は背側経路に、物体認識は腹側経路に、刺激競合と反応抑制は前部帯状回に、そしてワーキングメモリと実行系の機能は前頭前野にそれぞれ大まかに対応している。もちろん現実の課題の際は、これらの領域は相互作用のあるネットワークとして活動している。ただ、紙幅の都合があるため本章で取り上げたトピックは、次章以下で取り上げられるテーマに関係したものを中心に選択せざるを得なかったため、いくつもの重要なトピックに触れられなかったことをご了承願いたい。

# 3 視覚性ワーキングメモリの容量と注意制御

坪見博之

## はじめに

何かを「見る」とはどのようなことなのであろうか。われわれは簡単に見ることができる気がする。今、実際に目の前を見るとどうであろうか。本にはたくさんの文字が並んでおり、部屋の中や外を見渡せば、もっとたくさんの物が見えてくるだろう。われわれが見ている世界は色とりどりで非常に鮮やかである。だから「見るとは、外の世界を写し取ることだ」という答えが浮かんでくるかもしれない。

では、そのように考えて、図3−1aを見てみたい。二枚の絵を交互に見ると、何か気がつく

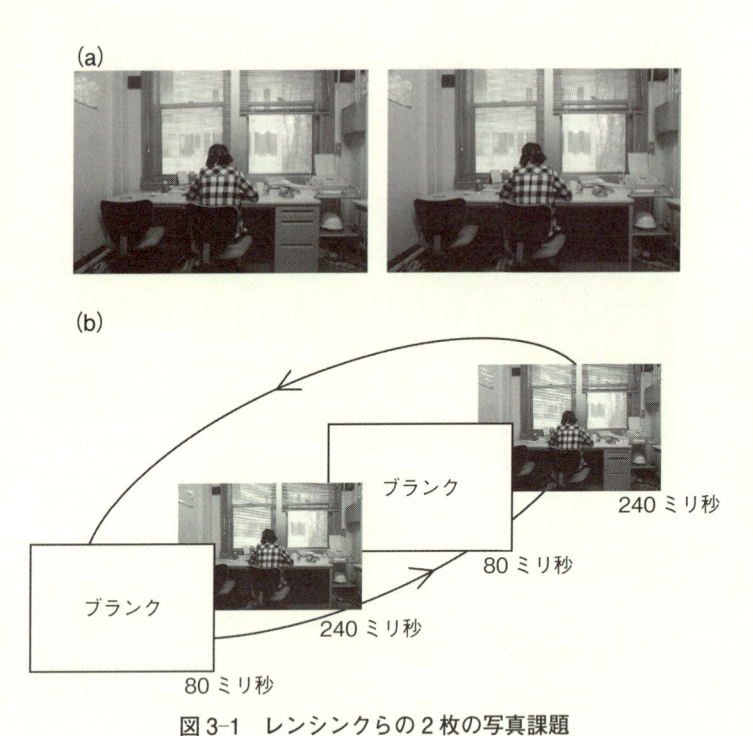

**図3-1 レンシンクらの2枚の写真課題**
(a) 1ヵ所が異なる2枚の絵(答えは章末)。(b) 変化検出課題の提示画面。240ミリ秒は約1/4秒。

であろうか。少し読み進めるのを待って、しばらく観察してみてほしい。そうした後で、今度は二枚の絵はまったく同じではなく、どこか一ヵ所違うところがあると思って観察してみるとどうであろうか。どこが違うか分かるであろうか。しばらく見ても気がつかないかもしれない。

これを実験室で調べたのがレンシンクら（Rensink et al. 1997）である。彼らは図3-1（b）のように、コンピュータのディスプレイに、二枚の写真を繰り返し交互に提示した。二枚の写真の間には短い空白画面（ブランク）を挿入した。実験を繰り返し、観察者は、平均して約10秒もの間画面を見続けた後で、やっと変化の場所を答えられた。実験ではさまざまな画像が使われ、なかには変化に気がつくまでに1分近くもかかる画像もあった。この現象は変化の見落とし（change blindness）と呼ばれている。

変化の見落としは、レンシンクらの実験の後に、さまざまな方法で検討されてきた。今紹介した二枚の絵の間に空白画面を挿入する方法はギャップ法と呼ばれる（Blackmore et al. 1995; French 1953; Gur & hilgard 1975; Pashler 1988; Simons 1996）。他にも、観察者が瞬きをしている間に画像を入れ替える方法は瞬目法（O'Regan et al. 2000）、観察者が目を動かす（サッカードする）瞬間に画像を入れ替える方法はサッカード法と呼ばれており（Sperling & Speelman 1965; Bridgeman et al. 1975; McConkie & Zola 1979; Currie et al. 1995; Grimes 1996; Henderson & Hollingworth 1999）、いずれの方法を使っても二枚の写真の変化を検出することは難しいことが知られている。

二枚目の画像を提示するとき（変化が生じる瞬間）に画面にノイズをかぶせるスプラット法（O'Regan et al. 1999）もある。その他には、動画を使って、場面（カメラ）が切り替わる瞬間に人物や服装などを入れ替えるカット法や（Hochberg 1986; Levin & Simons 1997; Levin et al. 2000）、物体が遮蔽物に隠れている間に変化させる遮蔽法も知られている（Sholl & Pylyshyn 1999; Rich & Gillam 2000）。遮蔽法ではコンピュータディスプレイのみではなく、現実場面で人物がパネルなどの遮蔽物に一瞬隠れた間に別人物にすり替わる方法もある（Simons & Levin 1998）。さらに、一枚の写真や絵をディスプレイにしばらく提示させている間に、物体の色や位置を徐々に変化させる漸次法（Simons et al. 2000）もあり、観察者はこのような場面でも変化に気がつかない。変化の見落としが生じる場面は多様であるが、いったん気がつけば見落としようのない大きな変化でも簡単に見落としてしまうことは、いずれの方法においても共通している（以上のような変化検出実験のバリエーションについては、Rensink 2002 が詳しい。また邦文でも横澤・大谷 2003 のレビューがあるので参照のこと）。

変化の見落としに関する実験結果は、われわれの「見る」ことが、世界をそっくり写し取ってくることと大きく異なることを示している。もし世界をそっくり写し取ってこられるなら、二枚の絵をもっと詳細に比べることができ、どこが変化したかもすぐに答えられるはずである。しかし、実際にはとても難しい。

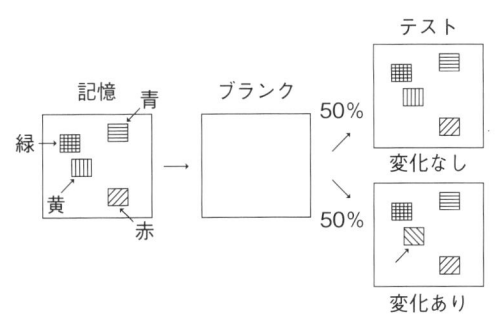

# 視覚性ワーキングメモリの容量制約

**図 3-2 視覚性ワーキングメモリ課題**（Luck & Vogel 1997 を改変）

図中の模様は色を表現するためで、実際の実験では四角形に模様はなく、色のみが異なる。

 では、われわれはどれくらいなら「見る」ことができるのであろうか。外界の詳細なコピーを作ることはできないとしても、少ない量、あるいは粗い形でよければ外界を表現することは可能なのであろうか？ そのことを調べたのがラックとフォーゲル（Luck & Vogel 1997）の実験である。彼らの実験の概要は2章の視覚性ワーキングメモリを紹介した箇所で触れたが、ここで詳細に見てみたい。

 彼らは図3-2のように、コンピュータの画面に色四角形をいくつか提示し、できるだけ多くの色を記憶するよう求めた。1秒程度のブランク画面の後にはテスト画面が続き、半分の試行では記憶画面とまったく同じ画面が提示され（変化なし）、残りの半分の試行

では記憶画面と一ヵ所だけ色が異なる画面が提示された（変化あり）。実験参加者は、テスト画面が初めに見た記憶画面と同じであるかどうかを答えた。記憶画面で提示する色四角形の数を増やしてゆくと、実験参加者は色が4つまでであればほぼ確実に正解できたが、4つを超えると急に成績が下がっていった。この結果は色に限られたことではなく、線分の長さ、傾き、物体のサイズといった他の視覚特徴を記憶する場合にも共通して見られる結果であった。つまり、人間が短期的に記憶できるワーキングメモリの数が4つに限られることが、具体的な数として示されたのである。

ここでワーキングメモリについて触れておきたい。ワーキングメモリとは目標志向的な課題や作業の遂行にかかわるアクティブな記憶であり、言語性と視覚性のワーキングメモリがよく検討されている。いずれも、その役割は情報の短期的な保持と操作と情報の時間的統合にある。さらに、ワーキングメモリには厳しい容量制約があることや大きな個人差があることが知られている。ワーキングメモリの脳内機構についても前頭葉や頭頂葉を中心とした領域を中心に研究が進展している（詳しくは苧阪 2000, 2008; Osaka, Logie & D'Esposito 2007 などを参照のこと）。

## 視覚性ワーキングメモリ容量の単位

### スロットモデル

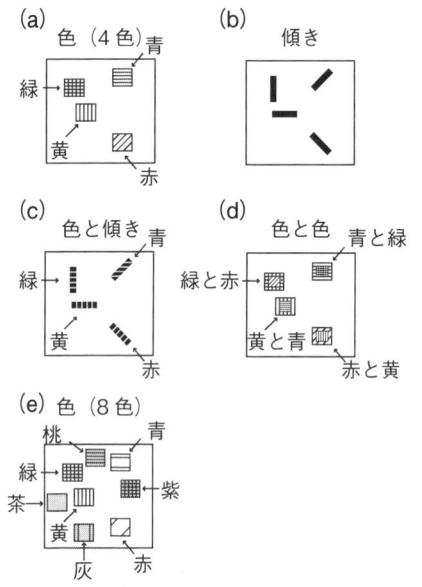

**図3-3 視覚性ワーキングメモリ課題の記憶刺激**（Luck & Vogel 1997を改変）

さてここで、ワーキングメモリの単位はどのようなものなのかを考えたい。「4つ」というだけでは曖昧である。何が4つなのであろうか。たとえば図3-3（a）のように色が4色覚えられて、また図3-3（b）のように傾きが4方向覚えられるとして、図3-3（c）のように「別の色で塗られた傾きの異なる図形」も同じように4つ

3　視覚性ワーキングメモリの容量と注意制御

覚えられるのであろうか？　あるいは、特徴の合計数として4つなのだから、色を4色記憶すると、傾きは一方向も覚えられないのであろうか？

このことを調べるため、ラックとフォーゲル(1997)は、さまざまな色で塗られた線分の傾きを記憶するように実験参加者に求めた（図3-3（c））。すると、参加者は今度も4つまでなら正解することができた。つまりは4色を覚えても、同じ物体であれば傾きも同時に4方向覚えられるのである。さらに物体の特徴を増やして、色・傾き・物体の中に隙間があるかの4つの特徴を組み合わせた物体を記憶するように求めても、色だけやサイズだけを記憶するときと同じ程度に正確に記憶することができることも示された。このことからラックとフォーゲルは、記憶の単位は、色や傾きといった視覚特徴単位ではなく、それらが結合された物体単位であり、記憶容量は物体として4つであると考えた。彼らはこの主張をさらに裏付けるために、図3-3（d）のように2色を重ねて一つの物体に見えるように提示した。そうすると、このときにも4つの物体まで（合計8色）が覚えられた。図3-3（e）のように、物体として異なると8色を記憶することはできない。しかし、2色が一つの物体と認識されれば8色まで記憶できるという結果は、記憶の単位が物体であるという強い証拠として考えられた。

このように「視覚特徴が統合された物体」を単位としてワーキングメモリ容量が決まるという見方は、スロット(slot)モデルと呼ばれる。スロットモデルでは、ワーキングメモリに保持される物体は、仕切りのあるスロット（箱）に入れられて保持されると仮定される。

74

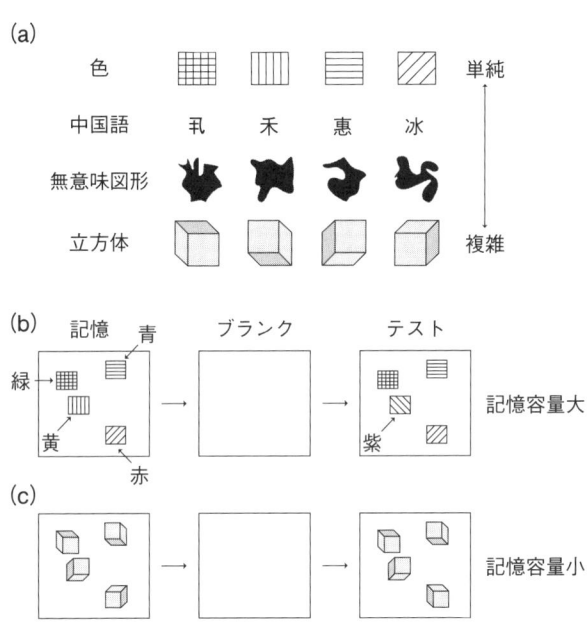

図 3-4　記憶物体の複雑性と視覚性ワーキングメモリ容量を調べるための記憶物体（Alvarez & Cavangh 2004を改変）

## リソースモデル

しかしながら、一つの物体として認識されれば色が二倍記憶できるというラックとフォーゲル（1997）の結果は、その後の研究で再現されにくいことが報告された（Olson & Jiang 2002; Wheeler & Treisman 2002）。一部の研究では再現可能であることを報告しているが（Xu 2002）、状況が限られるようである。さらには、物体が複雑になるにつれてワーキングメモリ課題の成績が低下する、スロット

モデルでは説明できない結果を示す実験も出てきた（Alvarez & Cavangh 2004; Eng et al. 2005）。それらの研究では図3-4（a）のように、色・中国語・無意味図形・立方体などを用いて、記憶する物体がより複雑になるほど記憶できる数が減少していくことが示された（図3-4（b）（c））。スロットモデルでは4つの物体までなら情報量にかかわらずスロットに保持できると考えられているので、物体の複雑性によって記憶できる数が変化することは説明ができない。そのため、記憶に一定のリソースがあり複雑な物体ほど記憶リソースを多く必要とすると考えるほうが、スロットモデルよりもワーキングメモリの容量をうまく説明できると考えられ、これはリソースモデルと呼ばれた。

## スロットモデルとリソースモデル

スロットモデルは物体の数として4つの容量制約があることを想定しており、ワーキングメモリには4つ以上はまったく記憶できないと考える。一方でリソースモデルは、記憶できる物体数には上限はなく、リソースを配分できる量によって記憶できる数が決まると考える。この違いは、視覚記憶の単位が何かを考える点で非常に重要である。リソースモデルを支持する実験結果は、スロットモデルを否定する強い証拠に見える。しかしながら、スロットモデルを支持する研究者はリソースモデルを支持する実験の問題点を指摘して、さらにスロットモデルを推す実験結果を

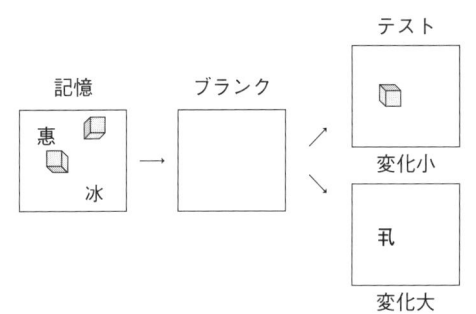

図 3-5 **記憶物体の複雑性とワーキングメモリ容量を調べる実験**（Awh et al. 2007 を改変）

示している。

オウら（Awh et al. 2007）は、記憶する物体とテストの類似性に注目した。リソースモデルを支持する実験結果は、記憶する物体とテストされる物体の類似性が非常に高い。たとえば、図3-4（b）で色が黄色から紫に変化することに比べると、図3-4（c）で立方体が別の立方体に変化するほうが、変化量が少ないように見える。つまり、立方体のように複雑な物体は記憶できていないのではなく、記憶した物体とテストされる物体が非常に似ているためにテストで正解することが難しく、その結果、課題成績が低下し記憶容量が低く見積もられたのではないかと考えた。

このことを検証するためにオウらは、図3-5のように、記憶容量が少ないと推定された立方体を記憶物体に使って、立方体が他の立方体に変化するときと（変化小条件）、立方体が漢字に変化するとき（変化大条件）の記憶成績を比較した。もし複雑な物体が記憶できていない

77　3　視覚性ワーキングメモリの容量と注意制御

のなら、記憶刺激とテスト刺激の類似度にかかわらず（変化小であれ大であれ）、テストでは正解できないはずである。実験の結果、変化小条件では記憶成績が高くやはり4つ記憶できている結果が示された。しかしながら、変化大条件では記憶成績が低く容量が小さく見積もられた。記憶刺激とテスト刺激の類似度が低いときには4つ正解できるが、類似度が高くなると1個程度しか正解できないのなら、それは「記憶できる数」ではなく「記憶の精度（解像度）」の問題である。極端な例をあげれば、記憶刺激とほんの一部しか変わらないテスト刺激を用いれば、見かけの記憶容量はいくらでも低くなるのである。

この結果から、オウらは、ワーキングメモリの「スロット」と「精度（解像度）」を分けて考えることが必要であると提案した。また、オウらは個人差の分析も行っており、精度（解像度の高さ）とスロット数は互いに独立で相関がないことが明らかになった。この結果はリソースモデルでは説明できない。なぜなら、リソースモデルでは「記憶できる数」も、すべて記憶リソースという一つの要因で決まっているはずなので、記憶の精度が高い個人は、スロット数も多いことが予測されるからである。

記憶の解像度とスロットについては、その後も研究が続けられている。ザンとラック（Zhang & Luck 2008）やアンダーソンら（Anderson et al. 2011）は、図3-6（a）の再生課題を用いた。この課題では、参加者は色四角形をできるだけ多く記憶し、テスト画面（右）では、太い四角枠で示された場所にあった色を、外側に提示される色環の一箇所をクリックして答える（円環は3

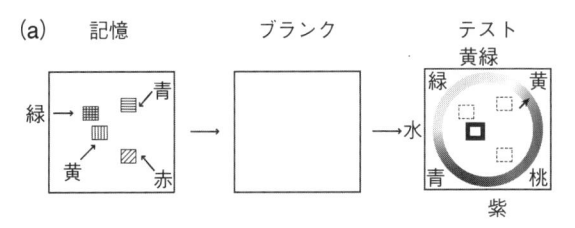

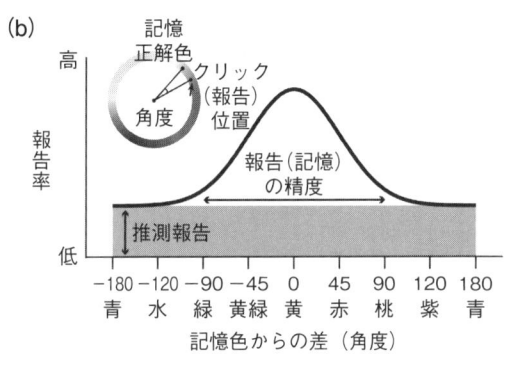

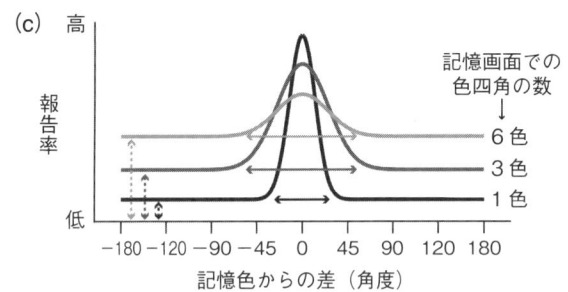

**図 3-6 アンダーソンらの再生課題**（Anderson et al. 2011 を改変）
(a) ワーキングメモリの記憶精度と容量を測定する実験。
(b) ワーキングメモリの記憶精度と推測報告の結果例（図中横軸の色名はテストされる色が黄色だった場合の例。実際にはテスト色は試行ごとに異なるので角度に応じた色も変化する）。
(c) 記憶数による精度と推測報告の変化（実線矢印は記憶精度、破線矢印は推測報告の割合を示す）。

60度徐々に色が変化している)。正しく記憶できているなら、図3-6(b)のように、色環上のちょうど記憶色の部分をクリックできるはずであり、このときは、正解の記憶色とクリックした色の間の角度は0度となる。そのため、正しく覚えられているなら、グラフ中の0度の報告率が高くなるだろう。また、記憶が曖昧になれば、参加者がクリックして答える色と正解の記憶色の距離が離れ、角度が大きくなると考えられる(円環上で45度や90度離れた色)。まったく記憶できていなければ記憶色とはかなり離れた色をクリックすることもあるだろう(円環上で120度や180度離れた色)。この方法で、記憶の精度と推測報告を調べることが可能である。このときリソースモデルの考え方に従えば、記憶する数が多いほど一つの物体に当てられるリソースが減少するので、記憶色の精度(解像度)は記憶する数が多いほど単調に低くなると予測される。

実際の実験の結果、図3-6(c)のように、1色を記憶するときよりも3色を記憶するほうが記憶色の精度は低くなり(図中実線矢印)、推測報告率も高くなることが分かった(図中波線矢印)。ここまではリソースモデルも正しいことになる。しかしながら、6色を記憶した場合には、今度は3色を記憶したときに比べて記憶精度は変化せず(図中実線矢印)、推測報告率が増えただけであった(図中破線矢印)。つまりはスロット数の限界内(3以内)では記憶解像度のリソースがあると考えられるが、スロットの限界を超えると一切の情報が記憶されないことが示されたのである。このことは、記憶できる数にはっきりとした「個数」としての限界があることを示しており、記憶のリソースのみを想定し、記憶できる数に具体的な上限はないと考えるリソースモデ

ルでは説明できない。したがって、明確な上限を設けるスロットモデルのほうが当てはまりがよいことを示している。スロットモデルとリソースモデルについてより詳しい解説は、福田ら (Fukuda et al. 2010) を参照されたい。

## ワーキングメモリ容量の脳内メカニズム

### サルの神経活動記録

これまでに見たようなワーキングメモリ容量の制約は、どのような脳神経のメカニズムによるのであろうか。古くからは、サルの脳に電極を直接挿入して神経活動を記録する研究が盛んであった (Fuster 1973; Fuster & Alexander 1971; Kubota & Niki 1971)。これらの研究では、ディスプレイにある一点を示し、サルは、点が消えてしばらく経ってからその位置に目を動かすように訓練される。点が消えている間（遅延期間）は、サルは目を動かすべき位置をワーキングメモリに保持し続けることが必要である。このとき、サルの大脳皮質の神経活動を見ると、前頭葉や側頭葉、または後頭葉の神経細胞（ニューロン）が持続的に発火し続けることが明らかになった。サルが記憶するのに失敗し目を正しい方向に動かせなかったときには、この遅延期間中の持続的な

神経活動が低下することも合わせて報告された（Funahashi et al. 1989; Sakai et al. 2002）。このことから、ワーキングメモリの保持は、脳神経細胞の持続的な発火によって支えられていると考えられている（サルを中心とした電気生理の研究については、船橋 2005 を参照されたい）。

## CDA

ワーキングメモリにかかわる遅延期間中の神経活動がヒトでも観察できることが、最近の事象関連電位 (event-related potential: ERP) を用いた研究によって報告されてきた。ERPは神経活動に伴う電位の変化をミリ秒単位で記録できるので、ワーキングメモリのように記銘・保持・想起が数秒の間に次々に生じるような現象について、それぞれの段階を切り分けながら観察するのに適している。

フォーゲルとマチザワ (Vogel & Machizawa 2004) は、図3–7（a）のように画面に色四角形をいくつか提示し、実験参加者に記憶してもらった。およそ1秒間の遅延期間の後、半分の試行では記憶画面とまったく同じ画面が、残り半分の試行では一つだけ色の異なる画面が提示され、参加者は記憶画面がテスト画面と同じかどうかを答えた。

この実験では、記憶画面の前に左か右いずれかの矢印を出して、右側を記憶してもらう場合と左側を記憶してもらう場合が設けられた（図3–7（a）では画面の右側を記憶する）。これは右半

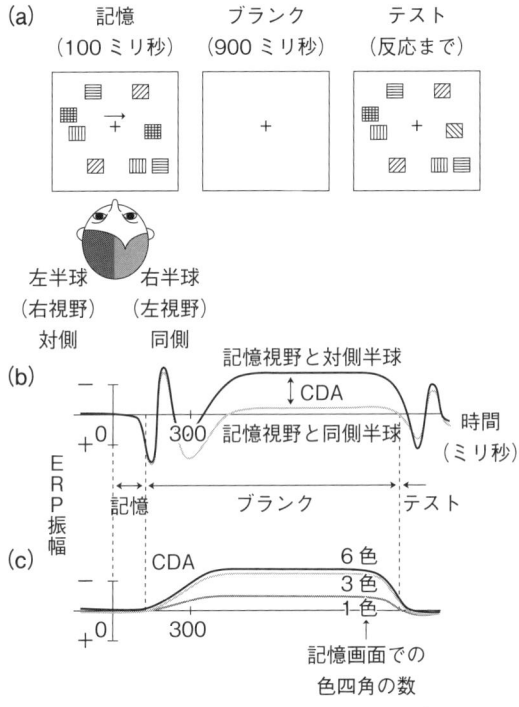

**図 3-7 ワーキングメモリの脳内メカニズムを調べる実験**（Vogel & Machizawa 2004 を改変）

(a) 実験画面の例。
(b) 記憶中の脳波。
(c) 記憶個数に応じた脳波（CDA）の変化。

視野にある視覚情報は脳の左半球に、左半視野にある視覚情報は右半球に送られることが知られているからである。両側の視野に記憶刺激を提示しながら片方の視野だけを記憶させ、記憶する視野に対応する半球に特有の活動を観察すれば、記憶に関係しない他の要因知覚反応、覚醒水準、反応の準備）に関する神経活動を取り除けると考えたのである。この方法は対側コントロール法（contralateral control method: Gratton 1998）と呼ばれる。

この方法でERPを観察したところ、図3-7（b）のように、記憶画面を提示してからおよそ300ミリ秒後に持続的な陰性の活動（contralateral delay activity: CDA）が、記憶視野と対側半球の頭頂・後頭チャンネルで観察された（たとえば右半視野を記憶しているときには左半球から）。記憶成分のみを抽出するため、記憶視野の対側半球（＝記憶半球）と記憶視野と同側半球（＝非記憶半球）の電位変化の差を調べたのが図3-7（c）である。CDAは記憶すべき数が増えるほど高くなり、ちょうどヒトが記憶できる限界である3つになったときに高さが飽和した。このとき、3つというのはあくまでも多くの実験参加者の平均なので、人によっては1つしか記憶できない人や、5つも記憶できる人がいる。フォーゲルとマチザワ（2004）は、CDAの高さが個人の記憶できる数と強く関係することも見つけた。1つしか記憶できない人は、画面に記憶刺激を1つ出しても2つ出しても、CDAの高さが変化しない。一方、5つ記憶できる人は、記憶刺激が5つになるまでCDAが高くなり続けるのである。また、サルの電気生理研究と同様に、同じ個人でも記憶に失敗しテストで間違えたときにはCDAは低くなった。

CDAは記憶内容よりも記憶のスロットによく対応していることが報告されている。CDAは記憶できる「個数」を反映して高さが変化しており、記憶刺激の大きさや複雑さなどには影響されない (McCollough et al. 2007, Perez et al. in preparation)。また、同じ物体であれば記憶する特徴数が増えてもCDAの高さは変わらない。たとえば、ある物体が赤色であることだけを記憶するときと、色に加えて物体の大きさや傾きを記憶するときを比べると、CDAの高さは同じである (Woodman & Vogel 2008)。

## fMRI

以上のような事象関連電位法に加えて、fMRI（機能的磁気共鳴画像法）の方法も用いられ、特に脳のどこが視覚性ワーキングメモリ容量に関連するかも盛んに調べられている。fMRIは、時間能は秒単位であるが空間能がミリ単位であるため、ERPと相補的に用いることが効果的である。トッドとマロイス (Todd & Marois 2004, 2005) は、先ほどのフォーゲルとマチザワ (2004) と似たワーキングメモリの課題を用いて、頭頂間溝 (intraparietal sulcus: IPS) の活動が記憶容量に応じて増加し、ちょうど3つの色四角を記憶したときに活動が飽和することを示した。また、フォーゲルとマチザワ (2004) と同じく、個人のワーキングメモリ容量が限界に達すると、IPSの活動も飽和することも示された。スーとチャン (Xu & Chun 2006) も同様にfMRIを

用いて検討している。彼女らはワーキングメモリの容量に対応する脳部位は、上頭頂間溝 (superior IPS)、外側後頭複合野 (lateral occipital complex)、下頭頂間溝 (inferior IPS) の三つあることを示しており、同じ個数の物体を記憶するときでも、複雑な物体を記憶するときのほうが単純な物体を記憶するときよりも上頭頂間溝と外側後頭複合野の活動が高くなることを示した。一方で、下頭頂間溝は、物体の複雑性にかかわらず4つの物体を記憶したときに活動が飽和することが示された。これらのことから彼女らは、下頭頂間溝がワーキングメモリのスロットの役割を担っており、上頭頂間溝と外側後頭複合野は記憶表象の解像度にかかわると提案している。

## ワーキングメモリ容量と注意

さて、ここまでをまとめると、ワーキングメモリに保持できる数はスロットとして3か4程度に限られており、その範囲内では記憶する数が増えるにつれて解像度が低くなっていくようである。また、スロットを超えるとそれ以上の情報は一切記憶表象がないらしい。さらに、このスロットの数は1〜5程度の個人差があるようである。そしてスロット数の個人差は頭頂‐後頭葉の神経活動によって生まれてくるものであり、スロット数が少ないヒトほど、少ない物体を記憶した時点で神経活動が飽和するようだ。

このようにまとめると、ワーキングメモリの容量の差は、スロットという箱をいくつかの

によって決まるように思える。たくさん記憶できる人は記憶の箱が多いからであり、少ししか記憶できない人が記憶力をよくしようと思えば、箱を多くするしかないように思えるかもしれない。

しかし、フォーゲルら（Vogel et al. 2005）の研究によると、そうではないようである。彼らは図3-8（a）のように、赤色棒に青色棒を2本混ぜて、参加者には青棒を無視して赤棒だけを記憶するよう求めた。つまり、実験参加者は記憶内容をコントロールすることが必要であり、赤棒を2本覚えたときと同じようにできれば、記憶内容をコントロールできていることになる。ERPを測定した結果、赤棒だけが4本出ているときにたくさん記憶しないようコントロールすることができた。つまり図3-8（b）の上のように、赤棒2本と青棒2本が提示されたときのCDAの高さは、赤棒2本だけのときと同じであった。しかし、赤棒4本が出たときにあまり記憶できなかった人は、赤棒2本と青棒2本が画面に出てくると、図3-8（b）の下のように、今度は赤棒4本を記憶しているときと同じぐらいまでCDAが高くなっていたのである。つまり、青棒を無視できず記憶してしまったようである。どの程度記憶をコントロールできているかを算出したところ、記憶容量が大きい人ほど、不必要な情報をワーキングメモリから締め出すことができることが明らかになった。

このことは、ワーキングメモリ容量は、記憶すべき数が少ないときにはあまり個人差が見られず、記憶すべき個数が増えるにつれて個人差が大きくなることとうまく対応している（Fukuda

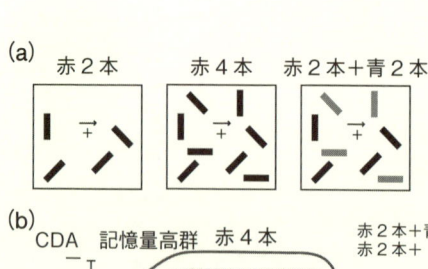

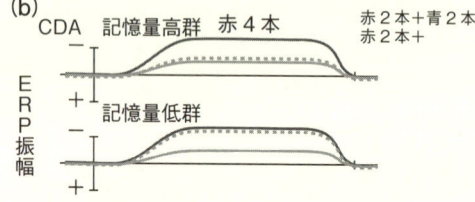

**図3-8 ワーキングメモリのコントロール機能を調べる実験**（Vogel et al. 2005 を改変）

(a) 実験場面の例。
(b) 記憶中の脳波（CDA）の変化。

& Vogel, personal communication）。誰でも4つ程度までなら記憶できるのは、スロットはヒト一般に共通して4つ程度であるからだと考えられる。しかし、覚えるべき数が5つ6つと増えると、すべては記憶できないので記憶すべき項目を選択する必要が出てくる。彼らによると、ワーキングメモリ容量の差は、スロット数の差ではなく、コントロール機能の差であることになる。

記憶容量が低い人が注意のコントロールがうまくできないことは、他にもいくつかの研究で示されている（Engle et al. 1999; Hasher & Zacks 1988; Kane et al. 2001）。フクダとフォーゲル（Fukuda & Vogel 2009, 2011）は、ワーキングメモリ容量の低い人ほど、急に現れた不必要な情報に注意が補足されやすいことを示している。また、ワーキングメモリ容量の低い人ほど、日

常生活でのチャレンジングな場面で（ここぞというときに限って）、別のことを考えてしまっている（マインドワンダリング）という報告もある。また最近では、パソコンを立ち上げて複数の作業を同時に進める人も多いだろうが、オフィアら（Ophir et al. 2009）によると、メールやインスタントメッセージ、音楽のソフトウェアや携帯電話などのメディアを使ってタスクを同時並列に進める人ほど、無関係な情報をワーキングメモリに取り込みやすく、不必要な情報に注意が補足されやすいことが示されている。

これらの研究から見ると、ワーキングメモリ容量が少ない個人は記憶スロットが少ないために日常生活での困難を抱えているのではなく、むしろ多数の情報を詰め込もうとして収拾がつかなくなっていると考えたほうがいいのかもしれない。記憶容量は多いほうがいいに決まっていると考えられがちである。しかし、以上に紹介した研究では、多くを詰められたほうがいいというよりは、現在必要な情報に絞って効率的に記憶内容をコントロールすることのほうが、認知機能にとって重要であることを示している。

## ワーキングメモリ容量の制約と見えのパラドックス

さて、ここで初めの問いかけに戻ってもう一度考えてみたい。「見る」とはどんなことなので

あろうか？これまでに紹介した視覚性ワーキングメモリの研究は、ほんの数秒でも覚えられる数がたった3つか4つしかないことを示している。これ自体は、最初に紹介した自然風景を用いた変化検出実験との整合性も高い。しかし、ここでパラドックスが生じる。というのも、われわれは4つの物体以外は何も見えてないと感じるわけではなく、ワーキングメモリが4つに限られていようとも、依然として鮮やかな視野世界を感じているからである。これはなぜであろうか？

## ワーキングメモリ容量以上の表象

最近、記憶画面が消えてしばらくたった後で、テストされる場所を知らせると、記憶成績が高くなることが報告されている (Lepsien et al. 2005; Griffin & Nobre 2003; Landman et al. 2003; Makovski & Jiang 2007; Sligte et al. 2008, 2009-2010, 2011; Vandenbroucke et al. 2011)。たとえばスライトらは、図3-9のように線分の傾きを記憶してもらい、記憶画面が消えてから1秒経過した後で、テストされる位置を手がかりで教えると、ワーキングメモリの推定容量は実に16個にもなることを示した (Sligte et al. 2008)。これは、手がかりがなくテストが提示されたときの容量4個に比べて4倍にもなる。手がかりはテストと同時に提示されると効果はなくなる。このことからスライトらは、テスト刺激に干渉を受けない頑健なワーキングメモリ容量は4つ程度に限られるが、それとは別に、干渉を受けると消えてしまうが数秒間持続する「フラジャイル（弱い）ワ

| 記憶 | ブランク | 手がかり | ブランク | テスト |
|---|---|---|---|---|
| 250ミリ秒 | 1000ミリ秒 | 500ミリ秒 | 500ミリ秒 | 反応まで |

**図 3-9** フラジャイルワーキングメモリを調べる実験（Sligte et al. 2008 を改変）

スパーリング（Sperling 1960）はかなり以前に、刺激の提示終了後も0.5〜1秒の間持続する感覚記憶（iconic memory）を提案した。フラジャイルワーキングメモリは、次の理由により感覚記憶と区別されている。（1）感覚記憶は光マスクによって消滅するが、フラジャイルワーキングメモリは消滅しない。（2）感覚記憶の持続時間は0.5〜1秒であるが、フラジャイルワーキングメモリは数秒間持続する。（3）感覚記憶は網膜位置に依存した表象であるが、フラジャイルワーキングメモリは網膜位置には依存しない。これらをまとめてスライトらは、視覚記憶は、容量の大きい順に、感覚記憶、フラジャイルワーキングメモリ、ワーキングメモリの三つで構成されると提案しており、またこの順序で持続時間が短く他の刺激からの干渉（マスキング）を受けやすいと考えた。その後の研究によって、手がかりの効果はスライトらが主張するほど大きくはなく、感覚記憶とワーキングメモリの間にフラジャイルワーキングメモリを想定したほうがいいのかは研究者によって意見が分かれているが（Matsukura & Hollingworth 2011; Makovski 2012）、ワーキングメモリ容量以上の表象が数秒の間保持されていることは確か

91　3　視覚性ワーキングメモリの容量と注意制御

なようである。

これらの研究をもとにブロック (Block 2007, 2011) は、視覚性意識を次の二つに分けることを提案している。一つは、ワーキングメモリに示されるような、容量に厳しい制約がある「認知的アクセス (cognitive access)」に基づいた「アクセス可能な意識 (access consciousness)」である。もう一つは、フラジャイルワーキングメモリや感覚記憶に示されるような大容量の「現象的な意識 (phenomenal consciousness)」あるいは「知覚的意識 (perceptual consciousness)」である。変化検出課題やワーキングメモリ課題のテスト画面で答えるためには、記憶表象への認知的なアクセスが必要であり4つの物体に限られている。しかし、それでもわれわれの視野が鮮やかに見えるのは、認知的にはアクセスできないが表象としては存在する現象的な意識があるからだという考え方である。この区分については、アクセスできない表象を意識と呼ぶ必要はなく、単純に無意識と呼べばよいと反論する研究者もいるので (Kouider et al. 2012)、今後の更なる研究が必要である。しかしながら、われわれの視野が、アクセス可能な限られた表象と、それとは別にアクセスはできないが現象的な意識としての表象から成り立つという考え方は、われわれの視覚体験とも整合性が高く、魅力的な考え方であろう。

追記：図3-1は、左の写真では机の引き出しがなくなっている点が右の写真と異なる。

# 4　注意し選択する脳
## ——不要な情報を排除する脳

源　健宏・苧阪直行

## はじめに

ヒトの脳の容積は4万年前の、クロマニョン人とほとんど変わらないが、その脳が現在デジタル社会の情報の奔流に立ち向かっている。人々が忙しく行き交う都会の中心街はもともと騒々しい場所だが、ここ数年その騒々しさはさらにひどくなってきた（Klingberg 2007）。iPhoneなどスマートフォンのメールを読みながら交差点を渡る若者、iPodで音楽を聴きながら自転車で行き交う高校生、ナビゲータを見ながら目的地に向かうタクシードライバーなど、パソコンと融合した移動型多機能通信機器の普及がせわしさの主な理由である。

街路の騒々しさは、若者が活発で楽しげに携帯でマルチタスク（多重課題）をこなしていること

とからきているようである。そしてこのマルチタスクを担うのがワーキングメモリという適応のための記憶なのである（苧阪 2002）。歩きながら携帯で話している人々の様子を観察すると、その歩みが変化することに気づく。話題がシリアスになると歩みは遅くなり、ついには立ち止まることもある。後ろを歩く人もやはり携帯を使っているが、前の人が急に立ち止まってもうまくよけて足早に追い越して行く。このように、街を歩く人々は携帯で聞いたり、話したり、書いたりと多くのことをしながら、互いにぶつからぬように歩いている。うっかり街路樹や壁にぶつかることもなく、驚くべきことに車を巧みによけながら携帯で話す人も見受ける。

このような多忙な環境の中でも大した事故が起こることもなく、世の中がスムーズに動いているのは、われわれが巧みに注意をコントロールしているおかげである。自動的で半ば無意識な注意と意識的な注意が心のはたらきのバランスをうまくとっているからである。このバランスを調整する驚くべき脳のはたらきが最近徐々に分かってきた。そのはたらきの一つが、当面不必要な情報を排除するという脳のメカニズムだ。排除の理由は人間の注意が容量の制約をもつためだということも分かってきた。脳もまた、スパムメールの排除メカニズムをもっているのである。

21世紀にはじまった現代の高度情報化社会の環境は、これからの社会や文明のあり方について、そして人間の認知のメカニズムについて考えさせられることが多い。豊かなコミュニケーションの世界が急速に拡大し、その恩恵を受ける一方では、われわれは増加する過多な情報にふりまわ

され、その結果情報圧のストレスにさらされ、さらに情報の洪水に溺れかかっているともいえる。脳はオーバーフローしつつあるともいえる（Klingberg 2007）。情報の洪水に流されないようにするには、ヒトのワーキングメモリのはたらきにマッチした情報社会──個々人の心のはたらきにマッチした社会──の再デザイン（ワーキングメモリデザイン）が必要である。ここでは、それに向けて、社会脳の立場からこの状況を前頭葉を中心とした注意の制御の問題から考えてみたい。

日常的なマルチタスクの例として「ながら勉強」を見てみたい。音楽を聴きながら勉強をすると、作業効率は上がるだろうか、それとも下がるだろうか。ある人は作業効率が下がるというが、別の人は上がるという。うるさいと感じるか、快いと感じるかは主観的な印象であり、このことは1章で述べたが、それとは別に作業効率を測定することはできる。神経注意学の観点からこの問題を捉えた場合、どのような結論が得られるのであろうか。これまでの知見を踏まえて考えると、特殊な場合を除き、勉強中に音楽を聴くと、作業効率は一般的には下がるようである。本章では、認知課題（勉強）と無関連である情報（音楽）が、なぜ作業効率を低下させるのかを、実験心理学および認知神経科学の知見をもとに考えてみたい。

# 選択的注意に関する研究の歴史

われわれの身のまわりは、多くの情報で満ちあふれている。その中から、われわれは、必要な情報に対して注意を向け、その一方で不必要な情報を無視することにより、むだのない日常生活を送っている。この種の注意は、認知心理学および認知神経科学の分野においては、選択的注意 (selective attention) と呼ばれており、その起源は、米国の心理学の父として知られるウィリアム・ジェームスの一節「われわれの意識体験は、われわれが注意を向けているものにある」にまで遡ることができよう (James 1890/1950)。ここでは、まず米国の神経科学者ドライバのレビュー論文をもとに、選択的注意の研究の歴史を振り返ってみたい (Driver 2001)。

初期の選択的注意の研究では、第2章でみたように、「カクテルパーティ問題」が主に取り上げられていた。再度復習すると、カクテルパーティ問題とは、一つの部屋でたくさんの人々が会話している中で、なぜわれわれは、自分にとって必要な声だけを拾いあげることができるかという問いのことである。カクテルパーティ問題は非常に複雑で、今日の高精度のコンピュータでも、多数の会話の中から選択的にどれか一つを選択して処理することは大変困難である。

この問題に取り組む上で、最初に考えなければならないことは、注意を向けている音声と注意

を向けていない音声の処理にはどのような違いがあるのかということである。その答えを得るために、古典的な実験心理学研究では、両耳分離聴課題が用いられているが、もう少し詳しくみてみたい。

この課題では、ヘッドフォンを用いて左右それぞれの耳に別々の音声を呈示し、実験参加者は、あらかじめ指示された側の耳から聞こえてくる音声を追唱するように教示される。つまり、片側の耳から入ってくる情報に注意を向け、反対側の耳から入ってくる情報を無視する状況を実験的に設定することで、選択的注意の特性を調べることができるのである。そして、次の二つの問題に注目し、注意が向けられている音声とそうでない音声の処理の違いを検討した。一つ目は、片耳から入力される音声情報を選択的に聞き取るためには、二つの音声情報がどのように異なる必要があるのかという問いであり、二つ目は、無視するように指示された音声を、実験参加者はどの程度知っているのかという問いである。最初の問いに対しては、音源となる位置や音の高さといった音声の物理的特性を変化させることで、効率的に片側の耳から聞こえてくる情報に注意を向けることができるという答えが得られた。二番目の問いに対しては、二つの音声が物理的に異なっていた場合でも、無視していた情報については、実験参加者はほとんど何も憶えていないことが分かった。

これらの実験結果をもとに、さまざまな理論が提唱されたが、その中でもとりわけ強い影響力をもったのが、イギリスの実験心理学者ブロードベントが提唱したフィルター理論（2章参照）

4 注意し選択する脳——不要な情報を排除する脳

である（Broadbent 1958）。この理論では、情報が二つの段階で処理されており、第一段階では、入力される情報のすべての物理的特徴（例：音の高さや位置）が並列的に抽出される。続く第二段階では、より複雑な心理的な特徴（例：単語の意味）が抽出される。この段階では、処理容量に制約が存在するため、すべての情報を一度に処理することはできなくなる。ここで、選択性をもつフィルターが、情報のオーバーロードを防ぐために、第一段階で処理された物理的特徴の中から特定の特徴を選択し、第二段階に送り込むのである。フィルター理論は、既存の実験結果をうまく説明するだけでなく、結果の予測力も優れていたことから、当時、多くの研究者により理論の検証が行われた。

## 初期選択と後期選択

ここでは第2章でもとり上げた注意の選択の時期について再びみてみたい。ブロードベントのフィルター理論では、フィルターを介して選択された特定の情報のみが処理されると仮定したが、この仮定に反する実験結果も報告され始めた。たとえば、コーティーンとダン（Corteen & Dunn 1974）の研究をあげることができる。彼らは古典的条件付けの手続きを用いて、あらかじめ、ある単語と不快な電気ショックを結びつけた。そして、学習が成立した後に、両耳分離聴課題を用

いて、実験参加者に単語の追唱を行わせた。ここで、注意を向けていない耳から電気ショックと結びつけられた単語を呈示し、このときの皮膚電気反応の測定を行った。もしフィルター理論が正しいのであれば、注意を向けていない耳から入力された単語は、フィルターにより排除されるため、それ以上処理されなくなり、その結果、皮膚電気反応は生じないはずである。しかしながら、実験の結果、電気ショックと結びつけられた単語が注意を向けていない耳から入力されたにもかかわらず、皮膚電気反応が観測されたのである。この結果は、注意を向けていない情報がフィルターにより排除されると考えるフィルター理論に反している。

ブロードベントのフィルター理論は、選択的注意の初期選択説の一つとして位置づけられ、この説では、初期の知覚段階において、注意が向けられる情報と無視される情報が切り分けられると考えられている。これに対して、後期選択説では、すべての情報は知覚処理を受けるが、これらの段階において必要な情報が選択的に抽出され、不必要な情報は排除されると考える（Duncan 1980 を参照）。この説では、無視される情報も知覚段階では処理されており、そのため注意を向けていない耳から呈示された単語が、皮膚電気反応を引き起こしたのである。しかしながら、ブロードベントの学生であったトレイスマンは、初期段階において抽出されるべき情報と排除されるべき情報は切り分けられるが、例外的に、排除されるべ

き情報が処理されることがあると主張した（Treisman 1960, 1969）。ただし、排除されるべき情報が処理されたとしても、それは注意が向けられた情報に比べると、その処理水準は非常に低減されていることから、彼女が提唱した説は、緩衝説と呼ばれている。

選択的注意研究の主流は、聴覚情報から視覚情報に移行したが、そこでも初期選択説と後期選択説の議論が引き続き展開された。初期選択説を支持する研究としては、無視するように指示された視覚刺激の再認記憶が非常に低いことを示したロックとガットマン（Rock & Gutman 1981）の研究をあげることができる。これに対し、ティッパーの負のプライミングを用いた研究は、後期選択説を支持していると言えよう（Tipper, 1985）。彼の研究では、赤と緑の線画を重ね合わせて呈示し、被験者にはどちらか一方の線画に注意を向け、他方を無視するように教示を与えた。その後、無視するように教示されていた線画に対して反応するように求めたところ、反応時間の増加が認められた。この結果は、無視するべき情報も知覚処理を受けていたことを示すものである。このように、それぞれの説を支持する結果が報告され、両者の間の議論は収束しないように思われた。

## 選択的注意の負荷理論

しかしながら、ラヴィは、注意のハイブリッドモデルを提唱し、選択的注意による不必要な情報の排除は、初期段階と後期段階の両者で見られるが、どちらが機能するのかは知覚負荷の高低に依存すると主張した（Lavie 2005）。彼女らは、反応競合課題を用いて、知覚負荷が課題無関連情報の処理に与える影響を検討した（Lavie 1995）。ひとことで言うと、知覚負荷が低い状況では、後期選択による排初期選択による無関連情報の排除が行われ、一方、知覚負荷が高い状況では、後期選択による排除が行われるということである。彼女らが用いた具体的な課題手続きを図4-1上に記す。この課題では、被験者は、環状の刺激内に二つのターゲット刺激（XもしくはN）のうちのいずれがあるかの反応が求められる。そして、「X」の場合は右ボタンの反応が、「N」の場合は左ボタンの反応が求められる。ここで、環の外側にディストラクタ刺激を呈示し、環内のターゲット刺激が一致する条件と不一致の条件が設定された。この場合、不一致条件において反応時間が長くなり、不一致条件と一致条件の反応時間の差分が、反応コストとして算出される。

この実験で重要なのは、彼女らは知覚負荷を操作し、知覚負荷の低い条件（左）と高い条件（右）における反応コストを比較したところにある。その結果、低負荷条件における反応コスト

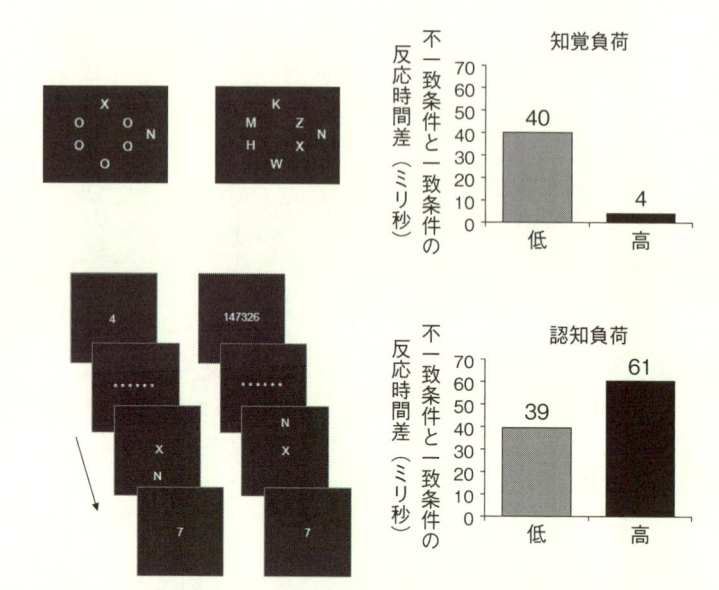

図4-1 知覚負荷および認知負荷が課題無関連情報処理に与える影響（Lavie 2005を改変）

が高負荷条件における反応コストよりも大きいことが分かった。この結果は、選択的注意による初期選択説を支持しており、処理すべき情報が過剰になった場合は、無視すべき情報であるディストラクタ刺激が処理できずに排除されることを示している。逆に、負荷が低い場合は、注意の処理資源にゆとりがあることから、残った注意がディストラクタに向けられ、ディストラクタが処理されたために、反応コストが増加したのである。

続いての研究では、注意の処理資源にゆとりのある低知覚負荷の状況に焦点を絞り、注意制御に影響を与える認知負荷の操作が行われた（図

102

4−1下)。この研究では、先述の反応競合課題が用いられたのだが、今回は、画面の中心にターゲット刺激が1つ呈示され(低知覚負荷)、周辺にディストラクタ刺激が呈示された(左)。そして、反応競合課題に先んじて、被験者には数字列の記憶が求められた。これはワーキングメモリに負荷をかけることから認知負荷と呼ばれ、認知負荷が高いほど、認知制御が困難になると考えられている。この特性を利用し、彼女らは、認知負荷の程度を操作して、それが反応選択課題に与える影響を検討した(Lavie, et al. 2004)。その結果、認知負荷の高い条件における反応コストが、負荷の低い条件よりも大きかった(右)。この結果、認知制御の資源が認知負荷により奪われたことにより、ディストラクタ刺激の干渉効果を弱めることができなかったことを示していると考えられる。つまり、後期処理過程において選択的注意が十分に機能しなかったため干渉を受けたのである。これら二つの研究結果から、初期選択説と後期選択説のどちらか一方が正しいわけではなく、両者が存在することが示されたのである。

## 負荷理論を支持する脳機能画像研究

　負荷理論は、実験心理学研究だけでなく、脳機能画像法を用いた認知神経科学研究からも支持されている。ここでは、代表的な研究をいくつか紹介しよう。

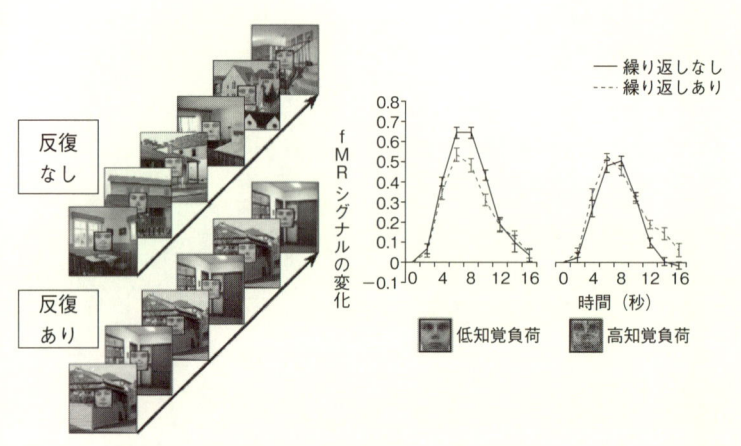

**図 4-2 知覚負荷が脳活動に与える影響（fMR アダプテーションを用いた研究）**（Yi et al. 2004 を改変）

知覚負荷による初期段階の課題無関連情報の排除を支持する研究としては、イら（Yi, et al. 2004）をあげることができる。彼らは、風景写真の中心部に顔写真を重ね合わせた刺激を作成し、一枚ずつ被験者に呈示した（図4-2左）。このとき被験者は、背景となる風景写真を無視しながら、中心部の顔写真が、一枚前に呈示された顔写真と同じかどうかを判断することが求められた。

ここで興味深いのは、彼らが背景となる風景写真が交互に入れ替わる条件とまったく別々の風景刺激が連続呈示される条件を設定したところである。これは、同じ視覚刺激が時間的に近接して呈示された場合、その刺激処理を担う脳領域の活動が低下するという特性（fMRアダプテーション）をうまく利用するためである（Grill-Spector & Malach 2001）。そして、実験の主目的である知覚負荷を操作し、知覚負荷が高い条件と低い条件で、

fMRアダプテーションの量を比較した。もし、知覚負荷が高い条件で課題無関連情報である風景刺激が処理されていないのであれば、fMRアダプテーションは生じないはずである。逆に、知覚負荷が低い条件では、風景刺激が処理されるため、fMRアダプテーションが生じるはずである。彼らは、風景刺激に対して選択的に活動を示す海馬傍回場所領域（PPA）（Epstein & Kanwisher 1998）のfMRアダプテーションを測定した。実験の結果、当初の予想どおり、知覚負荷が高い条件ではfMRアダプテーションは認められず、知覚負荷が低い条件においてfMRアダプテーションが認められた（図4-2右）。この結果は、知覚負荷が高い場合において課題無関連情報が排除されると考えるラヴィの説を支持している。

認知負荷が後期段階の課題無関連情報の排除に影響を与えることを示す研究として最も知られている認知神経科学研究は、ド・フォッカールら（de Fockert et al. 2001）の研究であろう。彼らは、認知負荷が高い条件と低い条件で、課題無関連情報の効果がどのように変化するのかを検討した。高負荷条件ではランダムな数字列（例：03124）が呈示され、被験者は解答画面で呈示された数字（例：2）の後に続く数字（正答：4）を報告するよう教示された。低負荷条件では、常に固定された数字列（01234）。これらの数字列をワーキングメモリで保持しながら、反応競合課題が課された。この研究の反応競合課題では、顔写真とその上に重ねて呈示される名前とが一致する条件と不一致の条件が設定され、被験者は顔写真を無視しながら、その名前が人気歌手なのか政治家なのかを判断するように指示された（図4-3左）。一致

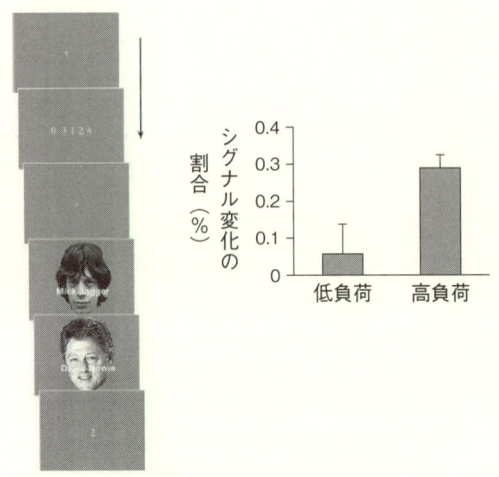

**図4-3 認知負荷が脳活動に与える影響**
(de Fockert et al. 2001 より)

する条件ではターゲットである名前と顔写真が一致し、不一致条件では名前と写真が異なっていた。この場合、顔写真と名前が不一致の条件で反応コストが大きくなり、反応時間の増加が予想される。

名前の分類に要した時間についての分析結果では、反応コスト（認知負荷の高い条件における不一致条件と一致条件の反応時間の差）が、認知負荷が低い条件における反応コストよりも大きかった。この結果は、ワーキングメモリ内で使用できる注意資源が減少すると、妨害情報である顔写真による干渉を解消するための注意資源が減少していることを示している。

この課題を遂行中の脳活動をfMRIを用いて測定し、認知負荷の高い条件と低い条件の活動を比較したところ、認知負荷の高い条

件で、下前頭回、中前頭回、中心前回といった前頭領域で活動の増加が認められた。また、妨害刺激呈示中の脳活動について、顔刺激に対して特異的に活動を示す脳領域（紡錘状回、下後頭葉、左舌状回）の活動を認知負荷の高い条件と低い条件で比較したところ、認知負荷の高い条件でこれらの領域の活動の増加が認められた（図4-3右）。

認知負荷の高い条件において、妨害刺激の処理にかかわる脳領域が活動の増加を示したという結果は、認知負荷により注意資源が減少すると、妨害刺激の処理に向けることのできる注意資源が枯渇し、妨害情報を排除できずに注意を引きつけられていると考えることができる。また、高負荷条件において前頭葉の活動の増加が認められたことから、認知負荷により前頭葉の処理資源の大半が消費されていたと考えることができる。その結果、妨害情報が排除できずに、不一致条件において反応時間が増加したのであろう。この研究は、認知負荷による後期選択処理の機能低下が、前頭葉による注意資源の枯渇と結びつくことを示したという点で、高く評価されている。

## ワーキングメモリ容量と選択的注意

ここまでは、負荷の種類（知覚負荷 vs. 認知負荷）により、初期選択処理と後期選択処理を分離することができることを示してきた（2章も参照）。しかしながら、実験的研究では、複数のアプ

ローチが一貫した結果を示すことで、はじめて理論の信頼性が高められる。ここからは、後期選択処理が前頭葉の機能に依存すると考える後期選択説を、ワーキングメモリ容量の個人差の切り口から検討した研究を紹介する。

ワーキングメモリ容量とは、個々人のもつ注意制御能力を示す指標であり、ワーキングメモリスパンテストにより測定される。ワーキングメモリスパンテストは、情報の保持と処理の同時遂行を要求する課題であり、たとえば、文章の音読と単語の保持を同時に遂行するリーディングスパンテストや、計算処理と単語の保持が求められるオペレーションスパンテストが代表的なものとしてあげられる (Daneman & Carpenter 1980; Turner & Engle 1989)。

初期のワーキングメモリ容量に関する研究では、ワーキングメモリスパンテストの得点が他の認知機能と高い相関を示すのは、ワーキングメモリスパンテストの処理部分にかかわる固有能力(リーディングスパンテストにおける文を読む能力)が他の認知機能(文章理解)と関係するためであると考えられていた。しかしながら、読解に関する知識を制御した場合でも、ワーキングメモリテストの得点と読解力得点の相関は、依然として残ることから (Engle et al. 1992)、ワーキングメモリ容量は、特定の能力だけを反映しているのではなく、前頭葉がかかわる全般的な注意制御機能を反映しているとする仮説が立てられた (Kane & Engle 2002)。

この仮説を検討するために、ワーキングメモリ容量の高い個人(高スパン群)と低い個人(低スパン群)を対象とし、両者の注意制御能力の比較が行われた。その結果、呈示された矢印の方

108

向と反対の方向に眼球を動かす反サッケード課題や、赤いインクで書かれた「青」という文字のインク名を答えるストループ課題において、高スパン群と低スパン群の成績差が大きくなることが明らかになった (Kane & Engle 2003; Unsworth et al. 2004)。さらに、潜在変数分析を用いた研究においても、オペレーションスパンテストやリーディングスパンテストといったワーキングメモリスパンテストが、領域普遍的な注意制御能力を反映することが示されている (Kane et al. 2004)。これらの実験結果から、ワーキングメモリ容量が注意制御能力を反映すると主張するケーンとエングル (Kane & Engle 2002) の仮説が支持されたのである。

それでは、前頭葉機能が関与することが示されている選択的注意の後期選択処理では、ワーキングメモリ容量の影響は認められるのだろうか。先に紹介した両耳分離聴課題および負のプライミング課題を用いた研究において、この可能性が検討されている。

コンウェイら (Conway et al. 2001) の両耳分離聴課題を用いた研究では、両耳から別々の単語を呈示し、左耳から聞こえてくる単語を無視しながら、右耳から聞こえてくる単語を復唱するように被験者に教示を与えた。ここで、左耳から聞こえてくる無関連単語（300語）の中に被験者の名前を二度呈示し、課題後に何か気がついたかを確認したところ、高スパン群では20％の被験者が自分の名前が聞こえたと報告したのに対し、低スパン群では65％もの被験者が同様の報告を行った。負のプライミング効果を高スパン群と低スパン群で比較した研究では、高スパン群の
ほうで大きい効果が認められた (Conway et al. 1999)。つまり、高スパン群は、先行の試行で課

109 　4　注意し選択する脳 —— 不要な情報を排除する脳

題と無関連な情報を強く抑制していたため、続いての試行でその情報に対して注意を向けるように指示されたときに、抑制効果が持続し、その結果、反応時間が増加したと解釈することができるのである。これら二つの研究結果は、選択的注意の後期選択段階において、前頭葉の担う注意制御機能が関与していることを支持している。

## ワーキングメモリ容量の個人差と選択的注意——認知神経科学研究

近年では、ワーキングメモリ容量の個人差と選択的注意の能力の関係を、認知神経科学的手法を用いて検討する研究も増えてきている。フォーゲルら (Vogel et al. 2005) は、ワーキングメモリ容量の高スパン群と低スパン群を対象とし、ワーキングメモリ課題遂行中の脳活動の測定を行った。彼らは、ターゲット情報とディストラクタ情報の種類を操作し、「ターゲットが2個の条件」、「ターゲットが4個の条件」、そして、「ターゲットとディストラクタが2個ずつ呈示される条件」を設定した。そして、符号化期間および遅延期間中の、後部頭頂皮質と外側後頭皮質の電位を測定したところ、高スパン群では、「ターゲット2個条件」と「ターゲット2個+ディストラクタ2個条件」の電位が同等であった。これに対し、低スパン群では、「ターゲット2個条件」と「ターゲット2個+ディストラクタ2個条件」の電位が同等であった。

この結果から、高スパン群は、優れた注意制御能力により、ディストラクタを効率的に排除する一方で、低スパン群は、注意の制御がうまくいかず、ディストラクタもターゲットと共にワーキングメモリ内に取り込んでいると解釈することができる。

マクナブとクリングバーグ (McNab & Klingberg 2008) は、fMRIを用いて、妨害情報の排除能力とワーキングメモリ容量の関係性を検討した。彼らは、妨害刺激が呈示される以前の準備段階の脳活動に注目し、準備段階における中前頭回と大脳基底核の活動が、妨害情報の排除に重要な役割を果たすことを示した。そして、これらの脳領域の活動とワーキングメモリとの間に有意な正の相関が認められたことから、中前頭回と大脳基底核のネットワークが、注意制御の役割を担い、このネットワークがワーキングメモリ容量に応じて異なる選択的注意の能力と関係する脳領域について、重要な知見が提供されてきている。しかしながら、先行研究では、ワーキングメモリ容量が反映する実行系機能は、前頭前野のはたらきと密接にかかわると提言されている (Kane & Engle 2002)。このことを踏まえると、ワーキングメモリ容量の高スパン群と低スパン群の選択的注意能力の差に関与する前頭前野の領域について詳細な検討を行う必要がある。マクナブとクリングバーグ (2008) の研究では、課題無関連情報排除の準備段階に焦点が当てられたが、著者らの研究 (Minamoto et al. 2010) では、課題無関連情報の排除中の脳活動を対象とし、ワーキングメモリ容量の個人差とかかわる前頭前野内の領域を特定することを目的とした。本研究で

111 　4　注意し選択する脳　──不要な情報を排除する脳

は、妨害情報の排除にかかわることが示されている2ヵ所の前頭前野領域（両側下前頭回および左側中前頭回）を関心領域（region of interest; ROI）とし、高スパン群と低スパン群の脳活動の比較を行った。

下前頭回は、優勢反応の抑制や順向干渉の抑制、そして課題無関連情報処理の抑制に関与することが示されている（Aron et al. 2004; D'Esposito et al. 1999; Dolcos et al. 2007; Jha et al. 2004; Jonides et al. 1998）。ジャら（Jha et al. 2004）の研究では、顔刺激の記憶を要求するワーキングメモリ課題の遅延期間中に妨害刺激を提示し、妨害刺激がワーキングメモリ内の情報と競合する条件と競合しない条件を設定し、条件間の脳活動の比較を行った。その結果、競合条件において、両側の下前頭回の活動の増加が認められたことから、この領域が、課題無関連情報の排除にかかわると結論づけた。ドルコスら（Dolcos et al. 2007）は、顔のワーキングメモリ課題の遅延期間中に呈示する妨害情報の負荷を操作し、顔妨害刺激が呈示される条件（高干渉条件）、スクランブル顔が呈示される条件（低干渉条件）、そして妨害刺激が呈示されない条件（無干渉条件）とした。このときの脳活動を測定したところ、両側の下前頭回で、妨害情報の負荷に応じた活動の増加が認められた。

これらの結果から、下前頭回は、妨害情報に向けられる注意の抑制を含む、さまざまな抑制処理に関与する領域であると考えることができる。このことを踏まえると、下前頭回が、高スパン群と低スパン群の妨害情報処理能力の差を生み出している脳領域であると推定することができる。

左側の中前頭回から後部知覚領域へのトップダウン信号が、妨害情報を排除する役割をもつと考える研究者もいる。ガザレイら (Gazzaley et al. 2005) は、顔刺激と風景刺激を交互に呈示し、条件に応じて記憶する情報の種類を操作した。風景条件では顔刺激を無視しながら風景刺激を記憶、顔条件では風景刺激を無視しながら顔刺激を記憶、両方条件では顔刺激と風景刺激の両方を記憶、そしてベースライン条件ではどちらの写真も眺めているように教示が与えられた。事象関連fMRIを用いて、課題遂行中の海馬傍回場所領域 (parahippocampal placa are: PPA) と紡錘状回顔領域 (fusiform face area: FFA) の活動を測定したところ、右側のPPAの活動は、風景条件でベースライン条件よりも高く、逆に、顔条件でベースライン条件の活動よりも低いことが示された。同様に、FFAの活動は、顔条件でベースライン条件の活動よりも高く、風景条件ではベースライン条件の活動よりも低くなった。この結果を踏まえると、高スパン群と低スパン群の選択的注意能力の差を生み出しているのは、左側中前頭回から、後部知覚領域へのトップダウンの信号である可能性が考えられる。

　これらの結果は、機能的結合分析を用いて、このトップダウン信号の送り手である脳領域の特定を行ったところ、左側中前頭回がそのはたらきを担うことが明らかになった。ガザレイら (Gazzaley et al. 2007) は、後部知覚領域が、トップダウンの注意により活動の変調を受けることを示している。

　これらの背景を踏まえ、ワーキングメモリ容量により異なる選択的注意の能力差は、両側下前頭回もしくは左側中前頭回のはたらきの違いにより生じるのか、それとも両領域が関係するのかを明らかにすることを目的として、著者らの研究が行われた (Minamoto et al. 2010)。実験課題

には、顔刺激のワーキングメモリ課題を用い、刺激の保持期間中に2種類の妨害刺激を呈示した。妨害刺激には、記憶刺激と競合する顔妨害刺激（顔妨害条件）と、競合しないスクランブル顔妨害刺激（スクランブル顔妨害条件）を用いた（図4-4）。そして、妨害刺激処理中の脳活動を測定し、条件間の活動を比較することによって、干渉効果の強い妨害刺激に対して活動の増加を示す領域の特定を行った。当初の予測どおり、両側の下前頭回および左側の中前頭回の活動の増加が認められたため、これらの領域を対象に、ワーキングメモリ容量の高スパン群と低スパン群の脳活動の比較を行った。さらに、トップダウン信号により変調を受けることが示されている紡錘状回の活動についても、ワーキングメモリ容量の群間比較を行った。妨害刺激の干渉を受けやすいという低スパン群の性質を考えると、低スパン群において紡錘状回の活動の増加が予想される。

なお、本研究では、先述したオペレーションスパンテストを用いて個々人のワーキングメモリ容量を測定し、高スパン群と低スパン群を選定した。

その結果、顔刺激を用いたワーキングメモリ課題の成績は、高スパン群のほうが低スパン群よりも高かった。この結果は、高スパン群が課題関連情報を保持しながら、課題無関連情報を効率的に排除していたことを示している。fMRIによる脳画像解析の結果については、両側の下前頭回において、ワーキングメモリ容量の群間差は認められなかった。しかしながら、左側の中前頭回においては、高スパン群の活動が低スパン群よりも高く、逆に、両側の紡錘状回においては、低スパン群の活動が高スパン群よりも高かった（図

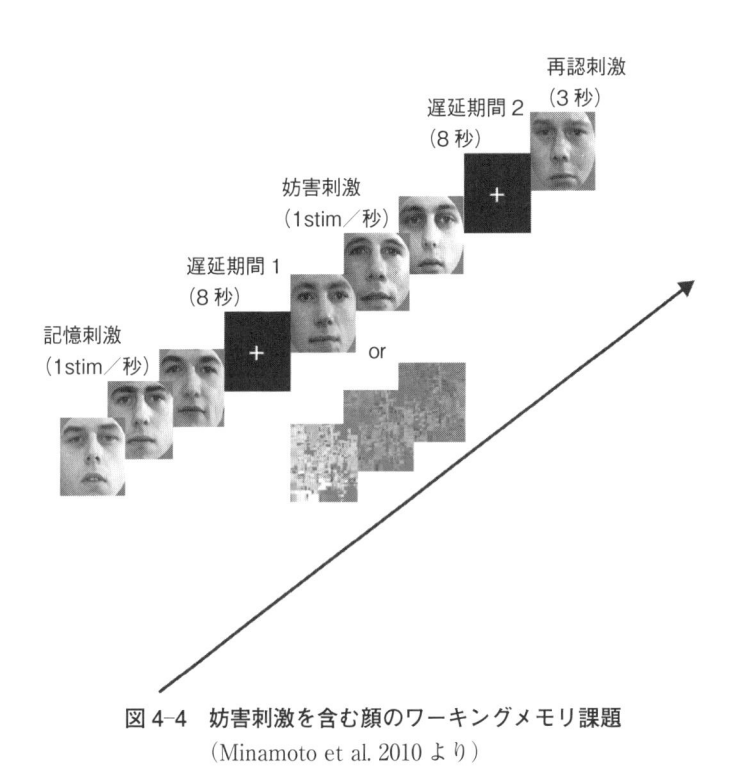

**図 4-4　妨害刺激を含む顔のワーキングメモリ課題**
(Minamoto et al. 2010 より)

右紡錘状回　　　　　中前頭回　　　　　　　　左紡錘状回

A. 中前頭回　　B. 右紡錘状回　　C. 左紡錘状回

■ 高スパン群
■ 低スパン群

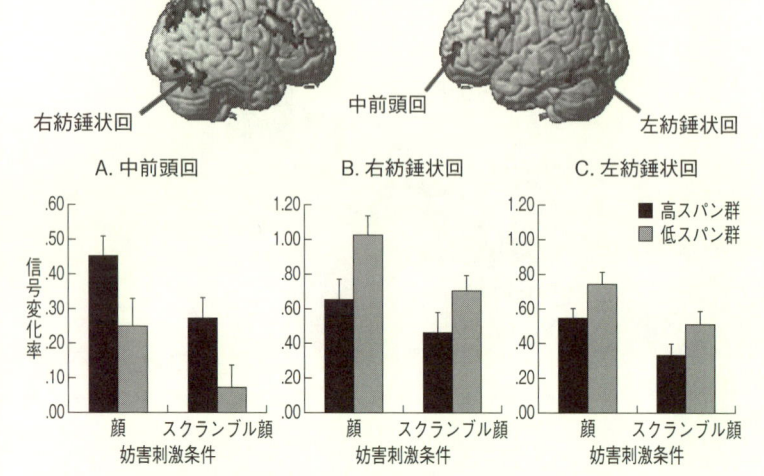

信号変化率

顔　スクランブル顔　　顔　スクランブル顔　　顔　スクランブル顔
妨害刺激条件　　　　妨害刺激条件　　　　妨害刺激条件

**図 4-5　妨害刺激処理段階における脳活動 —— 高スパン群と低スパン群の比較**（Minamoto et al. 2010 より）（カラー口絵参照）

4-5)。紡錘状回の活動が顔妨害情報の干渉効果を反映していると考えられることから、紡錘状回の活動の群間差は、高スパン群と低スパン群の間で干渉効果が異なることを示している。つまり、高スパン群は、前頭葉の注意制御機能により課題無関連情報の干渉効果を緩和しているのに対し、低スパン群は、注意制御系が十分に機能しないため、課題無関連情報の干渉効果を強く受けるということである。これらの結果をまとめると、ワーキングメモリ容量に応じて異なる選択的注意の能力は、左側の中前頭回から後部知覚領域へのトップダウン信号の強度の違いにより生み出される可能性を示しているといえよう。

## さまざまな認知負荷

認知負荷およびワーキングメモリ容量の個人差を用いた研究から、前頭葉がもつ注意制御のはたらきにより、無関連な妨害情報が排除されることが示された。冒頭で述べたように、なぜ音楽を聴きながらの勉強が作業効率を下げるのか、これまでの説明で理解できたのではないだろうか。勉強のような高い認知負荷がかかるような状況では、前頭葉の資源が消費されるため、勉強と無関連な音楽を排除するための資源がほとんど残されていない。その結果、勉強に不必要な情報が入力されてしまい、学習効率を低下させてしまうのである。

それでは、どんな種類の認知負荷でも、課題無関連情報の排除を困難にするのだろうか。近年の研究では、認知負荷の種類によっては、むしろ課題無関連情報の排除が促進されることが示されている。

たとえば、パークら（Park et al. 2007）は、認知負荷について三つの条件を設定し、それぞれの条件を顔刺激負荷条件、家刺激負荷条件、負荷なし条件とした。そして、ワーキングメモリの保持期間中に、家刺激の中に顔刺激が含まれる刺激が左右に一つずつ呈示され（図4–6）、顔刺激が同一かどうかを判断する条件と家刺激が同一かどうかを判断する条件が設定された。ここで、

117　4　注意し選択する脳──不要な情報を排除する脳

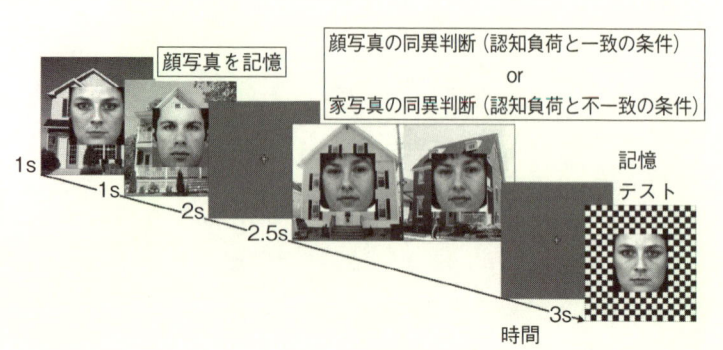

**図 4-6 特殊認知負荷を用いた実験課題**（Park et al. 2007 より）

同異判断が要求される刺激（ターゲット）に対する反応と無視するように教示されている刺激（ディストラクタ）間の同異状況を操作し、両者が一致する条件と不一致の条件を設定した。

その結果、認知負荷の種類と同異判断が要求される刺激の種類が同じ場合では、不一致条件と一致条件の反応時間の差が、ベースラインである認知負荷なし条件の反応時間の差よりも大きかった。これは、認知負荷に向ける注意資源と同異判断に向ける注意資源が競合するため、使用可能な注意資源が減少し、その結果、無視すべき刺激による干渉効果の解消に必要な注意資源が枯渇してしまったのが理由であると考えられる。一方、認知負荷の種類と同異判断において無視すべき刺激の種類が同じ場合では、不一致条件と一致条件の反応時間の差が、認知負荷なし条件よりも小さかった。これは、認知負荷に十分な注意資源が向けられているため、無視すべき情報に向けられる注意資源が減少し、干渉作用が減少することがその理由であると考えられる。

これらの結果をもとに、パークらは、特化負荷理論（specialized load theory）を提唱し、認知負荷の情報の種類が、選択的注意を向ける情報の種類と一致する場合は、干渉効果をもたらし、逆に、選択的注意を向けるべきでない情報と一致する場合には、促進効果をもたらすと主張した。この結果から、認知負荷の種類とディストラクタの種類の組み合わせによっては、選択的注意を阻害することも促進することもできる可能性が示された。この特性をうまく利用することで、学習効率を向上させる教材や、操作しやすい電子機器等をワーキングメモリデザインに配慮して開発することができるかもしれない。

## 今後の展望

50年以上にもわたる研究をとおして、選択的注意の特性や認知・神経メカニズムについて明らかになったことは多い。しかしながら、近年明らかになってきた特殊な認知負荷による選択的注意の促進効果や、選択的注意と他の認知システムとの間のダイナミックな関係性など、今後検討されるべき問題は数多く残されている。その一つとして、長期記憶形成時における選択的注意の影響があげられ、著者らはこの問題の解明に取り組んでいる（Minamoto et al. 2012）。他にも、外的環境（知覚情報）と内的情報（記憶表象）に対する選択的注意とその切り替えにかかわる神経

119　4　注意し選択する脳──不要な情報を排除する脳

基盤の解明など興味深い研究が進められている（Tamber-Rosenau et al. 2011）。本章では紙幅の関係で詳しく触れなかったが、脳と視覚的注意やワーキングメモリについては、苧阪（2010）を参考にしていただきたい。

# 5 複数の注意と意識、脳

松吉大輔

## 注意とは

あらゆる言葉は、文脈によっていろいろな意味をもつ。ヒトの心を実験的に解明しようとする認知心理学においてもそれは例外ではなく、注意という言葉はそれぞれの文脈によって異なる意味をもって使われている。近年は特に認知脳科学からのアプローチとも相俟って、さまざまな「注意」研究がなされるようになってきた。

とはいえ、それぞれの研究で「注意」の意味がまったく異なるのであれば、それは科学研究とはなり得ない。科学研究では、知識や知見の蓄積によってさまざまな現象のメカニズムを同定しようとするが、言葉は同じでも内容が異なるのであれば、有効な知識の蓄積ができない。「注

「意」とわれわれが一般に呼ぶ現象がどのようなものであるかを明らかにするためには、まずは現象を何らかの形で定義した上で、それを測定するための方法を考える必要がある。

最も広義な立場からは、注意とは「多くの情報の中から、情報を選択する心的機能」であると定義できる。われわれは直観的には、身の回りにあるすべての情報を正しく認識できているかのように感じているが、一度に処理できる情報量は非常に限られていて、多くの情報のうちのわずかな情報しか処理できない。脳の限られた処理資源を有効に活用するため、不要な情報には処理資源を割り当てずに、なるべく必要な情報だけを優先的に処理するようにすることが重要である。このような資源の最適化を行う、情報の選択的処理機能こそが注意であると考えられている。

しかし、一口に選択といっても、その内容はさまざまである。われわれはある特定の場所、あるいは特定の色や形をもったもの、もしくはある特定の人を見つけ出そうと意図的に注意を向けることができる。一方で、レストランでの食事の最中に、隣のテーブルで突然皿の割れる大きな音がした場合など、注意が勝手に惹きつけられてしまうような状況もある。

心理学では、このような意図的に特定のものを見つけよう、特定の場所に目を向けようとする注意と、自分の意図とは無関係に注意が惹きつけられてしまう注意の二つに分けて区別してきた。2章でもみたように、前者はトップダウンの注意、そして後者はボトムアップの注意と呼ばれている。この二つの注意は、知識や経験、期待や意図など主体の内側の要因で生じることから前者は内的注意（endogenous attention）、明るさや大きさなど刺激そのものがどれほど目立つか（顕

著性）という刺激側の属性に基づいて、主体の外側の原因によって生じることから後者は外的注意（exogenous attention）と呼ばれることもある。

## 注意を測る

　実験的には、これら二つの注意は、損失利得法（cost-benefit method）あるいは手がかり法（cueing）とも呼ばれる手法によって、二つの注意の特徴的な振る舞いを取り出せることが知られている。この方法では、まず実験参加者には画面中央にある十字の注視点をじっと見てもらい、その注視点から左右に少し離れた位置に呈示される刺激の検出を行ってもらう（図5-1）。注意のはたらき方が異なる複数の条件を設け、刺激が呈示されてから参加者がボタンを押すまでの反応時間の差を調べることで、注意のはたらきを推測することができる。このとき、刺激が出てくる位置を知らせる手がかり刺激（cue）として矢印を事前に呈示すると、矢印を何も出していない条件（中立条件）と比較して刺激の検出が早く行われることが知られており、これは手がかり刺激の利得効果（benefit）と呼ばれている。このとき、矢印が80％の確率で、正しく刺激の出現位置を予測し、残り20％は矢印とは逆の方向に刺激が出現する。矢印が刺激の呈示される位置を正しく指し示している場合（有効条件）には刺激の検出が素早く行われるが、矢印が刺激とは反

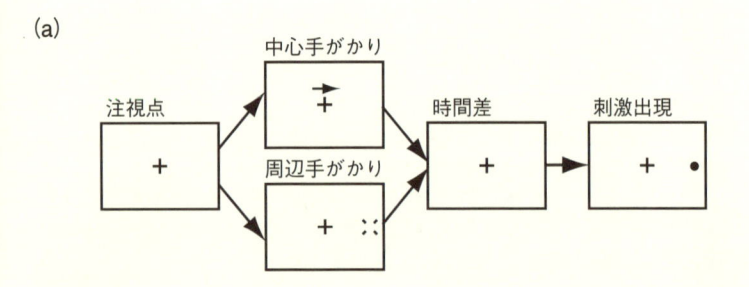

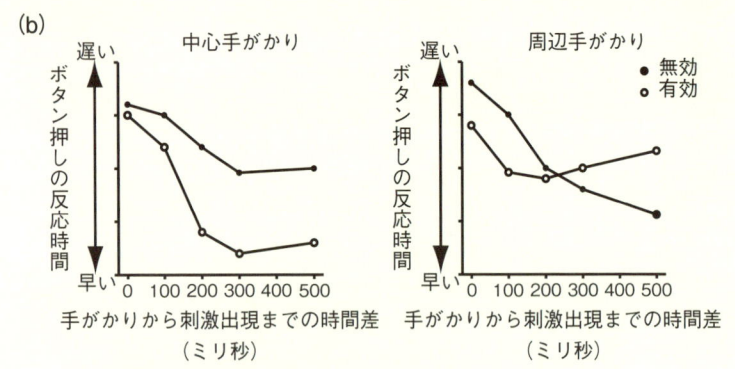

**図 5-1 注意を測る課題（損失利得法・手がかり法）**
(a) 実験の流れ。
(b) 手がかり刺激別の実験の結果。

対方向に向いている場合（無効条件）では、遅くなることが知られている。

このような矢印による空間的手がかりによる刺激位置の予測性が高いときにのみ生じるとされており、意図的なトップダウンの注意を反映するものであると考えられている（2章の図2-2も参照のこと）。

一方、ボトムアップの注意の測定には、刺激が出てくる位置と空間的にオーバーラップさせて手がかり刺激を呈示させる

124

方法が使われている。先ほどまでの矢印のように、手がかり刺激を画面中心に出す中心手がかり (central cue) に対して、こちらは周辺手がかり (peripheral cue) と呼ばれる。トップダウンの注意の測定に使われていた中心手がかりでは、手がかり刺激の指し示す方向が空間的予測性をもつことが重要であったが（矢印が当てにならない場合、利得効果がほとんどなくなる）、この周辺手がかりを用いる方法では、手がかり刺激は空間的予測性をもたなくても、先行手がかりとしての効果を発揮する。手がかり刺激が出てもその位置に刺激が出てくるとは限らず、他の位置に刺激が出てくる確率とまったく同一である（すなわち偶然である）にもかかわらず、手がかりが呈示された位置に刺激が出現する場合（有効条件）のほうが、手がかりとは異なる位置に刺激が出る場合（無効条件）や手がかり刺激が何も呈示されない条件（中立条件）と比べて刺激検出の反応時間が早くなる。手がかり刺激の位置からは刺激の出現する位置がまったく分からないにもかかわらず、手がかり刺激が呈示された場合にボタン押しの反応時間が早くなることから、自動的で反射的なボトムアップの注意を反映すると考えられる。

手がかり刺激による二つの注意の違いは、時間的な側面によっても確認することができる。中心手がかりでは、手がかり刺激出現後100ミリ秒程度ではあまり効果は大きくないが、周辺手がかり刺激出現後100ミリ秒で十分に大きな効果が現れる。その後、中心手がかりは、200-300ミリ秒後に刺激が出現したときに最も大きな効果が大きくなりその後も効果が続くが、周辺手がかりでは200ミリ秒後には手がかり刺激の効果が消失し、300ミリ秒後以降はむしろ

125　5　複数の注意と意識、脳

手がかり刺激によって反応時間が遅くなるという効果さえ現れることが分かってきた。この効果は、注意が惹きつけられた後にすぐさま刺激が出現しないため、その場所にはもう注意を払わないように抑制することで、他の場所に対して注意を向けようとする自動的なはたらきだと考えられており、復帰抑制（inhibition of return; IOR）と呼ばれている（2章参照）。この現象そのものだけで興味深い研究対象であるが、ここでは詳しく述べることができないので、とにかく二つの注意の現れ方が異なるということに注意しておいてほしい。

さて、このような手がかり刺激間の時間的な効果の違いは、異なる認知処理機能の存在を示唆している。まず、効果出現の早さという点では周辺手がかりに分があり、刺激提示後すぐさま効果が現れるのに対し、中心手がかりの効果が現れるためには200ミリ秒程度の時間が必要であった。周辺手がかりによる利得効果が中心手がかりによるものよりも早い理由は、中心手がかりの矢印による利得効果が、その指示方向を理解した後に注意を向けるといういわば二段階のプロセスであるのに対し、周辺手がかりによる利得効果は手がかり刺激の理解というプロセスが介在せず、手がかり刺激の出現位置に直接に注意が惹きつけられたためであると考えられる。一方、効果の持続時間では中心手がかりが周辺手がかりに勝る。周辺手がかりは200ミリ秒も経過すると、その手がかり刺激としての効果を失うが、中心手がかりはその後もしばらく効果を保ち続ける。

このような時間的な効果の違いは、二つの注意のメカニズムをよく表している。周辺手がかり

では刺激の位置に惹きつけられる形ですぐ効果が現れるものの、その効果は長続きせず過渡的である。一方の中心手がかりは、手がかり刺激の意味を理解した後に注意を向ける（直接に注意が惹きつけられるのではない）ため、効果が現れるまでに時間はかかるものの、一度現れて以降はその効果は長続きする。ボトムアップな注意は反射的・非意図的で素早い注意であるが、トップダウンの注意は早くはないものの意図的で持続的な注意であると言える。

## 二つの注意と脳

これまで、トップダウンとボトムアップの注意のそれぞれを、手がかり刺激を用いて行動レベルから区分する方法について見てきたが、これらの注意はそれぞれ分離した脳内ネットワークによって担われていることが明らかにされつつある（Corbetta & Shulman 2002）。その二つのネットワークは2章でもみたように、いずれも頭頂葉から前頭葉にかけて分布するネットワークであり、それぞれ注意の背側注意ネットワーク（dorsal attentional network: DAN）と腹側注意ネットワーク（ventral attentional network: VAN）と呼ばれている（図5-2）。背側・腹側という言葉は、解剖学的な専門用語であり、前者は頭頂に近い側、後者は首に近い側を指している。背中と腹を頭まで延長的につなぐと、頭頂は背中からの延長、脳の底のほうはどちらかというと腹からの延

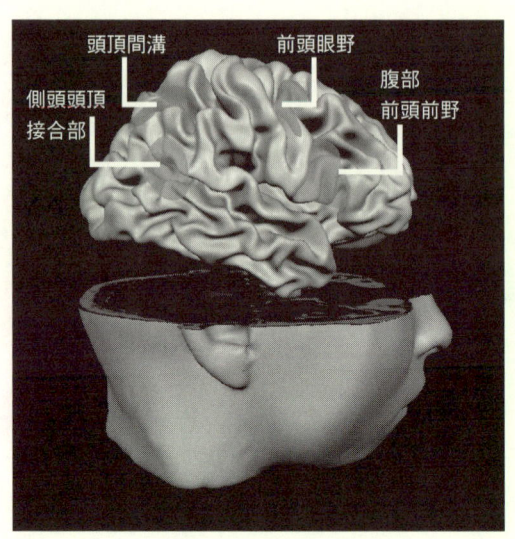

**図5-2 2つの前頭-頭頂注意ネットワーク（カラー口絵参照）**
頭頂間溝と前頭眼野は背側注意ネットワーク、側頭頭頂接合部と腹部前頭前野は腹側注意ネットワーク。

長なので、このような名前がつけられている。

背側注意ネットワークは、情報の能動的選択などを主に行っており、トップダウンの注意を担うと考えられている。もう一方の腹側注意ネットワークは、行動と関連する感覚刺激の検出にかかわっており、特に刺激に注意していなかったり顕著性が高かったりするときに大きな活動を示すことから、ボトムアップの注意を担うと考えられている（2章参照）。

このような脳の注意ネットワークを明らかにしたのは、ワシントン大学セントルイスのコベッタとシュルマンらである。彼らによる

一連のfMRI研究では、矢印を用いた中心手がかりによる刺激検出の利得・損失効果が調べられ、トップダウンの注意とボトムアップの注意がそれぞれ異なる脳内ネットワークによって担われていることが明らかにされた（Corbetta et al. 2000）。彼らの実験は、手がかり刺激が出てから目標刺激が呈示されるまでの時間を長くすることで、手がかり刺激に関連する脳活動と目標刺激の検出に関連する脳活動を分離検討したことが大きな特徴である。

その結果、手がかり刺激呈示時には、頭頂葉の頭頂間溝（intraparietal sulcus: IPS）と、前頭葉の前頭眼野（frontal eye field: FEF）からなる脳の背側にあるネットワークが活動しているのに対し、目標刺激の検出時には側頭・頭頂接合部（temporo-parietal junction: TPJ）と呼ばれる側頭葉と頭頂葉の間にある脳領域と前頭葉下部にある腹側前頭皮質（ventral frontal cortex: VFC）からなる脳の腹側のネットワークが活動することが明らかになった（図5-2）。この時、腹側ネットワークの活動は、手がかり刺激が目標刺激の位置を正しく指し示す有効条件よりも、誤った位置を指し示す無効条件のときに大きかった。

ボトムアップの注意を調べるのであれば、周辺手がかりを用いた実験も行うべきではないかとも考えられるが、周辺手がかりを使えない、あるいは使いにくい理由が存在する。それは、先にも紹介したが、周辺手がかりによってボトムアップの注意が惹起されるタイミングはあまりにも早く、脳活動が測定できたとしても、それが手がかり刺激に対する応答なのか、目標刺激の検出に関連する活動なのかを分離できないためである。ＭＲＩは脳活動の空間分布をミリメートル単

位の精確さで表現できるが、時間的な精確さは低く、1秒以内に生じるような細かな認知成分の分離には適していないのである。

むしろ、コーベッタとシュルマンらによる実験は、中心手がかりを用いた利得・損失効果に、トップダウンとボトムアップの両方の成分が関与している可能性を示したという点から評価すべきである。あらためて考えてみると、中心手がかりにおける無効条件は、注意を向けているのとは異なる位置に刺激が突如出現するわけであり、まさに注意が惹きつけられるボトムアップの注意が生じる条件そのものである。これは、行動実験レベルで当初指摘されておらず、脳科学的実験を行うことではじめてその可能性が明らかになったものである。

少し話が脇道にそれるが、認知脳科学実験においては「心理実験で分かっていることを、ただ脳のレベルに置き換えた還元論に過ぎない」といった批判をよく耳にする。確かに、刺激Aを処理するのは脳領域A+である、といった知見だけで終わるのであれば、その批判も一理あるが、彼らの実験のように、認知脳科学実験を行うことではじめて心的メカニズムが明らかになった例はいくつもあり、近年は特にその数は増えているように思われる。実際、彼らの研究で示された中心手がかりにおけるトップダウンとボトムアップの二つの注意の寄与は、後の行動実験においても確認されることとなる（Ristic & Kingstone 2006）。認知脳科学的な実験はそれだけで終わるものではなく、脳科学実験で示唆された心的メカニズムを行動実験において発展・精緻化させ、それによって得られた知見をまた実験で検討する…という絶え間ない科学的探求の循環の重要な

1ピースである。積極的に行動研究と認知脳科学的研究が連携することで、今後も新しい知見が生み出されていくことだろう。

## 注意と意識

ところで、注意と似たような意味で使われる言葉に、意識がある。「意識して～を見る」という言葉と「～に注意を向ける」という表現は、日常ではほぼ同じ意味で使われており、注意と意識とはかなり近い意味にあるように考えられる。しかし、注意と意識とは同一のものであろうか？ もし違うものなのだとしたら、この二つはどのような関係にあるのであろうか？

ほぼ同じ意味をもつように思える注意と意識という二つの言葉であるが、注意は選択的情報処理を行う認知機構として比較的定義しやすいのに対し、意識はその定義が非常に困難であることが知られている。「定義しようとするとその意味が分からなくなる何かである」と言われることさえある（本書1章·苧阪 1996, 2002 を参照）。誰もが意識とは何かと問われると、直観的にそれが何を指しているのかは分かるが、いざそれを言語で定義しようとすると、その困難さに頭を悩ませてしまう。しかし、少なくともいくつかの要素に意識に分けて定義することはできそうである。注意と意識がどのような関係にあるかを述べる前に、まず意識を大きく三つに分けて整理してみたい。

まず、はじめに医学領域で呼ばれる意識について考えよう。医療系のドラマを見ていると「患者さんに意識がありません！」などといったセリフがしばしば出てくる。医学で一般に意識として呼ばれるものは、覚醒（arousal）と言い換えることが可能である。覚醒とは端的に言ってしまえば、起きているか寝ているかの違いであり、話しかけなどの働きかけに対して十分な応答があり、コミュニケーションが取れる状況であれば意識があるとみなされる。ただし、この意味での意識にも細かいレベルの違いはあり、働きかけに対して応答し、後でその働きかけを覚えているものから、覚えていないもの、そして起きているように見えても命令動作を行うことができないもの、はたまた刺激に対する反応がない状態…等々、そのレベルにはグラデーションが存在する。

このように覚醒というレベルの意識においては、その定義を行うことが簡単そうに思える。しかし、このレベルにおいても、いざ「その患者さんに意識があるというときの、意識とは何を指しているのか？」を考えてみると、途端に何がなんだか分からなくなる。やはり、意識を概念的に、言語的に定義することは非常に困難なようである。

患者さんがもつ意識とは何か？」を考えてみると、途端に何がなんだか分からなくなる。やはり、意識を概念的に、言語的に定義することは非常に困難なようである。患者さんの意識を無視してしまうわけにはゆかない。意識のある患者さんをそのまま手術することは許されるものではない。そこで、医療においては意識を「呼びかけなど外部からの働きかけに対する応答の有無、あるいはその程度」という実際的な操作・現象によって定義（操作的定義）することで、言語的な定義が困難な対象を医療の俎上にのせることに成功している。

132

もう一つ意識と呼ばれるものとしては、気づき（アウエアネス：awareness）あるいは意識的知覚をあげることができる。これは実験的には、ある刺激に気づいたか否かといったことや、その気づいた程度がどの程度はっきりとしたものかによって定義する。たとえば、赤の中に緑が一つだけある場合や、非常に眩しいライトなどは簡単に気づくことができるが、非常に色が薄い場合や、かすかな光の場合、それが本当に見えていたのかどうかあまり自信がもてない場合がある。そういった主観を評定してもらうことで、意識の程度を測定するのである。心理学・脳科学での意識研究で最も盛んに研究がなされているのが、この意味での意識の気づきである。

最後にもう一つ意識をあげるとすれば、自己意識や主体性（agency）がある。自己意識とは、自分が自分であるという認識を行う主体、デカルトが「我思う、ゆえに我あり（Cogito, ergo sum）」と表現したところのこの意識である。また主体性とはヒトもしくはその他の主体（エージェント）であって、それ自身の意図をもって能動的にはたらき、世界に作用する能力をもつものを指す。主体性はどちらかというと意識をもって能動的にはたらくための「能力や性質」に力点が置かれている一方、自己意識では「他者との対比としての自己」や「自分を自分と認識する再帰性」に重点が置かれるなど、この二語には微妙な意味の違いはある。しかし、これまで述べた覚醒や気づきなど意識の下位要素をすべて統合して、それらを感じているのは他の誰でもない「わたし」であるという感覚を可能とさせる主体（またはその能力）を意味しているという点では、同じと言っていいであろう。

## 注意と意識の脳内メカニズム

以上、意識を三つに分けて整理してきたが、本章ではこの中から特に2番目に紹介した意識的気づきと視覚的注意との関係について述べてゆきたいと思う。この視覚の意識的気づきだけに絞る理由は、視覚的意識に関する研究が他のレベルの意識や感覚系に関する研究と比べて盛んであり、そのメカニズムが最も理解されていると考えられるためである。

それでは、「注意と意識とは日常では同じような意味で使われているが、この二つはどのような関係にあるか」という問題に戻ってみたい。最近の研究を見てみると、注意と意識とがほぼ不可分であることも考えられる。しかし、注意なしでも気づきが生じる場合や、気づきなしでも注意が生じる場合のあることが分かりつつあり (Koch & Tsuchiya 2006; van Boxtel et al. 2010)、かつて「注意なくして意識なし」とされてきたような状況は終わりつつあると言ってよいかもしれない。注意が意識の必要条件であるかどうかは今も議論の余地は残っているが、少なくとも「注意があれば意識が生じる」という注意が意識の十分条件であるということはあり得なさそうである。

意識を測定する題材にはさまざまなものがあるが、ここでは非注意盲（inattentional blindness）と呼ばれる現象から、その注意との関連を見てゆきたい。非注意盲とは、われわれが注意を必要とするような課題に従事しているときに、予期していない物体や出来事の出現を見逃してしまう現象である。非注意盲を扱う数多くの実験の中でも、最も有名なものがシモンズとチャブリスによる「ゴリラ実験」である (Simons & Chabris 1999)。

彼らの実験では、実験参加者に対してエレベーターホール前で若者がバスケットボールのパスを繰り返している映像を見せ、そのパスの回数を数えるように教示がなされた。その映像の中盤くらいに、実験参加者には教えられていないゴリラ（の着ぐるみを着た人）が突如として現れ、バスケットボールをしている若者の間を横切る。しかも、ご丁寧なことに、横切る途中には若者の中心に留まり、胸を叩く動作をするというオマケ付きである。このような描写だけを耳にすると、誰しもがこのゴリラを認識することは容易いという感想をもつかもしれないが、実験の結果は驚くべきことに、ほとんどの人（最大では92％もの人）がこの横切るゴリラに気づくことができなかった。このような見落としは、実験参加者がまじめに課題に取り組んでいなかったり、事前に何か奇妙なものが出現するというような予期があった場合には生じない。注意が適切にはたらいていない場合に生じる見落とし現象であることから、非注意盲と呼ばれる[1]。

この非注意盲は、物を視覚的に記憶する必要があるときにも、生じることが知られている。具体的に使用する課題は変化検出課題と呼ばれるものである（図5-3）。この課題では、実験参加

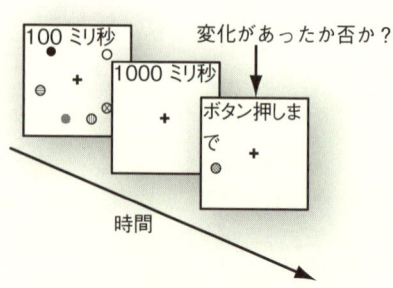

[100 ミリ秒]　変化があったか否か？
[1000 ミリ秒]
[ボタン押しまで]
時間

**図 5-3　記憶を測る変化検出課題**

者には画面上にさまざまな色や形をもった物体が複数出現する記憶画面が呈示される。記憶画面は短時間だけ呈示された後、すぐ消失して、1秒から数秒後に今度も記憶画面と同様にさまざまな色や形をもった物体が複数出現するテスト画面が出てくる。テスト画面は先ほどの記憶画面とまったく同じ色や形をもった物体が出現する場合と、先ほどの記憶画面とは一つだけ色や形が異なる物体が出現する場合とが、半分半分の確率で呈示されるようになっている。実験参加者は、先ほど覚えた記憶画面と、現在見えているテスト画面とを頭の中で比較し、色や形などの変化があったかどうかを報告する。

この変化検出課題は、視覚的ワーキングメモリ（短い時間の間視覚情報を保持する記憶）を調べる課題であるが、トッドらが行った実験では、この変化検出課題中の記憶画面とテスト画面との間の空白期間（専門的には遅延期間や保持期間とも呼ぶ）に一瞬だけ実験参加者には知らせていない刺激を呈示し、その刺激を意識的に知覚できるかどうか（気づけるかどうか）を測定した（Todd et al. 2005）。すなわち、実験参加者には本当の目

136

的を伝えずに、記憶の実験と称して実は非注意盲の実験を行ったのである。行動実験の結果は、記憶画面で呈示される物体個数の増加に伴い、突然呈示される物体に気づきにくくなるというものであった。つまり、視覚的ワーキングメモリに負荷がかかる（たくさん覚えなければいけない）と、非注意盲が増加したのである。

彼らの実験ではさらにfMRIを用いた脳科学実験を行うことで、非注意盲の脳内メカニズムにも迫っている。彼らは、非注意盲を測定する変化検出課題中の脳活動を分析し、視覚的ワーキングメモリの負荷上昇に伴って、側頭頭頂接合部（TPJ）の活動が抑制されていることを見出した。このTPJは先ほど紹介したが、注意していなかった刺激を検出するときに活動が上昇することから、ボトムアップの注意を担うと考えられている領域である。彼らは、視覚的ワーキングメモリ負荷の上昇に伴ってこのTPJの活動が低下し、ボトムアップの注意機能がうまくはたらかないようになっているために、変化検出課題で突如呈示される刺激の見落とし（非注意盲）が生じるのだと主張した。

非注意盲の背後に、ボトムアップの注意の不全があるという主張は、「非注意」盲という名前にも合致するものであり、合理的な説明ではある。しかし、注意はボトムアップの注意だけでは捉えられなくなることが原因だというわけである。記憶負荷の上昇に伴って、注意が惹きつけられなくなることが原因だというわけである。しかし、注意はボトムアップの注意だけではなく、トップダウンの注意も存在する。この現象は、本当にボトムアップの注意のみが引き起こした現象なのであろうかという疑問が残る。記憶負荷の上昇によって、トップダウンの注意に余力がな

くなったために生じた現象であると考えることもできるのではないか。

事実、視覚的ワーキングメモリ負荷はトップダウンの注意を担う背側注意ネットワークの一部である、頭頂間溝（IPS）の活動を上昇させることが知られている（Todd & Marois 2004）。3章でも詳しくみたように、視覚的ワーキングメモリには、3つから4つまでの物体しか保持できないという容量制約性があるということが行動実験により知られているが、このIPSの活動は4つ以上の物体を呈示しても、それ以上活動を上昇させない。このことから、IPSは視覚的ワーキングメモリそのものを担っている可能性が指摘されてきた。このようなIPSの活動パターンは、先に述べたTPJとは逆である。TPJの場合は活動が増加する。このことは、先行研究が主張していたTPJではなく、むしろIPSが非注意盲に貢献しているという可能性を新たに提起するものである。非注意盲がボトムアップ注意を担うTPJ活動の抑制によって生じるという説明は魅力的ではあるが、記憶負荷の上昇に伴ってIPSで担われている視覚的ワーキングメモリの容量に不足が生じ、予期せずに突如出現する刺激を処理する余裕がなくなったために、非注意盲が生じたとも考えられるわけである。

しかし、活動の上昇と低下という違いはあるものの、IPSとTPJの視覚的ワーキングメモリ負荷に対する活動が逆相関[3]しているという事実は、事態をややこしくさせている。というのも、二領域の活動が記憶負荷に伴って連動している以上、どちらが非注意盲に寄与しているのかを検

138

証することが、このままでは原理的に不可能だからである。別の方法で、この二領域の活動を分離させることが必要となってくる。

そこで、われわれが先行研究を注意深く調べたところ、IPSは課題とは関連のない刺激にも応答する一方、TPJは課題と関連する刺激にだけ応答している可能性があることが分かった(de Fockert et al. 2004; Indovina & Macaluso 2007; Corbetta et al. 2008)。先行研究の知見に従えば、視覚的ワーキングメモリ課題にも課題と関連する刺激とそうでない刺激とを加えてやることで、IPSとTPJの逆相関関係を崩すことができそうである。

われわれが行った実験では、縦長の長方形、右に45度傾いた長方形、左に45度傾いた長方形、横長の長方形という4種類の長方形を用意し、記憶画面とテスト画面とで傾きが変わる変化検出課題を行った。通常、このような傾きの変化検出課題では、長方形の色は同じにしてあるが、われわれの実験では長方形に2種類の色をつけ、指示された色の長方形だけを覚えて、傾きの変化を報告してもらうようにした(Matsuyoshi et al. 2010)。このような課題中の脳活動をfMRIによって測定したところ、IPSは両方の色の長方形の数に応じて活動が上昇したが、TPJは指示された色の長方形の数だけに応じて活動を抑制させていることが分かった(図5-4)。課題と関連する刺激だけを使う従来の研究ではIPSとTPJの逆相関関係を崩すことができなかったわけである。

次に、記憶画面とテスト画面との間の空白期間中に、実験参加者には告げていない刺激(キャ

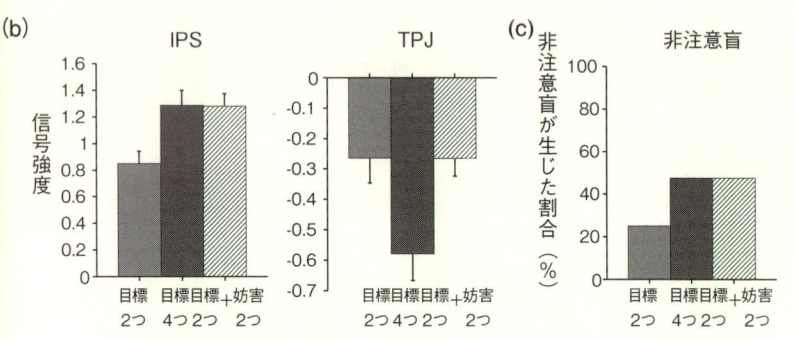

**図5-4 非注意盲実験**(Matsuyoshi et al. 2010より)
(a) 使った刺激。黒色だけを覚えて、白色は覚えないようにする。
(b) IPSとTPJの脳活動。
(c) 刺激に気づかなかった人(非注意盲)の割合。

ンドルの絵)を一瞬だけ呈示して、それに気づくか否か(すなわち非注意盲)を調べた。もし、TPJの活動だけに依存して非注意盲が生じているのであれば、指示された色の長方形の数だけに応じて非注意盲は生じているはずである。

しかし、実験の結果は、指示された色の長方形の数ではなく、両方の色の長方形の数に応じて非注意盲が生じる確率が高まるというものであった。このような行動パターンは、指示された色の長方形の数だけに応じて活動を抑制させていたTPJの応答パターンとは一致しない。この結果は、TPJの活動抑制だけでは、非注意盲の生

起を説明するのに不十分であることを示唆している。むしろ、課題と関連しない刺激によっても非注意盲が生じていたわけであるから、IPSの活動パターンが合致しているといえる。IPSの活動パターンと非注意盲の生起パターンが合致しているということは、IPSで担われている視覚的ワーキングメモリが意識的知覚に重要である可能性を提起するものである。

とはいっても、「TPJではなくIPSの活動のみが意識的知覚に関与している」わけではないと考えられる。むしろ、突如出現する刺激の意識的知覚には、IPSとTPJによって担われている認知機能の両方が必要であるように思われる。たとえば、新しい刺激を処理するには脳内にそれを処理するための資源が必要であるが、その処理資源がすでに占有されていると考えられる注意定位の両方が意識的知覚には寄与しており、どちらか一方が機能不全に陥ることによって非注意盲が生じるのだと考えられる。このような2領域のある意味での競合状態は、後の研究によっても支持されている（Majerus et al. 2012）。したがって、どこか単独の領域の活動のみが、1対1の関係で意識的知覚を生じさせるという考えはおそらく正しくなく、各領域の動的な相互作用の結果として意識が生まれると考えるべきであろう。

なお、ここでTPJとIPSの機能のそれぞれについても解説しておきたい。本章では当初、

141　5　複数の注意と意識、脳

TPJはボトムアップの注意を担うとされていると紹介したが、最近の研究では、行動レベルのボトムアップの注意機能は単純に脳の単一領域に割り当てられないことが示唆されている。たとえば、インドヴィナとマカルソによる研究では、TPJは刺激に注意しておらず、なおかつ「課題と関連している場合」にのみ活動し、単に注意していないときというような場合には、活動が生じないことが見出されている（Indovina & Macaluso 2007）。このような研究から、TPJで担われている機能は、課題とは無関係で目立つ刺激に対して応答するボトムアップの注意というよりも、課題と関連する刺激に対してのみ注意を向け直す、注意の再定位機能を担っていると考えられるようになってきた。

また、IPSについては視覚的ワーキングメモリのみならず、最初に述べたようなトップダウンの注意にも関与していることが知られている。この二つは一見するとまったく異なる機能のように見えるが、視覚的ワーキングメモリはトップダウンの注意を持続的に向け続けることであると考えると、合理的な説明が可能である。ワーキングメモリは情報を短時間保持しておく貯蔵庫の役割をもっているが、その貯蔵庫（そしてIPSの機能）の実体は、実は覚えておくべき情報に対して持続的にトップダウンの注意を向けることによって達成される、アクティブな脳内処理なのかもしれないのである。

また、IPSは積極的に情報の選択を行っているわけではなく、不必要な情報も処理しているが、これも一見すると情報選択を行うトップダウンの注意機能からは乖離して感じられる。しか

し、情報選択についてよくよく考えてみると、必要な情報だけを選択し、不必要な情報を選択しないようにするためには、そもそもその刺激が認識されないことには、必要・不必要であるのかの判別は不可能である。IPSは資源配分を行う前段階の、環境中にある刺激の認識を行うという、注意選択の基盤ともいうべき情報処理を担う部位であるのかもしれない。

## 三つ目の注意

これまで、非注意盲という現象から、IPSとTPJのそれぞれで担われている二つの注意機能と意識との関係について見てきた。しかし、非注意盲という現象が発見された当初に立ち返ってみると、意識的知覚が生じるためには、事前に刺激の出現を予期しているか否かが重要であることが指摘されていた。「突然何かが出てくるかもしれない」という予期が事前に形成されていると、非注意盲はほとんど生じないというわけである。このような心的プロセスは主体側の要因であり、トップダウンの注意の範疇に入るが、これは背側注意ネットワークの機能の一部として位置づけられるのであろうか？

実は、最新の研究では、トップダウンの注意ネットワークには二種類あることが明らかにされつつある (Dosenbach et al. 2008)。一つはこれまで見てきたような、前頭‐頭頂ネットワーク

(fronto-parietal network) である。こちらは比較的短期的なスケールの情報を扱う注意機能であり、特定の場所や特徴に対して「今現在」に注意を向ける、目標の変化に応じて注意を調整するなど、注意制御の開始と調節機能を担っている。もう一つの注意ネットワークは、脳の内側面にある大脳基底核 (basal ganglia) と前部前頭前野 (anterior prefrontal cortex: aPFC) や前部帯状皮質 (anterior cingulate cortex: ACC) とを結ぶネットワークで、帯状–弁蓋ネットワーク (cingulo-opercular network) と呼ばれるものである。こちらのネットワークは、注意の構え (set) や予期など、課題・行動を達成するための比較的長期的な注意機能を担っていると考えられている (図5-5)。

注意の構えとは、ある課題をルールに基づいて適切に処理しようとする心の状態である。たとえば、スーパーでりんごを購入するという行動では「赤くて丸いものを探そう」とするが、この探そうと意図している状態そのものが構えであり、そのりんごを見つけて実際に注意を向ける行為は構えではない。脳に与えられた感覚入力に対して、実際に作用を及ぼそうとするのが前頭–頭頂ネットワークのはたらきであるが、帯状–弁蓋ネットワークではその前提となる主体の意図や目的を表象・維持して、行動を円滑に行わせるための重要な役割を担っていると考えられている (Sakai 2008)。

帯状–弁蓋ネットワークの一部であるaPFCやACCは、自発的な課題ルール・構えの選択を行っていることが知られている。すなわち、どのようなルールや目的でもって課題に挑もうか

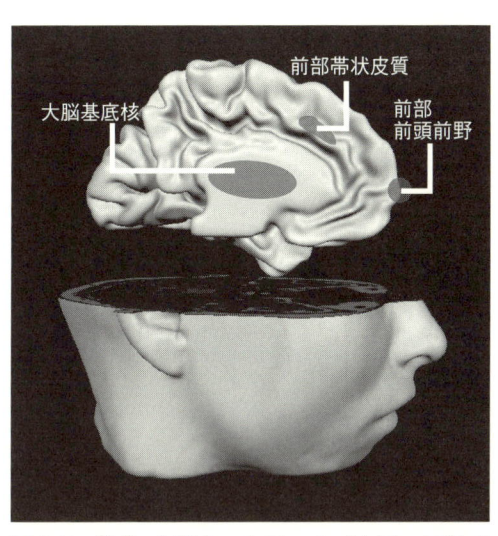

**図5-5 帯状-弁蓋ネットワーク**（カラー口絵参照）

を決めているということである。このネットワークがこれまで述べてきたような視覚的意識にどのように関与するかについて、直接の認知脳科学的な証拠は現時点ではほとんどないようである。しかし、ACCは、課題や刺激が相互に矛盾して葛藤（conflict）が生じているような状態の意識的モニタリングを行っていることが知られており、意識と何らかの関わりをもっていることは間違いないと見てよいであろう。

前頭̶頭頂ネットワークで担われている二つの注意は、どちらかと言えば即時的で、知覚入力に対して直接に作用することで意識との関わりをもっていたが、こちらの帯状̶弁蓋ネットワークは「知覚入力がどのように処理されるべきか」

という、間接的ではあるけれども、情報処理のあり方を決める根本的な役割を担っている。

このように、現在、注意は二つから三つへと拡張されつつある。これらが脳のどの場所で担われていて、どのようにはたらいているかも徐々に明らかになりつつある。注意と意識との関連は、かつては「注意なくして意識なし」とされ、注意が意識にとって必要であるとする立場が大勢を占めていたが、昨今では注意が必ずしも意識の前提条件になるとは限らないと考えられ始めている。一部では、前頭–頭頂ネットワークで担われているトップダウンの注意は、意識の必要条件でさえないという主張もされている (van Boxtel et al. 2010)。

しかし、これまで意識と注意との関連を述べる研究のほとんどは、ここであげた三つの注意のうちの一つを取り出して、それと意識との関連を検討するに留まっていた。この三つの注意がどのように相互作用して意識を作り出しているのかは、今後の研究がまたれるところである。注意が意識の十分条件となることはあり得なさそうであるが、三つの注意の状態を適切にコントロールする実験を行うことで、注意が意識の必要条件となっているか否かを検討することができるであろう。

注

［1］実際にこの非注意盲の映像をご覧になりたい方は、YouTube で inattentional blindness をキーワードに検索するとよいだろう。

［2］心理学の実験では、稀にこのような操作を行うことがあり、ディセプション（deception）と呼ばれている。人を「騙して」実験を行うわけであるから、このような手続きに倫理的問題はないかを考慮しながら、参加者には事後に手続きについての丁寧な説明を行った上で、承諾を得ることが必要となる。

［3］通常の「相関」は、一方が増加ならもう一方も増加というように二者の変化の方向が一緒であるが、「逆相関」では二者の変化の方向が一致しない。つまり、一方が増加ならもう一方は低下というパターンが逆相関となる。

# 6 注意性のマスキング

廣瀬信之

## 注意と見落としの関係

本章では、逆向マスキング (backward masking) の一種であるオブジェクト置き換えマスキング (object substitution masking: OSM) について、廣瀬・苧阪 (2008) をもとに最新の知見や著者らの研究も交えながら紹介する。OSMは、その生起に注意の分散が大きく関与すると考えられており、その意味で本章のタイトルのように注意性のマスキング (attentional masking) と呼ぶべきものである。マスキングについては後で詳述するが、ある刺激の知覚が時間的・空間的に近接する別の刺激によって妨害されることである。OSMに入る前に、まず、注意について考えてみたい。

今読者がこの本を図書館で読んでいるとしよう。いったん読むのを中断して視線を前に向けて「瞬き」をしている間に、近くの書棚の位置が大きく変わったら、あるいは近くを歩いている人の服がまったく違うものに変わったら、すぐに気づくことができるだろうか？　そのような大きな変化が生じれば自分はすぐに気づくはずだと感じる人が多いのではないかと思われる。実験心理学的知見によれば、そのような直観に反して、大きな変化に対する見落としが生じることが分かっている（Simons & Levin 1997）。なぜこのような大きな変化を見落としてしまうのだろうか？　実は「瞬き」というのがミソで、瞬きをせずにじっと見ている前で瞬時に書棚の位置が変わったり、他人の着ている服が変わったりすれば、かなり高い割合で変化に気づくことができるのである。このことを、実際の実験論文を紹介しながら説明してみたい。

レンシンクら（Rensink et al. 1997）は、図6-1のように、ある一点においてのみ異なるが、その他は同一の2枚の画像をそれぞれ500ミリ秒程度ずつ、100ミリ秒程度の短い空白画面を挟んで交互に呈示する実験を行った。図6-1の例では、2名の人物の後方にある手すりの位置が変わっている。実験参加者の課題は、2枚の画像間で生じる変化に気づいたらキーを押し、どのような変化だったのかを口頭で報告するというものだった。実験の結果、参加者はあらかじめどこかに変化が生じることを知らされて一生懸命探しているにもかかわらず、画像が平均10〜20回程度切り替わる（時間にしておよそ5〜10秒経過する）まで変化に気づくことができなかった。しかし、空白画面を挟まずに2枚の画像が交互に呈示されると、わずか1、2サイクル

**図6-1 変化の見落としの実験で用いられる呈示刺激例**（Rensink et al. 1997より改変）

のうちに変化に気づくことができた。空白画面がない場合には、局所的に生じる一過的な変化信号（位置の変化であれば運動として知覚される）に自動的に注意が向けられ、変化に気づく。一方、空白画面を挟むと画面全体が変化信号がオン・オフを繰り返すため、局所的な変化信号を手がかりとすることができず、なかなか変化に気づかないというわけである。空白画面が瞬きを模したものであると考えれば、冒頭の図書館の例も理解できるだろう。実際に、眼球運動を記録しながら、瞬きのたびに元の画像と変化後の画像を交互に入れ替えた場合にも、なかなか変化に気づかない (O'Regan et al. 2000)。このような「変化の見落とし (change blindness)」現象は、3章と7章にも詳しく説明されており本書のテーマの一つとなっている。

変化の見落としには注意が密接にかかわって

151 6 注意性のマスキング

いると考えられている。つまり、変化を検出するには変化が生じたところに注意を向けている必要があり、空白画面の挿入などにより局所的な変化信号に対して注意を向けられない場合に、変化が検出しにくくなるとされている。前もって画像の中で関心を引く対象や領域を確認しておき、同様の実験を行うと、関心を引く対象や領域に変化が生じた場合には、それ以外のところに変化が生じた場合と比べて変化を検出しやすい (Rensink et al. 1997)。この知見は、変化検出において注意が果たす役割を支持するものである。

変化の見落としは空白画面を挟まなくても生じる。たとえば、泥はねを模した白黒テクスチャの刺激が複数個ちらばって画像上に突然呈示されるのと同時に画像の一部が変化した場合、変化の見落としが生じる (O'Regan et al. 1999)。また、10秒以上の長い時間をかけて徐々に位置や色が変化したりする場合にも、なかなか変化に気づくことができない (Simons et al. 2000)。前者では、泥はね様の刺激に注意がそれている間に変化が生じるために、変化信号に注意が向きにくくなり、変化を見落としてしまう。後者では、変化信号があまりにも緩やか過ぎて、注意が自動的には向かなくなるため、変化になかなか気づかないというわけである。

152

## 遍在する見落とし

われわれは普段、眼に映るすべてが隅々まで詳細に見えているような気がしているかもしれない。しかし、ここまで見てきたように、大きな変化でさえすぐに見落としてしまうことを考えると、決してそのようなことはない。物理的に存在する視対象が網膜に投影されているにもかかわらず、意識的に報告できなくなる事態は、変化の見落としに限らずしばしば生じている。特に、ターゲット（見るべき対象）がディストラクタ（その他の妨害刺激）と空間的・時間的に近接していると、干渉が生じてターゲットが意識的に認識できなくなる。

図6−2の十字を見つめながら、視線は動かさずに左右にある文字を読んでみよう。左側に単独で呈示された「K」は難なく認識できるだろう。しかし、右側にあるHとTに挟まれた「K」は、十字からの距離は左側の「K」と等しいにもかかわらず、認識するのが困難ではないだろうか。このように、特に視野の中心から離れたところで近傍に類似したディストラクタが呈示されたターゲットの認識が困難になる現象は、クラウディング（crowding）と呼ばれる（Whitney & Levi, 2011）。英語の名前の通り、単独で呈示された場合には十分に認識できる刺激が、「混み合って」呈示されると認識できなくなるのである。

K　　　　+　　　HKT

**図6-2　クラウディングの模式図**
左右の「K」は中央の十字から等距離にある。十字を見つめたまま、左側の「K」は容易に認識できるが、右側の「K」は両脇のHとTと混み合って認識しにくくなる。

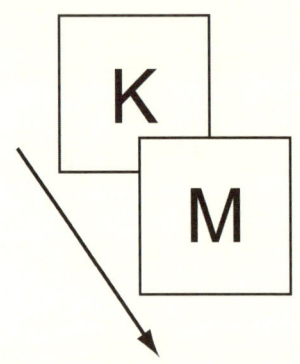

**図6-3　逆向マスキングの模式図**

違う例も見てみよう。図6-3のように、二つのアルファベットが同じ位置にそれぞれごく短時間（たとえば50ミリ秒）ずつ続けて呈示された場合、どちらも明瞭に見えるかというとそうではない。後続の「M」は明瞭に知覚される一方で、先行する「K」はしばしば認識できなくなる。この現象は、後続刺激が先行刺激の見えを時間的に遡って阻害することから、逆向マスキングと呼ばれる（Breitmeyer & Ogmen 2000）。呈示時間は同じでも、二つのアルファベットの間に十分な空白時間（500ミリ秒程度）を挟むと、もちろん「K」も「M」もしっかりと認識することができる。クラウディングは

今この文章を読んでいる瞬間にも生じており、少し上下左右に離れたところに文字があるのは分かっても、混み合い過ぎていて何の文字かは実際にそこに眼を向けないと分からない。逆向マスキングも、環境側の変化やわれわれ自身の眼球運動などによって高速で異なる視対象が次々と眼に入ってくる日常の視覚世界において、頻繁に生じているはずである。ただ、先行刺激が見落とされても、逆向マスキングが生じたことに気づかないだけなのである。

## オブジェクト置き換えマスキング（OSM）

OSMに関する具体的な研究紹介に移る前に、マスキングについて解説を加えておこう（Breitmeyer & Ogmen 2000 などを参照）。短時間呈示された二つの刺激が時間的・空間的に近接する場合に、両者の間に知覚的な妨害効果が生じることをマスキングと呼ぶ。視覚に限らず、聴覚や触覚でもマスキングが生じるが、本章ではマスキングは視覚性のものを指すこととする。二つの刺激はそれぞれターゲットとマスクと呼ばれ、ターゲットは実験参加者の反応の対象となる刺激、マスクはターゲットに対して知覚的な妨害効果を及ぼす刺激を指す。逆向マスキングでは、時間的に後のマスクが先行するターゲットの知覚を妨害する。また、ターゲットとマスクが空間的に重ならずに互いに隣接しあう配置で生じる逆向マスキングには独自の名称があり、とくに

6　注意性のマスキング

メタコントラスト (metacontrast) と呼ばれる。

## OSMの発見

ディ・ロロら (Di Lollo et al. 1993) は、ターゲットとマスクの刺激オンセット (呈示の始まり) の時間ずれ (stimulus onset asynchrony: SOA) がゼロであっても、つまりターゲットとマスクが同時にオンセットしても、メタコントラストが生じることを報告した。ターゲットは視野の中心部に呈示された上下左右のいずれか一方向に切れ目のある輪郭線正方形であり、課題は切れ目の方向を答えることだった。マスクはターゲットの外側に隣接する輪郭線正方形であり、上下左右全方向に切れ目があった。ターゲットとマスクは同時にオンセットし、ターゲットが消えた後にマスクが残存する時間が操作された。その結果、マスクがターゲットと同時に消失するとターゲットは明瞭に知覚されるが、マスクの残存時間が長くなるにつれて正答率が低下し、メタコントラストが生じた。

メタコントラストなどの逆向マスキングに関する研究では、一般的にターゲットとマスクの呈示時間が等しく、SOAが短い場合と長い場合にはターゲットが明瞭に知覚されるが、50〜100ミリ秒程度の中間のSOAではターゲットの見えが低下する。つまり、横軸をSOA、縦軸をターゲットの視認性や反応正答率とするグラフを描くと、U字型の関数が得られることが分かっ

ている。

逆向マスキングの主な説明理論としては2チャンネル（dual-channel）理論（Breitmeyer & Ganz 1976）があげられる。この理論では、刺激が呈示されると二つのチャンネルの神経活動が生じると考えられている。一つ目は一過型チャンネル（transient channel）と呼ばれ、高速で作用するがその活動は一過的であり、刺激のオン・オフの情報を伝達する。二つ目は持続型チャンネル（sustained channel）と呼ばれ、作用は遅いがその活動はしばらく持続し、形態や色といった刺激の詳細に関する情報を伝達する。後続のマスクのオンセットに応答する速い一過型チャンネルの活動が、50～100ミリ秒程度先行するターゲットの詳細に関する情報を伝達する遅い持続型チャンネルの活動に追いついて抑制することで、逆向マスキングが生じると考えられている。

しかし、ディ・ロロら（1993）は、ターゲットとマスクが同時にオンセットすると、マスクに対する一過型応答がターゲットに対する持続型応答を抑制できないため、2チャンネル理論では彼らが報告したSOAがゼロの場合のマスキング（同時オンセットマスキング）を説明できないと主張した。

エンズとディ・ロロ（Enns & Di Lollo 1997）は、ターゲットとマスクの呈示時間を等しくしてSOAを操作する手続きを用いて、メタコントラストマスク（図6-4（a））とは違ってターゲットから離れているために低次の輪郭線干渉による抑制効果を及ぼさないと考えられる4点マスク（図6-4（b））がU字型のマスキング効果を生じることを報告した。この4点マスキングは、

**図6-4 メタコントラストマスク（a）と4点マスク（b）の模式図**（Enns & Di Lollo 1997 より改変）
内部の右端が欠けたダイヤモンド図形はターゲットである。

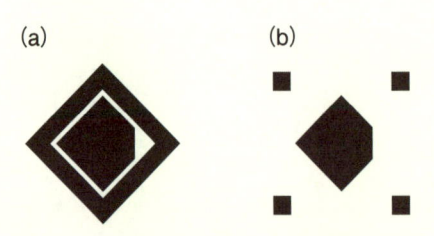

ターゲットがディストラクタを伴わずに単独で呈示される（アイテム数1）と、解像度の高い視野の中心部ではほとんど生じず、解像度の低い注視点から左右に視角3度の距離（視角1度は眼からおよそ57センチの位置で1センチの幅に相当する）では強力に生じた。一方、ターゲットと同時に二つのディストラクタが呈示される（アイテム数3）ことで注意が分散した状態では、視野の中心部であっても強力な4点マスキングが生じた。つまり、アイテム数が増えることで注意が分散していると、本来は解像度が高いはずの視野の中心部に呈示されたターゲットについても、まるで解像度が低い視野の周辺部に呈示されたかのように粗く脆弱な表象しか生成されず、結果として4点による干渉を受けるのである。

ディ・ロロら（2000）は、先ほど説明した同時オンセットマスキング（Di Lollo et al 1993）にもアイテム数が影響することを示した。ターゲットは上下左右のいずれか一方向に切れ目のある円環であり、課題は切れ目の方向を答えることだった。マスクはターゲットを囲む円環であり、どれがターゲ

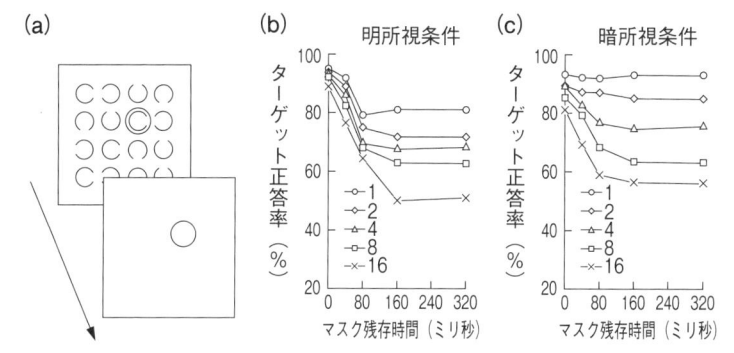

**図6-5 ディ・ロロらのメタコントラストマスクを用いた実験**（Di Lollo et al. 2000 より改変）
(a) 実験の呈示刺激例。
(b) メタコントラストマスク-明所視条件の結果。アイテム数とマスク残存時間の相乗効果としてマスキングが生じる。
(c) メタコントラストマスク-暗所視条件の結果。アイテム数とマスク残存時間の相乗効果としてマスキングが生じるが、最初の急激な落ち込みは消失する。

ットかを示す手がかりでもあった（図6-5（a））。アイテム数とターゲット消失後のマスク残存時間を操作し、明所視条件（眼が明るいところに慣れた状態）で実験したところ、アイテム数が多くなるほど、またマスク残存時間が長くなるほど正答率が低下するというように、アイテム数とマスク残存時間の相乗効果として同時オンセットマスキングが生じた（図6-5（b））。図6-5（b）のデータを詳しく見てみると、マスク残存時間が80ミリ秒までは正答率がアイテム数の影響をほとんど受けることなく単調減少している一方で、160ミリ秒以降ではアイテム数の影響があることが分かる。ディ・ロロら（2000）は、前者はアイテム数に関係なくほぼ等しく作用する「輪郭線形成」段階に関係する低次の成分、

159 ｜ 6 注意性のマスキング

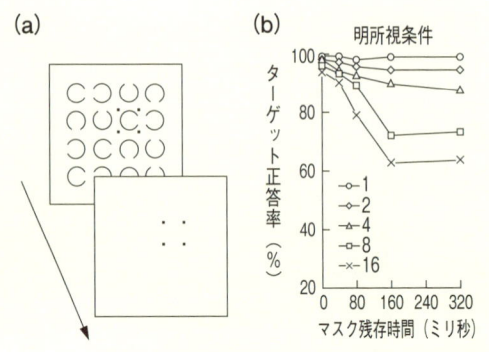

**図 6-6 ディ・ロロらの 4 点マスクを用いた実験**
（Di Lollo et al. 2000 より改変）
(a) 実験の呈示刺激例。
(b) 4 点マスク−明所視条件の結果。4 点によってもアイテム数とマスク残存時間の相乗効果としてマスキングが生じる。

後者はアイテム数の操作に敏感であり「オブジェクト同定」といった視覚情報処理の後期段階に関係する高次の成分を反映していると考えた。

ディ・ロロら（2000）はさらに、明所視条件とは違って低次の抑制性の輪郭線干渉がほとんど生じないと考えられる暗所視条件（眼が暗いところに慣れた状態）で図6-5（a）と同様の手続きで実験を行い、低次と高次の成分の分離を試みた。その結果、先ほど80ミリ秒までのマスク残存時間で見られたアイテム数とは無関連の急激な正答率の低下は消失したが、アイテム数とマスク残存時間の相乗効果として現れるマスキング効果は消えることはなかった（図6-5（c））。以上より、明所視条件の短いマスク残存時間で現れるマスキング効果は視覚情報処理の初期段階で生じ、

アイテム数の影響を受けないようなマスキング効果は、視覚情報処理の後期段階で生じ、オブジェクト同定のような高次の処理にかかわると考えられた。

しかし、暗所視条件でも残存する高次の成分を反映すると考えられるマスキング効果は、実は暗所視条件でしか生じないという可能性も考えられる。また、メタコントラストマスクを用いた以上は低次の輪郭線干渉だけでも説明ができてしまうかもしれない。ディ・ロロら（2000）はこれらの問題を解消しようと、明所視条件でエンズとディ・ロロ（1997）と同じように、マスクの輪郭線の量を4点まで減らした実験を行った（図6-6（a））。そして、同一実験内でターゲットと4点マスクの距離も操作した。実験の結果、4点マスクでもアイテム数とマスク残存時間の相乗効果として発現する同時オンセットマスキングが生じた（図6-6（b））。また、ターゲットと4点マスクの距離の影響は無視できる程度に小さかった。この結果をもとにディ・ロロらは、アイテム数とマスク残存時間の相乗効果は輪郭線干渉以外の要因に起因すると推定した。

ここまで見てきたように、ディ・ロロら（2000）は二つのマスキングの成分を明らかにした。一つ目は主に明所視条件でのみ作用する低次の、かつアイテム数といった注意操作の影響を受ける条件の両方で作用し、輪郭線干渉とは独立の、かつアイテム数といった注意操作の影響を受ける高次の成分である。彼らは後者の成分を「オブジェクト置き換えによるマスキング（masking by object substitution）」と呼んだ。

161 ｜ 6 注意性のマスキング

## OSMの基本的な特性

OSMは、ターゲット消失よりも時間的に後まで残存するマスクがターゲットの認識を阻害する現象である。したがって、逆向マスキングの一種とみなされるが、メタコントラストやターゲットと重なる位置に異なるパターンのマスクを呈示するパターンマスキングとは区別すべき特徴を少なくとも二つ有する。また、ターゲットの周囲でその強度に非対称性が見られることも報告されている。

### 分散的注意への依存性

一つ目の特徴として、OSMが生じるためにはターゲット呈示時に注意が分散した状態にあることが重要だと分かっている。逆に、ターゲットがディストラクタを伴わずに単独で呈示される場合、ターゲットが他のディストラクタと容易に区別できる（色などの特徴において一つだけ目立っている）場合、あるいは先行する手がかりによってあらかじめターゲット位置が分かっている場合には、OSMは大幅に減少し、ときには完全に消失することもある（たとえば Di Lollo et al. 2000; Enns 2004; Germeys et al. 2010; Jiang & Chun. 2001a; Neill et al. 2002）。これはターゲットに対して注意をすぐに向けることができるためである。メタコントラストやパターンマスキングなど

その他の逆向マスキングもターゲットに注意を向けることで減少する（たとえば Boyer & Ro 2007; Spencer & Shuntich 1970; Tata 2002）が、これらのマスキングは注意をすぐに向けることができる場合でも視野の中心部でも頑健に観察される。この注意が焦点化しても残存するマスキング効果は、先述の輪郭線干渉といった低次のイメージレベルの効果を反映していると考えられる（たとえば Atchley & Hoffman 2004; Di Lollo et al. 2000; Enns 2004）。

ただし、OSM が生じるには注意が分散していなければならないかというと、必ずしもそうではない。たとえばアチュリーとホフマン（Atchley & Hoffman 2004）の研究では、視野の中心部にターゲットがディストラクタを伴わずに単独で呈示され、注意が焦点化している場合であっても、高齢者では OSM が生じることが報告されている。これは、高齢者では加齢に伴う眼の機能低下によって、ターゲット表象が脆弱であるためと考えられる。アチュリーらはさらに、ターゲットの輝度コントラストを非常に低くして高齢者の眼の機能低下をシミュレートすると、若年者でも視野の中心部に単独呈示されたターゲットに対して OSM が生じることを示した。ダックスら（Dux et al. 2010）の研究では、視野の中心部に 1 桁の数字がそれぞれ 500 ミリ秒ずつ間に 500 ミリ秒の空白期間を挟んで 4 つ呈示され、「1 つ目の数字 + 2 つ目の数字 − 3 つ目の数字 + 4 つ目の数字」という暗算課題を課すと、4 つ目の数字が消失してから 100 ミリ秒後に同一位置に単独呈示されるターゲットに対して大きな OSM が生じた。これは、暗算課題を終えてからターゲットを処理することになり、視野の中心部とはいえターゲットに対する処理が遅れたた

めだと考えられた。これらの研究より、ターゲット表象が十分に脆弱であれば、4点のように輪郭の少ないマスクでさえターゲットを認識できなくしてしまう（つまりOSMが生じる）のであり、分散的注意へのOSMの依存性はターゲット表象の脆弱さを介したものだと言えるだろう。

## 輪郭線近接度の影響の欠如

二つ目の特徴は、OSMが生じるにはターゲットとマスクの輪郭線が物理的に重なる必要はないということである。4点マスクはターゲットと比べると非常にまばらであり、ターゲットから十分に離れている（図6-4（b）参照）ため、視覚情報処理の初期段階においてターゲットのイメージレベルの表象をほとんど損なわないと考えられている (Di Lollo et al. 2000; Enns 2004; Enns & Di Lollo 1997; Woodman & Luck 2003)。また、4点マスクがターゲットを囲まずに横にずれた位置に呈示された場合にもOSMは生じる (Jiang & Chun 2001a, 2001b; Kahan & Lichtman 2006; Lleras & Moore 2003)。さらに、ターゲットの傍に呈示された文字 (Jiang & Chun 2001a) や単一ドット (Lleras & Moore 2003) でさえもOSMを引き起こす。

その他の逆向マスキングの中でも、メタコントラストはターゲットと空間的に重ならないマスクがターゲットに知覚的妨害効果を及ぼす点でOSMに類似している。しかし、メタコントラストはターゲットとマスクの輪郭線同士の空間的近接度に対して非常に敏感であり、視野の中心部では両者の距離が少しでも増えると急激に減少する (Enns & Di Lollo 1997)。これと対照的に、

(a)　　　　　　　　(b)

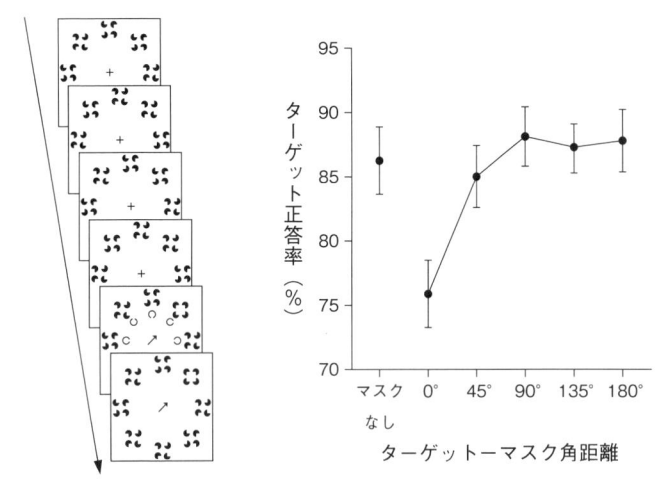

**図6-7　廣瀬・苧阪の知覚的オブジェクトによるマスキング実験**
（Hirose & Osaka 2009 より改変）
(a) 呈示刺激例。
(b) 主観的輪郭線によって形成される知覚的オブジェクトマスクがターゲットの近傍位置（角距離0°）に残存すると、マスキングが生じる。

OSMはターゲットとマスクの輪郭線近接度の影響をほとんど受けない (Di Lollo et al. 2000; Enns & Di Lollo 1997)。ただし、これはターゲットのごく近傍に当てはまる話であり、ターゲットからマスクの距離がある程度離れると徐々にOSMは減少し、いずれは消失するという空間勾配が見られる (Hirose & Osaka 2009; Jiang & Chun 2001b; Lleras & Moore 2003)。

先行研究において一貫して報告されてきた以上の二つの特徴から、ディ・ロロら (2000) の当初の主張どおり、OSMは低次のイメージレベルの干渉では

なく、主に高次のオブジェクトレベルの干渉を反映していると考えられる。

ここで、OSMにおいて純粋にオブジェクトレベルの成分が存在するのかを検討した著者らの研究（Hirose & Osaka 2009）を紹介したい。この研究で著者らは、先行呈示したパックマン図形がフレームごとに向きを変え、ターゲット呈示と同時にすべて内側を向くことで現れる知覚的オブジェクトをマスクとして用いた（図6-7（a））。ターゲットは中央に呈示される矢印が指し示すアイテムであり、課題はターゲットの切れ目の方向を答えることだった。主観的輪郭線により形成される知覚的オブジェクト（図6-7（a））の最後2フレームの右上にある白色正方形領域）が存在しない試行をベースラインのマスクなし（absent）試行とし、知覚的オブジェクトが存在する場合にはその位置とターゲット位置の角距離を操作した（0、45、90、135、180度）。実験の結果、ターゲットの近傍（角距離0度の位置）にターゲット消失後も残存する知覚的オブジェクトがターゲットの認識を近傍することが分かった（図6-7（b））。知覚的オブジェクトを形成するか否かに関係なく、すべてのアイテムの近くにパックマン図形が呈示されていたため、このマスキング効果をイメージレベルの干渉で説明することは不可能である。この知見は、OSMにおいて実際に高次のオブジェクトレベルの干渉が寄与していることを示す強力な証拠であると言える。

## ターゲット周辺での非対称性

ジャンとチャン (Jiang & Chun 2001a) は、ターゲットが視野の周辺に呈示された場合に、視野の中心を参照点としてターゲットよりも周辺側においてOSMが大きいことを報告した。具体的には、ターゲットよりも視野の中心に近い中心マスクが、ターゲットよりも視野の中心部に近い中心マスクが、ターゲットよりも視野の周辺側にある周辺マスクよりも強力なOSMを生じたのである。この非対称性はジャンらの研究 (Jiang & Chun 2001b) で繰り返し観察されている現象である。ジャンらは、ターゲットよりも視野の中心側に位置するマスクはより解像度の高い領域に呈示されているためにターゲットとより競合するため、ターゲットをうまく処理するには中心マスクを周辺マスクより強力に抑制する必要があると推測した。そして、このような非対称的な抑制がOSMの非対称性を生み出す（マスクへの抑制が強いほど、ターゲットへの干渉効果が弱まってOSMが弱くなる）と考えた。

著者ら (Hirose & Osaka 2010) は、注意の移動方向を基準とした中心マスクと周辺マスクの配置の非対称性がOSMの非対称性の原因である可能性を指摘した。ジャンらの研究 (Jiang & Chun 2001a, 2001b) では、実験参加者はターゲットを同定するために視野の周辺部にあるターゲットへと注意を向けていたはずである（ターゲットの呈示時間は非常に短く、その間に眼が動くことはほぼない）。視野の中心から周辺に向けて注意を移動させることを考えると、ターゲットから見て周辺マスクは必ず注意の移動方向に沿った位置に、中心マスクはその反対側の位置

に出現することになる。そこで著者らは、ターゲットから見て注意の移動方向と同じ方向に位置するマスクは反対方向に位置するマスクよりも大きなOSMを生じるという仮説を立て、これを検証した。具体的には、視野の中心を基準としたターゲットとマスクの相対的な中心-周辺関係の有無と注意の移動方向を基準とした非対称的なマスク配置の有無を独立に操作し、両要因の寄与を検証した。

実験の結果、非対称的OSMがターゲットとマスクの中心－周辺関係とは無関連に非対称的なマスク配置に依存して生じることが分かった。注意の移動方向に沿った位置でより大きなOSMが生じる理由について、著者らは、ターゲット位置に向けた注意の移動にも慣性のようなものがはたらき、慣性に従う方向に位置するマスクが慣性に逆らう方向に位置するマスクと比べてより早く、あるいはより多く注意を引きつけるためではないかと推測した。

## OSMの影響を受ける処理段階

最近では、他のことについて調べるためのツールとしてOSMを用いた研究が増えている。ビンステッドら (Binsted et al. 2007) の研究は、ターゲットの意識的知覚を阻害するためにOSMを用いた例の一つである。ターゲットに対する指さし反応課題では、ターゲットがOSMによってターゲ

ットの大きさ弁別が当てずっぽうで答えている程度に不正確になった場合にも、この関係性が当てはまることを報告した。注意処理の指標としてOSMを用いた研究もある。統合失調症（Green et al. 2011）、喫煙（Atchley et al. 2002）、ビンロウ（タバコ、アルコール、カフェインに次いで世界で4番目によく知られたドラッグ）（Ho & Wang 2011）が視覚情報処理に影響を及ぼすのかを調べるために、感覚処理の指標としてメタコントラスト、注意処理の指標としてOSMが用いられている。OSMのツールとしての有効性を高めるためには、どのような視覚情報処理が影響を受けるのかを明らかにすることが必要である。逆に言えば、OSMによって意識的に報告することができなくなったターゲットがどの程度まで処理されるのかを突き止めることが重要である。

OSMが生じると、必ず何も知覚できなくなり、ターゲットがあったかなかったかまで分からなくなるのだろうか？　それとも、あったかなかったかは分かるが、何があったのかは分からないという状態が生じることもあるのだろうか？　ゲラトリーら（Gellatly et al. 2006）は、同一刺激を用いたターゲットの検出課題よりもターゲットの形状に関する特徴弁別課題においてOSMが大きいことから、後者のような状態が生じ得ることを示した。カハンとエンズ（Kahan & Enns 2010）は、OSMによってターゲット全体が見えなくなるのではなく、マスクに近い部分だけが欠けてターゲットが異なる形状に知覚される場合があることを報告している。オブジェクトの一部が切り取られたように知覚されることから、彼らはこの効果をオブジェクトトリミング

(object trimming)と呼んでいる。

ブーヴィエとトレイスマン（Bouvier & Treisman 2010）は、色と方位の組み合わせが分からなければ答えられない課題と色あるいは方位だけが分かれば答えられる課題で正答率を用いて、OSMとパターンマスキングの効果を比較した。その結果、パターンマスキングは両方の課題で正答率を大きく低下させるが、OSMは色と方位を結びつける必要のある課題の正答率を選択的に大きく低下させることが分かった。この結果からブーヴィエらは、OSMでは特徴の検出よりも複数の特徴同士を一つのオブジェクトに結びつけるバインディング（binding）プロセスが損なわれると主張している。コイヴィストとシルヴァント（Koivisto & Silvanto 2011, 2012）も類似の結果を報告している。

アチュリーとホフマン（Atchley & Hoffman 2004）は、ターゲットと4点マスクをそれぞれ異なる眼に呈示してもOSMが生じることから、OSMは網膜などの末梢で生じる現象ではなく、両眼の入力が収束するよりも後の中枢で生じる現象であるとした。チャクラバルティとカバナー（Chakravarthi & Cavanagh 2009）は、図6-2で説明したクラウディングにおいて、ターゲットの周囲に同時に呈示されるディストラクタの処理をランダムドットを重ねて呈示するノイズマスキングやメタコントラストで阻害するとクラウディングが生じにくくなる（ターゲットが見えやすくなる）一方で、OSMではそのような結果が得られないことを示した。つまり、クラウディングが生じる段階はノイズマスキングやメタコントラストのような低次のマスキングが

り後、OSMのような高次のマスキングが生じるよりも前であることが分かった。これはすなわち、OSMはクラウディングが生じるよりも後の処理段階に影響すると言える。カールソンら（Carlson et al. 2007）は、fMRI順応（fMRI adaptation）と呼ばれる手法を用いて、刺激条件は同一であるにもかかわらず、OSMが生じてターゲットが報告できなかった場合にはオブジェクト認知にかかわる脳領域の外側後頭複合体（lateral occipital complex: LOC）でターゲットが表象されていないが、ターゲットが報告できた場合にはLOCでターゲットが表象されていることを示した。したがって、OSMによってターゲットに関する意識的知覚が生じないときには、LOCにおけるターゲット表象が残存するマスク表象に置き換わっている可能性が示唆された。

ウッドマンとラック（Woodman & Luck 2003）は、OSM課題を遂行中に、脳波の事象関連電位（event-related potential: ERP）のうち、注意シフトの指標とされているN2pc成分を測定した。実験の結果、OSMによってターゲットが大部分の試行において同定できなくなってもN2pcが観察された。重要なことに、反応の正誤を分けて分析しても、正誤にかかわらずN2pcが観察された。つまり、ターゲットが何であるかを報告できなかった場合に限ってもN2pcが観察されたということである。したがって、最初はターゲットの特徴は同定されており、ターゲットへの注意シフトが生じたと考えられる。しかし、注意がターゲット位置に到達してターゲット処理が完了する前にターゲットが消えてマスクだけが残るため、ターゲット表象は高次認知過程に転送されず、OSMが生じる可能性が示された。この結果は、OSMが低次のイメージレベ

ル干渉ではなく主に高次のオブジェクトレベル干渉に起因するという考えを支持する。これとは対照的に、ノイズマスキング (Woodman & Luck 2003) やメタコントラスト (Jaśkowski et al. 2002) ではN2pcが生じないことから、ターゲット表象は低次のイメージレベルで損なわれていると考えられる。

プライムら (Prime et al. 2011) は、視覚的ワーキングメモリにおける保持の指標とされるSPCNというERP成分に注目して、OSMがどの処理段階に影響しているのかを調べた。実験の結果、ターゲット消失後も4点マスクが残存する条件でターゲットが同定できた正答試行ではSPCNが観察されたが、ターゲットが同定できなかった(つまりOSMが生じた)誤答試行ではSPCNが観察されなかった。したがって、OSMによって不正解になった試行では、視覚的ワーキングメモリにターゲットを符号化するのに失敗し、安定したターゲット表象を形成できなかったのだと考えられる。

ライスとホフマン (Reiss & Hoffman 2006) は、意味処理の指標とされるERPのN400成分に注目し、OSMによって意識的に報告できなくなったターゲットに関する意味処理が行われているかどうかを調べた。実験の結果、OSMが生じる条件ではN400がほとんど消失したことから、ライスらは視覚的特徴の抽出よりも後 (Woodman & Luck 2003)、意味処理よりも前の初期処理段階でOSMが生じていると主張した。さらにライスとホフマン (2007) は、特徴分析と意味分析の間のどの視覚処理段階がOSMの影響を受けるのかを検討した。彼らは、意味やア

172

イデンティティが同定される前のオブジェクトカテゴリー弁別を反映するERPのN170成分に注目した。N170は、顔に対して特異的に観察されることが知られている。実験では、ディストラクタである家刺激に混じって、4点マスクで囲まれたターゲットの顔刺激あるいは家刺激が呈示され、課題はターゲットが顔であるか家であるかを弁別することだった。実験の結果、OSMが生じる条件ではN170が消失したことから、ライスらはOSMがカテゴリー化よりも前の初期処理段階に影響すると結論づけた。

チェンとトレイスマン（Chen & Treisman 2009）は、反応適合性効果と呼ばれる現象を用いて、OSMによりマスキングされたターゲットがどの程度処理されているのかを調べた。その結果、OSMによってターゲットが弁別できない場合でも、矢印の向きやアルファベットの形態的特徴（直線的か曲線的か）は処理されているが、アルファベットが母音か子音かというカテゴリー情報は処理されていないことが分かった。つまり、OSMは特徴分析よりも後、カテゴリー処理よりも前で生じている可能性が示された。しかし、グッドヒューら（Goodhew et al 2011）は、同じく反応適合性効果を指標として、OSMが生じてターゲットが同定できないときでも、アルファベットの形態的特徴ターゲットがあったかなかったかが分からないときでも、色を表す単語（PINKやBLUE）の意味が処理されていることを示した。

これらをまとめると、OSMが生じて最終的にターゲットが報告できなかった場合にも、視覚系はターゲットを一時的にではあるが同定していると考えられる。しかし、OSMが意味処理や

カテゴリー化処理よりも前の段階でターゲット処理に干渉するかどうかについては結果の相違があり、さらに慎重な検討が必要だろう。

## OSMの説明理論

OSMについては、これまでにいくつかの説明理論が提案されており、以下では主な三つの理論について概観する。

### 再入力処理に基づく理論

ディ・ロロら (Di Lollo et al. 2000) は、大脳皮質の低次視覚野と高次視覚野の間の再入力処理 (reentrant processing) の結果としてOSMが生じると考えた。彼らは、意識的知覚は複数の視覚野間で情報が反復的にやり取りされる中で生み出されると想定した。視覚系の階層を上がるにつれて神経細胞の受容野（いわば視野上での受け持ち処理範囲）は大きくなり、詳細な空間情報が失われてしまう。ターゲットに関する入力が高次視覚野に達すると、ターゲットに関する暫定的な仮説的表象が形成される。しかし、高次視覚野の神経細胞の受容野は大きいため、この最初のターゲット表象は粗く、不完全であるかもしれない。したがって、ターゲットを同定するためには、

再入力処理を通じて不完全な表象を受容野の小さい低次視覚野へと繰り返しフィードバックし、後続の感覚入力と照合・チェックする必要があると考えられる。ターゲットとマスクが同時に消失すると、減衰しつつある最初のターゲット表象と競合する感覚入力が存在しないため、ターゲット処理がそのまま継続され、ターゲットは容易に同定できる。一方で、ターゲット消失後もマスクが残ると、高次視覚野から低次視覚野に再入力するターゲットに関する仮説的表象（たとえばターゲットとそれを囲む4点マスクのみ）は、低次視覚野の現在の感覚入力（ターゲット消失後も残っている4点マスク）に一致せず、不一致が検出されると残存マスクに関する新たな仮説的表象が生み出されてマスクに関する処理が継続される。つまり、ターゲットの同定に必要な再入力チェックが完了する前にマスクだけが残存すると、高次視覚野で生成されつつあるターゲットに関する表象は、視覚野間の反復的な相互作用を通じて低次視覚野における後続マスクに関する現行入力に置き換えられてしまうと考えられた。

低次視覚野への再入力処理が意識的知覚にとって重要であることを示す数多くの知見の中でも、ベーラーら（Boehler et al. 2008）の研究は再入力処理に基づくOSMの説明を支持するものである。この研究では、OSMによってターゲットが意識的に報告できなかった試行と4点マスクが残存しても報告できた試行で脳磁図（magnetoencephalography: MEG）を用いて測定した神経活動を比較した。その結果、意識的知覚に関連する成分（つまり正答時と誤答時の神経活動の差）が、低次視覚野およびそれに引き続いて高次視覚野で生じるフィードフォワード処理を反映すると考

えられる神経活動では観察されなかったものの、高次視覚野からの再入力処理を反映すると考えられるタイミングでの低次視覚野の神経活動において観察された。つまり、低次視覚野への再入力処理の過程でOSMが生じると考えられるのである。

## オブジェクト更新に基づく理論

リェラスとムーア (Lleras & Moore 2003) は、OSMはオブジェクトレベルの表象内の更新プロセス（彼らの用語では「オブジェクト更新 (object updating)」）を反映していると提案した (Moore & Enns 2004; Moore & Lleras 2005 も参照)。彼らの研究では、ターゲット消失から短時間後に離れた位置に呈示される単一ドットさえもターゲットの知覚に干渉し、OSMを生じることが示された。このマスキング効果は、先行ターゲットと後続マスクの時間間隔が適切でターゲットが滑らかに運動しながらマスクへと変形したという知覚が生じる場合には観察されたが、時間間隔が長くターゲットとマスクが別のオブジェクトであると知覚される場合には観察されなかった。これらの結果に基づいて彼らは、後続マスクが先行ターゲットの続きとして表象される（オブジェクト連続性が知覚される）場合、単一オブジェクト表象内で情報が更新され、ターゲットがマスクに置き換えられると考えた。

ムーアらは先行刺激と後続刺激の間のオブジェクト連続性を、両者の間に十分に大きなサイズや色の変化を導入することで (Moore & Enns 2004)、あるいは両者について別個の表象の形成を

促進することで (Moore & Lleras 2005) 阻害すると、先行刺激がオブジェクト更新プロセスを通じた後続刺激による上書きから保護されることを示した。ピリングとゲラトリー (Pilling & Gellatly 2010) は、後続のマスクとの間に運動が知覚されるようなドットを先行ターゲットと同時に呈示することでターゲットとマスクの間に運動が知覚されにくくすると、OSMが小さくなることを示した。これらの研究は、先行ターゲットと後続マスクのオブジェクト連続性を崩壊させるとOSMが弱くなることを示しており、オブジェクト更新説を支持する。

著者ら (Hirose et al. 2007) は、オブジェクト更新が部分的には大脳皮質における運動処理に媒介されていると想定した上で、皮質運動処理を阻害するとターゲットの見えが回復してOSMが減少すると予測し、これを検証した。具体的には、反復経頭蓋磁気刺激 (repetitive transcranial magnetic stimulation: rTMS) を用いて、運動処理に重要な高次視覚野V5／MT＋、あるいはV5／MT＋と相互投射している低次視覚野V1の機能を一時的に不活化するとOSMが減少することを示した。この知見は、皮質運動処理を介して表象されたオブジェクト連続性が実際にOSMに寄与している可能性を示唆するものである。

## マスクの注意選択に基づく理論

タタとジアスキ (Tata & Giaschi 2004) は、複数のアイテム中からターゲットを探している間にマスクが注意選択されることでOSMが生じると提案した (Tata 2002 も参照)。具体的には、

ターゲットとディストラクタが消えた後に単独で残るマスクは高速で注意選択され、先行ターゲットの脆弱な表象を上書きすると主張した。

まず彼らは、8個のアイテムすべての位置に同時にオンセットする輪郭線正方形マスクを呈示し、ターゲット消失後にターゲット位置のマスクが1個だけ残存する場合とすべてのアイテム位置のマスクが8個とも残存する場合を比較した。その結果、残存マスクの数を増やすことでターゲット位置のマスクが即座に注意選択されるのを妨げると、OSMがほとんど消失した。続いて彼らは、マスクをターゲット呈示よりも前から先行呈示してプレビューした場合とプレビューがない場合を比較した。その結果、プレビューすることでターゲット探索中にマスクが注意を捕捉しないようにするとOSMが消失した (Neill et al. 2002 も参照)。さらに彼らは、背景として格子パターンを先行呈示しておき、あたかも輪郭線正方形マスクが背景から現れたかのような状況を作り出し、マスクが注意を捕捉するようにした。その結果、マスクの輪郭線を含む格子パターンをプレビューしていたにもかかわらず、OSMが再び認められた。これら一連の結果は、OSMがマスクの注意選択の結果として生じるというタタらの考えを支持するものである。タタ (2002) は、ターゲットに応答する神経活動がディストラクタに注意を向けると鋭く抑制されるというマカクザルにおける電気生理学的知見 (Chelazzi et al. 1993; Moran & Desimone 1985) に基づき、このような神経細胞の振る舞いがOSMの原因かもしれないと推測的に述べている。

三つの主な理論を紹介してきたが、これらは必ずしも相互排他的ではなく、むしろこれらのメ

カニズムが組み合わさることでOSMが生じているのかもしれない（Hirose et al. 2007; Kahan & Lichtman 2006; Moore & Lleras 2005; Tata & Giaschi 2004 を参照）。

## おわりに

本章では、注意が分散しているときに生じやすいことから注意性のマスキングともいうべきオブジェクト置き換えマスキング（OSM）現象について、その発見の経緯から説明理論に至るまでを著者らの研究や最新の知見にも触れながら紹介してきた。OSMは、低次の干渉を伴わなくてもターゲットの見えを低下させることから、主に高次のオブジェクトレベルの干渉に起因することが分かってきた。しかし、OSMによって意識的には知覚できない刺激の情報がどの水準で処理されているかについては、先行研究間での結果の相違などを考えると、検討すべき問題が多い。

さて、冒頭の変化の見落としの話を思い出してほしい。図書館の例のように書棚の位置が変化したことに気づかなくても、たいしたことはないだろう。ところが、たとえば自動車を運転しているときに道路脇から飛び出してくる子供を見落としたとしたら、何か重要な作業中に一瞬しか呈示されないシグナルを見落としたとしたら、それは大変なことである。特に注意を向けていな

いところでは表象が脆弱であり、画面全体のオン・オフなどではなく、本章で紹介したOSMのように取るに足りない小さな刺激でさえも、重大な見落としの引き金となり得る。エンズとディ・ロロ（Enns & Di Lollo 2000）も、変化の見落としを始めとする見落とし現象とOSMとの関連性を指摘している。

ありとあらゆるところに視覚情報が溢れている現代社会では、昔と比べて見落としが生じる可能性も高まっていると考えてもよいだろう。情報が多いということは、それだけ注意が分散してしまうということにほかならず、本当に必要な情報を見落としやすい状況が作り出されていると言える。

最後に、膨大な情報の中で見落としを回避するためには、どうすればよいだろうか？　本章の注意深い読者ならもうお分かりだろう。一つの答えは、適切に注意を導いてやるということである。見落としてはならない重要な情報は、いつも同じ時間・場所に呈示する、あるいは前もって呈示される時間・場所を知らせることで、見落としの危険性を格段に低下させることができるだろう。

# 7 注意の瞬きの脳内表現

木原　健

## はじめに

　たとえ歩き慣れた場所だとしても、目を閉じると10歩も歩かないうちに動けなくなってしまう。このことからも分かるように、われわれは多くを視覚に頼って生活している。つまり、周囲の環境から発せられる光情報を利用して、われわれは日々行動している。光情報が利用可能ということは、その情報に対する「見え」の意識が生じているということである。そして、見えの意識が生じるためには、光情報が光受容器、すなわち目に届かなければならない。ただし、われわれは必ずしも目に入る情報のすべてを意識できるとは限らない。むしろ、そのほとんどを意識することはない。たとえば、何かを探しているとき、前に確認した場所をもう一度探してみるとそこに

あった、という経験はないだろうか。この場合、探しものそれ自体の情報は一度は目に入っていたにもかかわらず、その情報が意識に上らなかったために結果として見落としてしまったのである。それでは、なぜ同じ情報が目に入ったとしても、意識できる場合と見落としてしまう場合があるのだろうか。その時々で視覚的な注意のはたらきが異なるためである、というのが現在の心理学が出した答えである。

## 注意と見落とし

視覚的注意とは、網膜に入力される無数の視覚情報の中から有用な情報のみを取捨選択して、目的の対象だけを意識に上らせる認知機能のことを言う。独立した一個体であるヒトは、必然的に物理的な制約を有する。もちろん、意識の生理学的基盤である脳もまた有限の物体である。したがって、ヒト一人が継続的に受容し続ける膨大な情報を等しく扱うことは不可能である。そこで、重要な視覚情報だけを詳細に分析可能な状態、すなわち意識可能な状態にするため、有限な処理資源を優先的に配分するという理に適ったメカニズムとして、視覚的注意が備わっていると考えられている。

もし、一度にたくさんの情報を処理しなければならない場合は、視覚的注意の範囲を移動させ

なければならない。たとえば、書棚に並んだ本の中から読みたい本を探すときには、背表紙から背表紙へ次々と注意を移動する必要がある。このような、空間的に移動する注意のことを空間的注意と呼ぶ。また、注意には、「いつ」向けるかという時間的な側面もあり、1章でみたように時間的注意と呼ばれる。たとえば、テレビ番組に重なるようにテロップが表示されるときには、番組とテロップの間で時間的な注意を切り替えて、双方の内容を交互に意識に上らせる。本章では、この時間的注意に焦点を当てる。特に、時間的注意の特徴を端的に示す見落とし現象である、「注意の瞬き（attentional blink: AB）」に着目し、その脳内機構について現在までに明らかにされている点を紹介する。

注意の瞬きとは、ある視覚情報に注意を向けると、その後約0.5秒間、別の視覚情報に注意を向けることが難しくなるという現象である。つまり、注意の瞬きは、われわれが注意を切り替えるためには0.5秒間の時間が必要であるという、時間的注意の特徴を示している。注意の瞬きに関する研究では、1秒間に10個の割合（つまり1個あたり0.1秒）で、同じ場所に次々と文字が出現する状況（高速逐次視覚提示、rapid serial visual presentation: RSVP）が実験に用いられる（図7‐1左）。

一般に、RSVPは、あらかじめ決められた2個の標的（先行標的と後続標的）と、課題とは無関係な複数の妨害刺激で構成される。たとえば、20個のアルファベットと2個の数字がRSVPに含まれる。そして、観察者はアルファベットを無視して、2個の数字が何であったのかを答

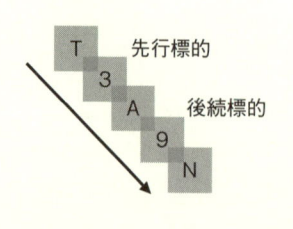

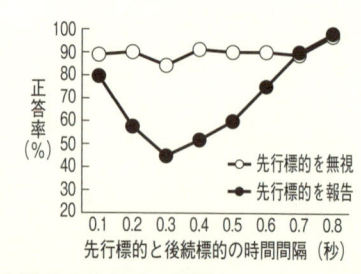

**図7-1　注意の瞬き実験とその結果**

左：RSVPの例。この場合は、数字が先行標的と後続標的で、アルファベットが妨害刺激である。

右：注意の瞬き実験の結果の例（Raymond et al. 1992を改変）。先行標的と後続標的を両方とも答えなければならない場合は、先行標的と後続標的の時間間隔に応じて後続標的の成績が大きく変化するが、先行標的を答える必要がない場合では、後続標的の成績は高い水準に保たれる。

えるように求められる。このような実験では、先行標的は概ね正確に答えることができる。しかし、興味深いことに、後続標的の正答率は、先行標的が出現してから後続刺激が出現するまでの時間間隔に大きく左右される（図7-1右）。具体的には、先行標的から0.5秒以上の間隔を空けて後続標的が出現すると、後続標的は先行標的と同じぐらい正確に答えることができる。しかし、先行標的から0.5秒以内に後続標的が出現すると、後続標的が何であったのかを答えることが困難になる。

ただし、先行標的を妨害刺激と同じように無視して、後続標的だけを答えるように求めると、どのようなタイミングで後続標的が出現したとしても、正確に報告できる。つまり、先行標的に注意を向けた場合に限って、それから0.5秒以内に出現する後続標的が見落とされるのである。このような実験から、ある視覚情報に注意を向けると、そ

184

の後０・５秒にわたって別の視覚情報に注意を向けることができないことが分かる。そして、この注意の時間的な特徴は、まるで先行標的が出た直後に瞬きをしたかのように後続標的が見落とされることから、注意の瞬きと呼ばれる (Raymond et al.1992; レビューとして、Shapiro et al. 河原 2003 も参照)。

注意の瞬きは、視覚刺激の種類を問わずに生じることが知られている。たとえば、RSVPが、単語 (Maki et al. 1997)、無意味なランダム図形 (Raymond 2003)、顔写真や風景写真 (Einhauser et al 2007) で構成されていても注意の瞬きは生じる。ただし、たとえ先行標的から０・５秒以内に後続標的が出現したとしても、注意の瞬きが生じにくくなる場合があることも知られている。たとえば、図7−1右に示した実験結果では、先行標的から０・１秒後、すなわち先行標的の次に後続標的が出現した場合、後続標的の報告率が非常に高い。このように、後続標的が先行標的の直後に出現した場合、後続標的は正確に報告できることがある (見落としの回避、Lag-1 sparing; Potter et al. 1998; Visser et al. 1999)。また、先行標的と後続標的の時間間隔が離れていても、「針」と「糸」のように先行標的と後続標的が意味的に関連していたり (Maki et al. 1997)、後続標的が感情を喚起する刺激 (Anderson & Phelps 2002; Kihara & Osaka 2008) や観察者自身の名前 (Shapiro et al. 1997) だった場合も、後続標的は見落としにくくなる (Raymond et al. 1992)。さらに、先行標的が他の刺激より目立つ場合も後続標的の報告率は高くなる (Raymond et al. 1992)。これらの結果から、注意の瞬きは単一のメカニズムが原因ではなく、複数の要因が複合した現象であると考えら

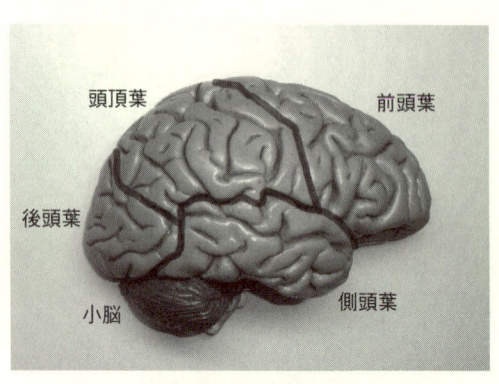

図7-2 右半球の大脳皮質（前方は右）

れる（河原 2003）。

あらゆる認知処理の生理学的基盤である脳は、いくつもの領域に分けることができる（図7-2）。そして、それぞれの脳の領域は、認知処理の種類に応じて異なる役割を果たしている。したがって、注意の瞬きがさまざまな認知処理の複合現象であるならば、注意の瞬きにかかわる脳活動もまた、さまざまな処理を反映した複雑な様相を呈するはずである。しかし、注意の瞬きの脳内機構を明らかにするためには、入り組んだ脳活動を解きほぐして、各領域が注意の瞬きに果たす役割を調べなければならない。そして、そのためには、注意の瞬きが生じたときに、脳の「どの」領域が「いつ」活動するのかを詳細に検討しなければならない。

認知神経科学研究で古くから利用されている、認知処理中の脳波を観察する手法では、脳活動が「いつ」生じたのかについて1／1000秒単位の非常に詳細な結果を示すことができる。しかし一方で、脳波研究は「どこ」という

問題に対しては信頼性が乏しいという難点がある。逆に、最近一般的に用いられるようになった、認知処理中の脳血流量の変化を観察する機能的磁気共鳴法（functional magnetic resonance imaging: fMRI）は、「どこ」の脳領域が活動したのかを明らかにするのは比較的に得意だが、「いつ」については精度が良いとはいえない。このように、脳波研究とfMRI研究はそれぞれ一長一短がある。これに対し、脳活動の「どこ」と「いつ」の問題を同時に検証可能な研究手法がある。それが経頭蓋磁気刺激法（transcranial magnetic stimulation: TMS）である。

TMSとは、一部の神経細胞の電気的な活動を瞬間的に妨害する方法である。まず、頭皮に接するように円上に磁気誘導コイルを配置する。次に、そのコイルに一瞬だけ電流を流す。すると、大脳皮質内に誘導電場が発生し、それによって生じた渦電流が神経活動に干渉する。この瞬間的な脳活動の妨害によって、認知処理にどのような変化が生じるのかを観察し、TMSを施行した脳領域の機能を推測するのである。たとえば、TMSによってある認知処理が低下すれば、TMSが施行された脳領域が施行されたタイミングでその処理にかかわっていたと考えることができる。次節では、これまでに報告されてきた注意の瞬きに関する神経科学的研究を概観した後、TMSを用いた注意の瞬き研究の一例を詳しく紹介する。そして、TMS実験の結果から導き出される、注意の瞬きにかかわる脳内機構について解説する。

## 注意の瞬きにかかわる後部頭頂葉の活動

先に述べたように、注意の瞬きにかかわる脳活動には、「いつ」活動するのかという時間に関する側面と、「どこ」が関与しているのかという領域に関する研究がある。もちろん両者は不可分の関係にあるが、方法的限界より、どちらかにターゲットを絞った研究がなされることが多い。そのため、これまでに得られてきた知見も、脳活動のタイミングに関するものと領域に関するものに大きく二分できる。活動タイミングに関する研究から、たとえば、先行標的が出現した0・3秒後に前頭葉から頭頂葉にかけての活動が認められることが報告されている (Gross et al. 2004)。この活動は後続標的の見落としとは関係なく生じることから、単純に先行標的の処理を反映したものと考えられる。また、先行標的から0・3秒後に観察される脳の活動量の大きさと、後続標的が見落とされる確率に相関関係が認められるという報告もある (Shapiro et al. 2006)。さらに、先行標的の見やすさによって、標的出現の0・4秒後に観察できる脳波の大きさが左右されることや (McArthur et al. 1999)、後続標的を見落とした場合はこの脳波が観察されない (Vogel et al. 1998) ことも報告されている。これらの研究では、注意の瞬きにかかわる脳活動が「どこ」で生じたのかについては詳細を議論することはできないが、それでも、脳活動の発生源

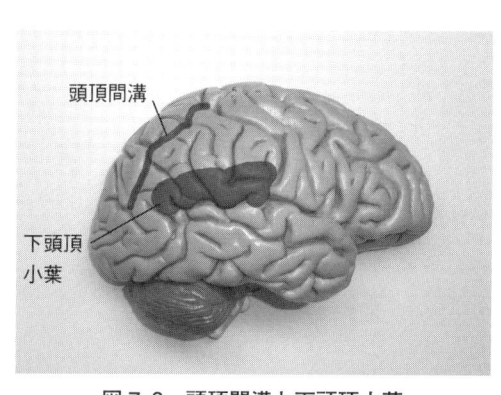

図7-3　頭頂間溝と下頂頂小葉

に頭頂葉周辺が含まれているという共通性がある。

次に、「どの」脳領域が注意の瞬きやそれにかかわる注意処理と関係しているのかについて調べた研究を紹介する。注意の瞬き研究が始まる以前より、後部頭頂葉が視覚的注意の切り替えタイミングにかかわっていることが知られていた(Coull & Nobre 1998; Wojciulik & Kanwisher 1999)。そして、その後に行われたfMRIを用いた注意の瞬き研究からも、後部頭頂葉は注意の瞬きに強く関与していることが示されている。たとえば、先行標の難易度が向上すると右の後部頭頂葉が活動する(Marois et al. 2000; Marois et al. 2004)。また、妨害刺激から先行標のへ注意を切り替える際に、左右の後部頭頂葉の活動が認められる(Kranczioch et al. 2005)。これらの知見は、先行標的の意識化に必要な認知処理に後部頭頂領域がかかわっていることを示唆している。

後部頭頂葉はさらにいくつかの小さな脳領域に分けることができるが、多くの研究によって、後部頭頂葉の中

でも頭頂間溝と下頭頂小葉が、注意の瞬きと特に関係が深い領域であることが示されている (Marois & Ivanoff 2005)（図7-3）。たとえば、先行標的に注意が向けられると頭頂間溝が活動する (Marcantoni et al. 2003; Marois et al. 2000)。このfMRI実験の結果は、頭頂葉にTMSを施行した研究とも一致する。クーパーら (Cooper et al. 2004) によると、先行標的の出現直後のタイミングで、右の後部頭頂葉の活動をTMSで妨害すると、注意の瞬きが生じにくくなる。同様に木原ら (Kihara et al. 2007) も、先行標的が出現した350ミリ秒後にTMSを左右いずれかの頭頂間溝に施行すると、注意の瞬きが減少することを報告した。これらの結果から、注意の瞬き課題では、先行標的の処理に頭頂間溝が関与していることも考えられる。

頭頂間溝と異なり、下頭頂小葉は後続標的にかかわっていることも複数の研究から明らかにされている。たとえば、後続標的を見落とした場合と比べて、後続標的を報告できた場合に、下頭頂小葉はより強く活動する (Hein et al. 2009; Kranczioch et al. 2005; Shapiro et al. 2007)。また、右の下頭頂小葉を損傷した患者では、注意の瞬きが強く観察される (Husain et al. 1997)。したがって、注意の瞬き課題において、下頭頂小葉は後続標的を見落とさずに報告できることと関係しているいると考えられる。

## 経頭蓋磁気刺激（TMS）を用いた注意の瞬き研究

上記のように、これまでの研究からは、後部頭頂葉の下位領域である頭頂間溝と下頭頂小葉が、注意の瞬きに何らかの形でかかわっていることが示されている。しかし、これらの領域が注意の瞬きにどのような役割を果たしているのかについては不明のままであった。ただし、この問題に対しては、空間手がかり課題を用いた研究からヒントを得ることができる。

第2章と第5章でも触れたが、空間手がかり課題とは、標的が出現する場所が、事前に出現する矢印などの手がかり刺激によって予告される課題である (Posner, 1980)。空間手がかり課題では、標的を見つけるスピードが測定される。もし手がかりどおりの場所に標的が出現すると、手がかりが出現しない場合よりも標的を素早く見つけることができる。これは、手がかりによって、標的が出現する位置にあらかじめ注意を向けることができるためである。逆に、手がかりと異なる場所に標的が現れた場合は、予告されていた場所から標的が出現した場所に注意を移動しなければならないので、標的を見つける速度は遅くなる。

コルベッタら (Corbetta et al. 2000) は、空間手がかり課題中の脳活動をfMRIで測定した。そして、手がかりどおりに標的が出現した場合は頭頂間溝、手がかりと異なった場合は下頭頂小

葉がそれぞれ活動することを報告した。この結果からコルベッタらは、頭頂間溝は特定の空間に自ら注意を向けるといった注意のコントロールに関係し、下頭頂小葉はある空間から別の空間へ注意を切り替えることにかかわっていると主張した。また、クールら (Coull et al. 2000) は、空間手がかり課題を参考に、標的が出現するタイミングが事前に分かる時間手がかり課題を用いた実験を行った。その結果、手がかりで予告されたタイミングで標的が出現した場合は頭頂間溝の活動が認められたのに対して、手がかりからずれたタイミングで出現した場合は下頭頂小葉が強く活動した。これは、頭頂間溝と下頭頂小葉は空間的な注意の移動だけでなく、時間的な注意の移動にもかかわっていることを示している。

注意の瞬き課題では、たくさんの妨害刺激の中から二つの標的を見つけなければならない。つまり、標的が出現すると、観察者はそれに注意を向けるようコントロールする必要がある (Di Lollo et al. 2005)。このことから、注意のコントロールに関与すると考えられる頭頂間溝が、注意の瞬き課題における標的への注意処理にもかかわっているという仮説が考えられる。この仮説が正しければ、TMSによって頭頂間溝の活動を妨害すると、次のような結果が得られることが予測できる。もし先行標的の処理中に頭頂間溝が妨害された場合は、先行標的へ注意を向け続けることが困難になるはずである。したがって、先行標的から後続標的へ注意を素早く切り替えることができるだろう。つまり、たとえ0.5秒以内に後続標的が出現したとしても、後続標的に対する見落としが減少して注意の瞬きが生じにくくなると考えられる。

表7-1 TMS実験の結果（Kihara et al. 2011）

| TMSの施行領域 | TMSの施行タイミング | |
|---|---|---|
| | 先行標的の出現直後 | 後続標的の出現直後 |
| 頭頂間溝 | 見落とし減少 | 見落とし増加 |
| 下頭頂小葉 | 変化なし | 見落とし増加 |

　また、先行標的から後続標的への注意の切り替えが困難なことが注意の瞬きの主要因であるならば (Shapiro et al. 1997)、空間的・時間的な注意の切り替えにかかわる下頭頂小葉が、後続標的への注意の切り替えに関与しているという仮説も考えられる。この仮説によると、先行標的から後続標的へ注意を切り替えるタイミングで、下頭頂小葉にTMSが施行される場合は、注意の切り替えに失敗して後続刺激を見落としやすくなるはずである。すなわち、後続標的の出現直後の下頭頂小葉へのTMSによって、注意の瞬きが生じる確率の上昇が予測できる。以上のような頭頂間溝と下頭頂小葉にかかわる二つの仮説を実証することができれば、これらの脳領域が注意の瞬きや時間的注意に果たす役割について明らかにすることができる。そこで、木原ら (Kihara et al. 2011) は、先行標的あるいは後続標的の出現直後に、TMSを頭頂間溝か下頭頂小葉のどちらかに施行して、注意の瞬きの生じやすさを検討する実験を行った。その結果は、以下に記すように、ほぼ仮説の予測どおりとなった（表7-1）。

　頭頂間溝にTMSを施行すると、そのタイミングによって異なるパターンの注意の瞬きが観察された。TMSを先行標的の出現直後に施行した場合は、TMSを施行しなかった場合と比較して後続標的を見落としにく

なった。この結果は、先行標的へ向けられた注意のコントロールが妨害されると、後続標的へ注意を切り替えやすくなったと説明できる。逆に、後続標的の出現直後に頭頂間溝の活動をTMSで妨害すると、後続標的を見落としやすくなった。これは後続標的に対する注意のコントロールが妨害されたためと考えられる。以上の結果より、注意のコントロールといった頭頂間溝の認知機能が、注意の瞬き課題における標的の処理にも強く関与しているという仮説が支持されたと言える。一方、下頭頂小葉を対象とした実験結果も仮説と一致した。先行標的直後にTMSを施行しても、TMSを施行しなかった場合と比べて、後続標的の見落としやすさは変化しなかった。しかし、後続標的直後にTMSを実施した場合は、頭頂間溝にTMSを施行した場合と同じく、後続標的を見落とす確率が上昇した。これらの結果から、下頭頂小葉も後続標的の見落としに関与していることが明らかとなった。すなわち、注意の瞬き課題において、後続標的を見落とさずに報告するためには、先行標的から後続標的へ注意を切り替える必要があるが、下頭頂小葉がその役割を果たしていることが示唆された。

以上をまとめると次のことが言える。まず、これまでの研究から、頭頂間溝は標的へ注意を向けるなど、注意のコントロールにかかわっていることが知られているが (Corbetta et al. 2000; Coull et al. 2000)、木原ら (2011) の実験結果から、このような頭頂間溝の機能が注意の瞬きにも関与していることが示された。先行標的の出現直後にTMSが施行されると注意の瞬きが生じにくくなったのに対して、後続標的直後のTMSは注意の瞬きを増大させた。これは、注意のコン

トロールという頭頂間溝の機能がTMSによって妨害されたためと考えられる。したがって、頭頂間溝による注意のコントロールが注意の瞬きに関与していると言える。また、先行標的から後続標的へ注意を切り替える必要がある場合に、下頭頂小葉へTMSが施行されると、後続標的を見落としやすくなった。このことから、下頭頂小葉による注意の切り替えがうまく機能するか否かによって、注意の瞬きの生起が左右されると言える。この木原らの研究によって、注意の瞬きに関する頭頂間溝と下頭頂小葉の機能的役割がはじめて明らかになった。

## 注意の瞬きの神経モデルと認知モデル

脳はそれぞれの領域が個別に機能するのではなく、相互に連絡しながらさまざまな処理を行っている。もちろん、注意の瞬き課題に必要な注意処理も例外ではない。事実、注意の瞬き課題を行っている最中は脳がネットワークとして機能していることが、多くの研究によって示されている (Feinstein et al. 2004; Gross et al. 2004; Hein et al. 2009; Kranczioch et al. 2005; Marois et al. 2004; Sergent et al. 2005)。したがって、頭頂間溝と下頭頂小葉もまた、互いに独立しているのではなく、両領域が密に協調して二つの標的を処理しているはずである。そして、この協調処理の結果として、注意の瞬きが生じると考えられる。

コルベッタとシュルマン (Corbetta & Shulman 2002) は、下頭頂小葉による注意の切り替えは、注意のコントロールをいったん解除するように頭頂間溝が先行標に指令を送ることで実現されていると主張している。この主張が正しいとすれば、頭頂間溝が先行標に注意を向け続けていることに対して、下頭頂小葉が解除指令を送ることができない事態そのものが注意の瞬きの脳内機構であると言える。

それでは、下頭頂小葉が解除指令を送れなくなる理由には何が考えられるだろうか。一つの可能性として、下頭頂小葉が活動しないように抑制するための信号が、どこかの領域から送られることが考えられる。もしそうだとすれば、下頭頂小葉へ抑制信号を送る領域はどこだろうか。

木原ら (Kihara et al. 2011) は、その領域こそ、下頭頂小葉から解除指令を受け取るはずの頭頂間溝であると主張している。木原らによると、先行標的が出現すると、先行標的を意識に上らせるために、頭頂間溝にコントロールされた注意が先行標的に向けられる。このとき、先行標的の意識化に十分な時間（約0・5秒間）だけ注意を向け続ける必要があるため、途中で処理が中断されないように、頭頂間溝によって下頭頂小葉の活動が一時的に抑制される。したがって、先行標的へ注意が向けられている最中に後続標的が出現しても、下頭頂小葉は活動が抑制されているため、頭頂間溝による注意のコントロールを解除することができない。そのために、後続標的に注意を切り替えることができずに見落としてしまい、注意の瞬きが生じる。ただし、先行標的の意識化処理が完了すれば頭頂間溝による下頭頂小葉への抑制が解除されるため、その後に後続

標的が出現した場合は、頭頂間溝によるリセットのコントロールを下頭頂小葉がリセットできるため、すぐに後続標的に注意を切り替えることができる。これが、先行標的から0.5秒以上の時間を空けて出現した後続標的には見落としが生じない理由である。

この木原ら（2011）の主張は、彼ら自身のTMSの実験結果のみならず、心理物理的手法を用いた行動実験から導かれた、最新の注意の瞬き現象が報告されてから現在に至るまで、数多くの説明モデルが提案されてきたが、現在最も妥当と考えられているモデルが抑制モデルである（Olivers 2007; Olivers & Meeter 2008; Raymond et al. 1992）。

抑制モデルは、先行標的の出現後に妨害刺激が出現すると、注意機能が一時的に抑制されるため、注意の瞬きが生じると説明する。そもそも、視覚刺激が意識に上るまでには、色や形などの物理的特徴や意味的特徴が処理される第1段階と、それらの情報を短期記憶に保持を行う第2段階という二つの自動的な処理過程を経ると考えられている（Chun & Potter 1995）。第一段階は複数の刺激が同時に処理可能な並列処理過程だが、第2段階は一度にわずかの刺激しか処理できない直列処理過程とされる。

注意の瞬き課題では、RSVP刺激の情報が網膜に入力されるごとに、形態や意味情報などが分析され、その刺激が標的の特徴と一致するかどうかが検証される。これが第1段階処理である。このとき、刺激情報が標的の特徴と一致しない場合、すなわち妨害刺激であった場合は、第1段

階処理しか行われないため、情報はすぐに失われる。したがって、妨害刺激が意識に上ることもない。しかし、もし標的特徴を含む刺激であった場合は、その情報を意識に上らせるための特別な処理が行われる。これが直列的な第2段階処理である。そして、第1段階から第2段階に処理が移行するためには、その情報に対してより多くの処理資源を集中しなければならない。そのために、第1段階処理で標的の特徴をもつ刺激が見つかると、処理資源が一時的に増加する (Nakayama & Mackeben 1989; Reeves & Sperling 1986; Weichselgartner & Sperling 1987)。ただし、もし先行標的の直後に妨害刺激が出現すると、先行標的だけでなく妨害刺激に対しても増加した処理資源が配分されてしまう。この場合、妨害刺激の情報も第2段階処理に移行してしまうため、わずかな情報しか扱うことのできない第2段階で、先行標的と妨害刺激の処理が競合する可能性がある。そうなると、一度に意識に保つことができる情報量は限られているため（一説には刺激4個分。Luck & Vogel 1997）、妨害刺激が意識に上ることによって標的刺激の意識化が妨げられてしまうことにもなりかねない。そこで、標的の後に妨害刺激が出現した場合は、増加された処理資源が今度は一転して一時的に抑制されて減少し、妨害刺激の情報が第2段階処理を受けることを防ぐ認知メカニズムが備わっている。ただし、この抑制はすぐには解除されないため、抑制中に標的が出現しても、他の妨害刺激と同様に第2段階処理を受けることができず、意識に上ることもない。これが、抑制モデルによる注意の瞬きの説明である。

抑制モデルより以前に提案されたモデルは、先行標的の直後に後続標的が出現すると、後続標

的に対する見落としが回避される現象を説明することが困難であった（河原 2003）。しかし、抑制モデルによると、先行標的の出現によって増加した注意資源は、妨害刺激が出現しない限り抑制されることはないため、先行標的の後に出現した後続標的も第2段階処理を受けることができ、その情報を意識可能であると説明できる。また、抑制モデルは神経科学的な知見とも整合性が高い。特に、第2段階処理のための資源集中や、妨害刺激が第2段階処理を受けないようにするための抑制は、木原ら（2011）が主張する頭頂間溝や下頭頂小葉による認知機能とよく対応している。すなわち、抑制モデルでは標的の意識化処理のために処理資源が集中される第2段階処理過程を想定しているが、これは、頭頂間溝による注意のコントロールに相当する。また、妨害刺激が出現すると、その情報が意識に上らないように一時的に処理資源が抑制される過程は、頭頂間溝が下頭頂小葉の活動を抑制することで実現していると考えることができる。

## ネットワークとしての脳活動

　ここまでの議論で、後部頭頂葉の各領域の活動が注意の瞬きに強く結びついている可能性を示してきた。しかし、先にも簡単に述べたように、注意の瞬きが生じるときは、頭頂葉だけでなく後頭葉や前頭葉を含む、脳全体がネットワークとして機能している。マルカントーニら

(Marcantoni et al. 2003) の fMRI 研究によると、先行標的から 0.5 秒以内に後続標的が出現すると、左の後部頭頂葉と共に左右両側の外側前頭葉、後頭葉、下側頭葉の活動が強まる。また、先行標的の難易度が上昇して注意の瞬きが生じやすくなると、後部頭頂葉に加えて前部帯状回や外側前頭野も活動量が増大する (Marois et al. 2000)。さらに、後続標的が見落とされなかった試行では両側の前部帯状回、外側前頭野、海馬傍回が活動するのに対して、後続標的を見落とした試行では両側後部頭頂葉と左前頭葉が有意に活動量を増す一方で、両側後頭頂葉は後続標的の報告失敗時に活動が増大する (Kranczioch et al. 2005)。加えて、前頭前野の活動も注意の瞬きの有無によって左右されることが示唆されている (Kessler et al. 2005)。マロワとイワノフ (Marois & Ivanoff 2005) は、後続標的の見落としの有無にかかわらず活動を示す後頭葉が第 1 段階処理、後続標的の報告成功時だけ活動する後部頭頂葉と前頭葉が第 2 段階処理に関与していることを示唆している。興味深いことに、注意の瞬き課題には小脳が関与していることを示唆する研究 (Schweizer et al. 2007) や、左右の大脳半球が並列的にかかわっていることを示唆する研究 (Scalf et al. 2007) もある。以上の実験結果が示すように、注意の瞬きは、まさに脳全体が一体となって遂行していく処理を反映した現象であると言えよう。

それでは、注意の瞬きへの関与が示された複数の脳領域は、どのような機能的結合をしているのだろうか。この問題に関しては、サージェントら (Sergent et al. 2005) の研究から一定の答え

を導き出すことができる。サージェントらは標的の処理にかかわっている脳領域が時間の経過と共にどのように変化していくのかを検討した。その結果、先行標的の処理は、まず標的出現0・2秒後に左後頭葉で観察でき、0・3～0・4秒後に前頭葉に移動した。標的出現から0・5秒を超えると、再び後頭葉で脳活動が観察できた。また、後続標的にかかわる脳活動については、後続標的の報告に成功した場合は、0・4秒後に両側前頭前野、0・6秒後に右頭頂葉と左後頭葉、0・6秒後に右頭頂葉と左後頭葉へと活動領域が変移していった。

したがって、この一連の処理が第2段階処理に相当すると考えられた。さらに興味深いことに、先行標的が出現した0・5秒後に観察された脳活動と、報告可能な後続標的の出現0・3秒後に観察された脳活動は、発生領域と発生タイミングが脳活動に干渉する可能性を指摘した。すなわち、後続標的によって生じる脳活動が、後続標的の報告時にみられる脳活動に干渉する可能性をによって妨害されると、後続標的から0・3秒後に後頭葉で生じるはずの脳活動が先行標的の処理によって妨害されると、後続標的の処理のために注意の瞬きが発生すると考えた。

これは、木原ら（Kihara et al. 2011）が提唱した、先行標的の意識化処理のために、頭頂間溝が後続標的の処理に必要な下頭頂小葉を一時的に抑制するという説と矛盾しない。また、サージェントらは、これらの脳活動は前頭前野や帯状回と頭頂葉のネットワーク活動によってもたらされるとも主張している。このように、前頭葉、頭頂葉、側頭葉、そして後頭葉のネットワーク処理のダイナミックな変化が注意の瞬きに関与していることを示した点で、サージェントらの研究は

重要な意味をもつ。

脳活動は一定のリズムを繰り返しているが、異なる領域間の活動リズムが同期しているとき（位相同期）、それらの領域が協調して認知処理を行っていると考えられている（Singer 1999）。したがって、特定処理にかかわる脳活動のダイナミクスを明らかにするという意味では、脳波の位相同期分析も有効な手段である。注意の瞬き課題中の脳波位相同期を調べたグロスら（Gross et al. 2004）は、右後部頭頂葉、両側帯状回、左側頭葉、それに左前頭葉の神経活動がベータ帯域（15Hz）で同期することを報告した。この同期活動は、後続標的の報告に成功して注意の瞬きが生起しなかった試行ほど強くなった。また、同期活動の時系列分析を行った結果、注意の瞬きが生じるか生じないかにかかわらず、先行標的と後続標的の出現タイミングに合わせて同期率が上昇した。さらに、注意の瞬きが生じなかった試行では、先行標的に続いて出現した妨害刺激にあわせて同期活動が弱くなった。これらの結果から、ベータ帯域の位相同期が刺激処理を反映していると考えられる。また、注意の瞬き課題中に62ヵ所の脳領域間の位相同期を調べた中谷ら（Nakatani et al. 2005）も、ガンマ帯域（38〜43Hz）の位相同期を示す脳領域ペアが後続標的の報告時に増大すること、特に後頭葉と前頭葉、または頭頂葉と前頭葉の間で同期活動が高いこと、さらにこの同期増強は先行標的の出現の0.1秒前から見られることを報告した。この中谷らの結果は、先行標的の出現以前の脳の活動状態が、注意の瞬きが生じるか否かと関係している可能性を示唆している。これは、先行標的の出現前のアルファ帯域（10Hz）の同期活動が、注意の瞬き

202

と関係していることを示したクランチオクら（Kranczioch et al. 2007）の結果とも一致する。また、クランチオクらの研究では、後続標的の報告に成功した試行でアルファ帯域（13 Hz）とベータ帯域（20 Hz）の同期活動が前頭葉から頭頂葉にかけて増強するという、グロスらと同様の結果を報告している。以上、一連の脳波の位相同期を観察した研究は、注意の瞬き、すなわち注意の時間的な特徴によって左右される「見え」の意識の形成に、前頭−頭頂−後頭を結ぶ神経ネットワークの連続的な活動が関与していることを示している。

## おわりに

本章では、TMSを始めとする神経科学的手法を用いた注意の瞬き研究とその成果を簡単に紹介した。注意の瞬きのように、見えるはずの情報を見落としてしまうという経験は、一見ネガティブな印象を与える。しかし、ヒトに無限の処理能力が備わっていない以上、その時々において最も重要な情報を意識に上らせるためには、限られた処理資源を効率よく利用しなければならない。そのための認知機構こそが注意である。注意の瞬きは、このような効率的な注意機能の反映であって、決して注意や脳の機能不全によるものではない。そして、注意の瞬きは注意機能の正常な働きによってもたらされるが故に、日常場面でも頻繁に情報の見落としが生じている。た

とえば、テレビを見ている最中にテロップが表示されると、その瞬間テロップ以外の画面情報が見落とされている可能性が高い。しかし、番組を録画して見直しでもしない限り、情報を見落したことに気がつくことはまずない。実際は見落しているのにもかかわらず見えているつもりになっているのである。このように、客観的な事実と主観的な印象に大きな隔たりのあることを、注意の瞬きを始め、注意や意識に関する研究は明らかにしてきた。今後も研究が進むにつれて、私たち自身が気づかなかった心のはたらきが次々と暴かれていくことを期待したい。

# 8 視覚情報の容量制約
## ――ピクチャースパンテスト（PST）を用いて

田邊亜澄・苧阪直行

## はじめに

眼をあげて周囲を見回すと何が見えるであろうか。本を置いている机とその前にある椅子、壁の時計や本棚などが見えるだろう。単に「今自分がいる部屋が見える」と答える人もいるだろう。

しかし、読者は〝今いる部屋のすべて〟を見たと自信をもって言えるであろうか？　移動中の電車の中や行き慣れない図書館で本書を読んでいる人だと、意識してまわりの環境を調べるかもしれない。だが、〝目をつぶっていてもどこに何があるかが分かる〟ほどに親しんでいる自室にいる場合は、〝目をつぶっていても分かる〟くらいだから、〝部屋のすべて〟が見えていてもおかしくない、と考える人がいても不思議ではない。

しかし、われわれはどんなに見知った場所にいようと、"すべて"を見ることは無理である。「そんなバカな」と自室に座っている読者は思うかもしれない。"目をつぶっていても分かる"くらいに部屋のすべてを把握していると信じているという点が問題なのである。"目をつぶっていても"という条件は、単に"見ていない"ということを示している。見ていないのにどうして分かるのか？　それは、読者が部屋の主になってから今まで、部屋の中で見たり触れたりしてきたものの記憶を思い返しているからにほかならない。デネット（Dennett 1991）ならマルチプルドラフト（多元的草稿）理論をもちだして、わずかな手がかりから、まわりの世界で生じていることがらを説明するために次々と都合のよい意識を生み出すのだと言うだろう。実際に読者が部屋を一瞥する場合、"見る"ことのできるものは思いのほか少ないのである。意識に入ってくるのは、机や椅子、机の上の小物などせいぜい3、4つ程度に過ぎないのである（Cowan 2010）。記憶を頼りに部屋の様子を思い描いているときでさえ、一度にすべてを思い浮かべ切ることはできない。できるのは、一度に少しずつ部屋の様子や部屋にあるものを思い浮かべて、付け足していくことである。一度思い浮かべたものも、別の何かを思い浮かべている間に頭の中のイメージから消え去ってしまうだろう。

## 注意の容量

このような認識の制約現象は、「注意の容量制約」によるものである。本章では、冒頭に示したような普段の生活で見られる事物に対しての容量制約について考えてみたい。

普段見慣れている場所も、しっかりと見ているようで実は見ていないことが多い。このことに気づき、実験的に検証した心理学者レンシンクらはこの現象を「変化の見落とし（change blindness）」と名づけた (Rensink et al. 1997)（6・7章も参照）。この時期以降、多くの研究者がこの現象に興味をもち、さまざまな実験がなされ、多くの研究成果が報告された。*Visual Cognition* という視覚認知の研究論文の専門誌は、２０００年の7巻で変化の見落としの特集号を組んでいるほどである。１９９７年までの変化の見落としにかかわる研究はシモンズとレヴィン (Simons & Levin 1997) によってまとめられており、またシモンズとレンシンクも、変化の見落としの研究に先鞭をつけた研究者として２００５年までの研究をまとめたレビュー論文を報告している (Simons & Rensink 2005)。

変化の見落としという現象が多くの人々の関心を引いたのは、それが身近に経験できる上に、変化の見落としという現象を知っていてすら変化に気づくのは難しい点にあった。経験してもら

図 8-1　風景の写真画像の例

うため、われわれが撮影した写真図8−1を見た上で、ページをめくって、図8−2を見ていただきたい。図版8−1と8−2にどこか違った部分があるであろうか？　図版8−2は写真加工ソフトを用いて単純に変化を作り出したものである（加工技術が未熟なため、簡単に変化を見つけた読者もいると思うが、どの部分が変化したのかは章末に記しておいた）。この図のように、変化の見落としの研究では写真が使われることが多い。

「変化の見落とし」の名づけとなったレンシンクらの研究（1997）では、80ミリ秒という短い空白時程を挟んで写真が240ミリ秒ずつ提示された。短い時間で断続的に提示される写真画

像を眺めていると、写真の中に何か変化があったとしても気づきにくいことから「変化の見落とし」と名づけられたのである。この現象は、写真画像だけでなく動画でも起こることが分かっている（Levin & Simons 1997）。実際、映画でも製作者のミスで、俳優が床に置いた小道具が次のカットでは忽然と消えていたり、カット間で衣装が変わっていたりなどの「変化」があっても気づかない場合も多い。気になる読者は一度、小道具や衣装、背景に注意して映画のDVDまたはビデオをじっくり鑑賞してみてはどうだろうか。製作ミスは古い映画につきものと思われがちだが、最近の映画でも少なからずこの種のミスは未だに残っているように思われる。

変化の見落としが起こるのは動画や映画だけではない。シモンズとレヴィンの実験（1997）では、大学構内で通行人に実験者（仮にこの実験者たちをAとしよう）が道を尋ね、Aが通行人と話している間に他の実験者2人（仮にこの実験者たちをB、Cとしよう）が取り外したドアを横にして運び、通行人とAの間を通って、通行人の視界がドアで塞がれている間にAとBが交代してしまうのだが、その変化に通行人が気づくかどうか調べた。入れ替わりが完了し道案内が終わった後に「実はわれわれは心理学の実験をしていたのですが、話している間に何か不自然なことに気づきませんでしたか？」と通行人に尋ねたのである。何しろ話している相手が変わってしまうのだから、この変化にはさすがに誰もが気づくであろうと予想されたが、なんと出会った通行人15人のうち8人が話し相手が変わったことに気づかなかったというのである。実生活でも「変化の見落とし」は十分に起こり得るのである。

**図8-2 図8-1とある部分を除いて同じ風景写真画像**
変化に気づけるだろうか。

同様に、レヴィンらの実験(2002)では、心理学研究室のある建物のロビーで実験に参加する人を募集し、実験者が階上の実験室に案内した上で、実験室内に隠れて待機している他の実験者と交代してしばらく話をした後「何か不自然なことに気づきませんでしたか?」と尋ねたが、20人中15人が実験者が交代したことに気づかなかったという。おもしろいことに、実験に参加した20人のうち9人は前述したシモンズとレヴィンの通行人の実験(1998)を知っていた。それにもかかわらず、9人のうち6人は、実験者の交代に

気づかなかったのである。変化の見落としという現象について知識があっても変化に気づけないこともあるのである。

では、どういう場合に変化に気づくことができるようになるのであろうか。シモンズとレヴィンの実験（1997）では、当時20代だった実験者と同世代の通行人は実験者の入れ替わりに気づきやすかったと報告している。しかし、実験者が学生風の服装をして同じ実験をすると、実験者と同世代の通行人でも実験者の入れ替わりにより気づきにくくなったこともあわせて報告している。彼らは、学生同士では、個人を特定するための個々の特徴に注意を向ける傾向があるからではないかと考えた。実際に、加工された写真を用いた変化の見落としの実験で、特徴の目立ちやすさに関係なく、注意を向けられた対象は変化に使われる風景が複雑であると変化に気づきにくいことも報告されている（Beck et al. 2007）。複雑な風景では、個々の事物に対して十分に注意が行き渡らないからであろうと考えられる。さらに、リッツォらの研究（Rizzo et al. 2009）では、高齢者は変化の見落としに陥りやすい傾向があることも示された。彼らの研究では、正しく変化を報告できたかどうかだけではなく、変化に気づくまでにかかった時間（反応時間）も検討されたが、アルツハイマー病の患者では変化に気づくまでの時間がさらに遅くなることが分かった。アルツハイマー病は脳の海馬萎縮を中心とした疾患であるが、変化の見落としと脳の関わりについても興味深い。

変化の見落としの実験はごく短い時間写真画像を提示するものが多いので、時間的変化に対応できるという利点を活かしたERP (event-related brain potential: 事象関連電位) を用いた研究がある。ERPは頭皮に電極を貼り付けて脳波を測定する手法であり、フェルナンデス-ドゥケらの研究 (Fernandez-Duque et al. 2003) では、変化の見落としの実験課題において変化に気づくときには脳波に二つの成分があると報告している。一つは、二枚目の写真の提示が始まってからおよそ100ミリ秒後に見られる、前頭や後頭の脳電位である。これは提示された写真に向けられた注意の調節に関連したものだと考えられている。もう一つは、提示からおよそ350ミリ秒後に内側領域から正中頭頂領域を中心に認められる電位で、変化に気づいた場合に固有のものであるという。リラらのERP研究 (Lyyra et al. 2010) では、写真提示後から60〜100ミリ秒後に正中前頭部、正中中心部、正中頭頂部、正中後頭部の電極で変化の見落としに固有の電位が見られたという。変化に気づく場合と気づかない場合では、脳での処理が大きく異なる可能性があるのである。

ERPの手法は時間的変化を調べるのに向いているが、脳のどの領域が情報処理にかかわっているのかを調べるには必ずしも適していない。脳のどの部分が処理にかかわっているか調べるのに有力な方法の一つに、脳の活動の様相を詳細に記録できるfMRI (functional magnetic resonance imaging: 機能的磁気共鳴画像法) がある。ヒュッテルら (Huettel et al. 2001) はこの方法を用いて変化の見落とし実験課題を行っているときの情報処理を「写真を単に見ているとき」、

「変化を探しているとき」および「変化の有無を判断して答えるとき」の三段階と捉え、「単に写真を見ているとき」は初期視覚野として知られる後頭葉の鳥距溝が、「変化を探しているとき」は後頭葉外線条皮質や前頭眼野、補足眼野や島皮質、下前頭皮質といった領域が、「変化の有無を判断しているとき」は中心溝や島皮質、前部帯状回や大脳基底核、小脳といった領域が活動していることを示した。「探しているときは、後頭葉と前頭葉の前頭眼野、補足眼野や下前頭皮質が協調してはたらき、前頭葉が後頭葉に対してトップダウン的な注意のはたらきを活発に行っていると考えられる。一方、判断しているときは前部帯状回、大脳基底核や小脳が作動しているが、これは注意が比較判断に焦点を絞ってはたらいていることを示している。共通して島皮質がはたらいているのはこの領域が注意とかかわることを示している。また、彼らは変化の見落とし課題を行っているときは、課題に関係のない他の情報処理に関する脳部位の活動は低下していくものと考え、どの領域がそうなるのか調べた。その結果、頭頂葉の角回、楔前部、前頭葉の中前頭回や上前頭回といった領域の活動が低下していたことを示唆している。これらの領域は探索的注意のネットワークと密接につながっているわけではないことを示唆しているようである。変化の見落としという現象は、写真や動画などの風景を何気なく見過ごしている可能性を指摘しているだけでなく、限られた情報処理能力を活用しつつ不必要な情報処理を抑制して、ようやく風景中の変化に気づけるという「容量制約」を如実に示しているのである（容量制約については2章や4章も参照）。

ここまでで述べてきたように、限られた時間で処理できる視覚情報には限りがある。多くの変化の見落としの実験では、数秒あるいはそれ以下の数百・数十ミリ秒の時間で視覚情報を処理しなくてはならないという状況が設定されている。限られた時間で、限られた情報処理能力をどのように利用するのが効率的なやり方であろうか？　最も優先されるべきは、「それが何であるか」を把握することであろう。対象がモノなら、「それは何か？」ということになるし、ヒトなら「それは誰か？」ということになり、場所なら「ここはどこか？」という疑問になるわけである。そしてその答えは「机」「X君」「図書館」といったように、明瞭で簡潔な概念のかたちをしていることが多く、「グレーの金属でできていて、角は丸く長方形のような形をした机」だとか、「入り口に人がたむろしているレンガ造りの図書館」だとか、「あごににきびがある友人のX君」だとか、「あごににきびがある友人のX君」だといった詳細な情報が答えになることは少ない。あくまで、簡潔で概念化された答えが主流になるのである。

このように「それが何であるか」という情報を、骨子概念（gist）という。この概念の取得は、われわれの視覚情報処理においては優先度の高いものと言えそうである。実際に、骨子概念の情報の認識は驚くほど早いことが実験によって確かめられている（Delorme et al. 2000; Fabre-Thorpe et al. 2001; Li et al. 2002; Thorpe et al. 2001）。数十ミリ秒という短い時間だけ見せられた画像についても、実験に参加した人々はその画像が何かを瞬時に把握していたという。詳細な情報よりも、「それが何か」という情報を優先して処理することは、限られた情報処理能力しかもた

ないわれわれにとっては当然のことなのである。変化の見落とし現象は、限られた能力を駆使して重要な情報から優先的に処理していくために、後回しになった詳細情報が記憶に残らず起こる現象だといえる。優先すべき情報が何であるかは、状況に応じて変化するので、いかに状況に即した情報処理を行えるかがわれわれの生存、ひいては適応的な社会生活で必須の能力となるのである。

この状況に即した情報処理能力に注目したのがバッドリーであり、彼は単なる記憶課題、つまり情報を蓄える能力を調べるだけではヒトの知性を研究するのに不十分だと考え、情報を蓄える能力だけでなく同時に情報の処理を制御する能力を考慮した認知システムのモデルをワーキングメモリ・システムとして提案したのである。ワーキングメモリ・システムは、情報を蓄える貯蔵庫と、どの情報に注意を向けるのか、どの情報を記憶するのか配分する制御機能とで成り立っている (Baddeley 1986)。彼はこの制御機能を中央実行系 (central executive) と呼んだ。知性とは、単に記憶力のことを指すのではなく、目的や状況に応じて適切に記憶することにあると考えたのである。実際に、単に記憶するだけの記憶テストよりも、記憶する内容を適切に選び制御することを求められるテストのほうがヒトの知性の高さを予測できることが分かっている。本章では、ワーキングメモリ容量を測定するテストとヒトの知性の関係について述べるが、ワーキングメモリに関する研究の歴史については2章で、そのさまざまな展開については他の章でも触れられているので、そちらも参照されたい。また、ワーキングメモリ研究の歴史やその展開に興味をもっ

215　8　視覚情報の容量制約──ピクチャースパンテスト(PST)を用いて

た方は苧阪(2002)を一読されたい。

## ワーキングメモリを測定する

ワーキングメモリ容量を測定するテスト方法として最も有名なものはリーディングスパンテスト(Reading Span Test: 以下RSTと略す)であろう(Daneman & Carpenter 1980；日本語版は苧阪・苧阪 1994)。これは一文ずつ文章を読みながら、文章中の一単語を記憶するというテストであり、スパンは記憶容量を示す。文章を理解して読むときの記憶容量のテストともいえる。RSTでは、文章を読むという情報処理と単語を保持する一時的記憶とを並行させて行うことになるため(三重課題と呼ばれる)、情報の処理と保持をバランス良く担うワーキングメモリの容量を測定するのに妥当であると考えられる。RSTが優れているのはテスト成績が知性を予測できることにある。RSTを開発したデイネマンとカーペンター(Daneman & Carpenter 1980)の研究では、RST成績の高い人のほうが文章読解能力において優れている傾向があることが示され、また日本語版RSTを開発した苧阪・苧阪(1994)でも同様に、RST成績の高い人のほうが文章読解能力が高い傾向にあることが確認された。

この成果はさまざまな研究において追認されている(多数あるRST研究のメタ分析を行ったも

のとして、Daneman & Merikle 1996 を参照）。RST成績は他にも推論（Kyllonen & Christal 1990; Salthouse et al. 1989）や流動性知性（Engle et al. 1999）といった認知機能の高さを予測できることが報告されている。

これだけの研究結果を見れば、RST成績が高い人は多くの点で認知機能が高いように思える。しかし、ワーキングメモリのモデルにおいて情報の貯蔵庫はモダリティ（情報の種類）ごとに分かれていると考えられており、RSTで予測されるヒトの知性も言語にかかわる部分に限られている。つまり、RST成績が高く言語に関する認知機能が高い人が、言語以外の能力も高いとは限らないのである。

そこで、言語以外のワーキングメモリ容量を測定するために、後年になって空間スパンテスト（spatial span test）が開発された（Shah & Miyake 1996）。これは文字または鏡文字を見てその文字が鏡文字かどうかを判断しながら、文字の一番上の部分がどの方向を向いていたかを記憶する二重課題である。シャーと三宅（Shah & Miyake 1996）の研究では空間スパンテスト成績が高い人は空間認知テストの成績が良く、RST成績が高い人は言語情報処理のテストの成績が良いが、空間スパンテストの成績と言語情報処理のテストの成績の関係や、RST成績と空間認知テストの成績の関係はあまり強くないことが分かった。これは、ワーキングメモリの貯蔵庫だけでなく、ワーキングメモリと認知機能の関係も、情報の種類によって異なる可能性を示していると考えられる。

また、空間スパンテストもRSTを用いた研究と同様に他の空間認知課題との関係が検討されている。たとえば、フリードマンと三宅 (Friedman & Miyake 2000) の研究では、空間スパンテストの成績が高いほど、空間情報に関する文を理解する課題を解く時間が短いことが示された。ハンドリーらの研究では、ハノイの塔課題と呼ばれるパズル問題を解くのに空間スパンテストの成績が高い人のほうが早いという結果を得た (Handley et al. 2002)。ハーヴィストとレヒト (Haavisto & Lehto 2004) の研究では、空間スパンテストを応用したローテーションドットスパンテスト (rotation dot span test) を用いて、スパンテスト成績が高い人はレイヴン (Raven) のAPMと呼ばれる欠けた図形を埋めるものを探し出す課題や滑車の推論問題、回転する図形の軌跡を追う課題の成績が高い傾向にあったということが報告された。これらの研究から、空間スパンテストで測られるワーキングメモリはさまざまな空間情報の認知を支えていると考えられる。

しかし、ワーキングメモリの容量と認知機能の関係は情報の種類ごとに考慮する必要があることを踏まえると、視覚情報を扱う認知機能とワーキングメモリ容量の関係を調べるためには視覚情報を記憶するワーキングメモリ容量測定法が必要になる。というのも、ワーキングメモリ研究においては視覚情報と空間情報は別個に貯蔵されると考えられているからである (Logie 1995)。実際、パターンスパンテスト (pattern span test) という桝目の中のランダムに黒く塗りつぶされているところを憶えておき、後から白紙の桝目を塗って答える課題を開発したデラ・サラらは、この視覚記憶課題を行っているとき視覚情報による干渉 (抽象画の提示によって視覚情報を上書き

218

しようとする）によって記憶成績が低下するが、空間情報による干渉（ペグを順番にさわる課題を並行させる）では成績低下が起こらないことを示した（Della Sala et al. 1999）。ワーキングメモリにおいて視覚情報と空間情報は独立的に処理され貯蔵されていることが支持されたのである。

## ピクチャースパンテスト

とはいえ、パターンスパンテストは単純に視覚情報を記憶する課題であり、ワーキングメモリモデルにおいて重要視されている情報処理の「中央実行系」の考慮が不十分であることはデラ・サラら自身も指摘している。そこで筆者らは「中央実行系」の要素を加味した視覚情報の容量制約を調べる方法を工夫した（Tanabe & Osaka 2009）。視覚情報の記憶と中央実行系の関係を考慮するにあたって、筆者らは本章の冒頭で述べた「変化の見落とし」の研究で明らかになった特性に注目した。日常生活で触れる視覚情報は膨大な情報量をもち、限られた記憶容量しかもたないわれわれはすべてを詳細に記憶することはできないという点である。この限られた記憶容量を最大限に活用するために、膨大な視覚情報の中からその場で必要な情報を選び出しそれだけを記憶する必要があり、その制御はワーキングメモリの中央実行系の役割であると考えたのである。

この点から、筆者らは日常の風景に近い視覚情報の中央実行系の役割であると考えたのである。この点から、筆者らは日常の風景に近い視覚情報を必要に応じて選択し記憶するテストを試作

した。記憶課題としては、光景画像を見せてその中のある一部分だけを憶えるという内容を設定した。先述のように、風景を見れば自動的に骨子概念情報の処理が行われてしまう。しかしそればかりに気をとられていては記憶するよう指示されたものを憶える余裕がなくなってしまう。限られた情報処理能力をうまく配分して課題を行わなければならない。もしそうならば、光景をなるべく見ないようにして、憶えるよう指示される部分だけをひたすら見て憶えれば保持できると考える人も出てくるだろう。それでは、限られた情報処理能力をうまく使いこなしているかをこの課題で調べることはできなくなる。そこで、課題の内容に記憶することだけでなく、光景の骨子概念情報を認知的に判断する内容をもたせることにした。こうすれば、光景を見ずに課題を行うことはできなくなる。どうしても光景の骨子概念情報に限られた情報処理能力を割かざるを得なくなってしまうのである。

具体的には、50％の確率で画像の中に光景の文脈にそぐわないもの（その光景にはありそうにないもの）が出現するように設定し、光景にそぐわないものがあるか否かを判断するように指示した（図8−3を参照。左端の画像では光景文脈に沿うが、左から2番目には一つ光景にそぐわないものがある）。なお、光景中の情報が処理しきれないほど多いと、そもそも課題ができない可能性があるので、短時間でも処理が行えるように、おおよそ3、4個のオブジェクトを含む光景画像をコンピュータグラフィックスで作成して課題に使用した。作成された「絵」を使用することから、このテストは「ピクチャースパンテスト（Picture Span Test: PST）」と命名された。このテスト

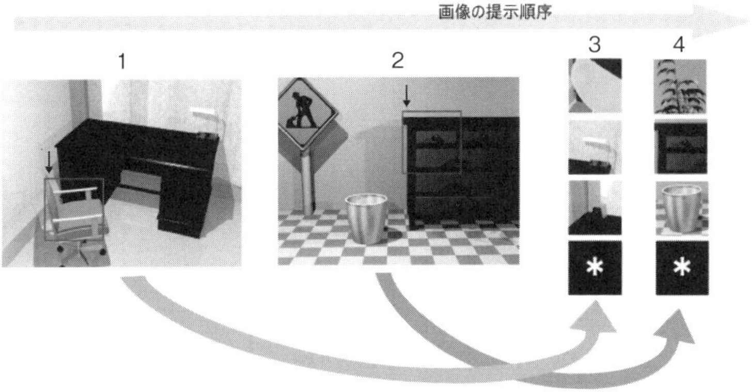

**画像の提示順序 →**

### 図8-3 ピクチャースパンテストの課題例

ここでは白黒画像で紹介しているが、実際の実験はカラー画像で行われた。1枚目、2枚目の画像の四角い枠で囲まれた部分（矢印）を憶えながら、それぞれの画像の光景にふさわしくないものがあるかどうか判断する。3枚目で1枚目の画像の憶えた部分と同じものを、4枚目で2枚目の画像の憶えた部分と同じものを選ぶ。

を受ける人は、光景画像の一部を憶えることと光景にそぐわないものがあるかどうかを判断することの二つの課題を要領よく行わなければならないのである。その上で、一度に何枚分の画像を記憶できるのかについて容量の限界を調べた。

容量の限界は個人によってまちまちで、2枚分を憶えるのがやっとの人もいれば、5枚分を憶えることのできる人もいた。光景情報を処理しながら指示された内容どおりに正しく記憶できる容量にはやはり個人差があるのである。さらに、PSTを受けた人には視覚情報に関する情報処理のテストも受けてもらった。そうすると、PSTで調べた記憶容量が大きい人ほど、情報処理のテストの成績が良いという傾向が見られた。他にも同じようなコンピュータグラ

221 ｜ 8 視覚情報の容量制約──ピクチャースパンテスト(PST)を用いて

フィックスで日用品などの画像を用意し、品物の画像を記憶するだけの単純な記憶テストも実施したが、この点数は情報処理のテストの成績とはあまり関係が見出されなかった。単純な記憶テストではヒトの適応的な知性は測れないのである。

では、PSTを受けているとき、どのようなプロセスがはたらいているのであろうか。この点を明らかにするために、PSTで不正解のときにどのような間違え方をしているかを調べた。ピクチャースパンテストは画像を用いた記憶テストなので、口頭や筆記では答えにくい。そこで、図8−3の右側のような選択肢を用意した（ちなみに図8−3の1、2に解答するための選択肢が3、4である。1の画像と3の画像が、2の画像と4の画像が対応している）。PSTでは、憶える段階では図8−3の1、2のように一部分が赤い枠線（図は白黒であるため図8−3では矢印で示した灰色の枠線）で囲まれている。答える段階では、憶えたものを選択肢の中から選んで答えることを心理学の枠線）で囲まれている。答える段階では、憶えたものを選択肢の中から選んで答えることを心理学では「再認」と呼ぶ）。ここで、2種類のチェックがある。画像をざっと見て、オブジェクトの名前（図8−3の1の例ならば「椅子」）と、答える段階の選択肢で、同じ名前で違うもの（つまり視覚情報に頼らずに言語情報を記憶してしまう）と、答える段階の選択肢で、同じ名前で違うもの（図8−3の3の選択肢の「椅子」でも見た目の異なる椅子が出されている（このように、同じ名前をもつが違う外見をもつものは「トークン (token)」と呼ばれている）。きちんと視覚情報を記憶してもらうために、同じ名前でも視覚的に違うものを選んだ場合は不正解とした。このチェック

222

を行うために、選択肢によっては正解がないものもある。その場合は、アスタリスクの選択肢を選ぶように指示した。指示があるにもかかわらず、名前が同じで視覚的に違うものを選んでしまった場合は、「視覚情報を記憶するよう指示されたのに、言語情報で記憶してしてしまった」ということだと解釈できる。つまり、この間違いをしてしまった割合は、テスト課題を行うプロセスで「言語情報に頼る傾向」であるとみなすことができる。

 もう一つのチェックは、同じ画像にある別の部分を選択肢に用意したことである。ただ漫然と画像を憶えているだけでは、真に必要な情報を取捨選択して憶える能力が反映されない。画像の中の指示された部分をきちんと憶えていなければ、同じ画像の別の部分を答えてしまいかねない。この間違いをしてしまった割合は、「情報の取捨選択ができなかった傾向」を示すと考えられる。

 この間違いは、ワーキングメモリ研究において「侵入エラー（intrusion error）」と呼ばれている。文章を読んでその中の単語を記憶するRSTにおいても、記憶するよう指示された単語以外のものを憶えてしまうという間違いの傾向があり、この「侵入エラー」が少ない人のほうが概してワーキングメモリ容量が高く、ワーキングメモリに関する認知機能においても高い成績を収める傾向がある。たとえば、RSTの文章を読み上げるのではなく、音声で聞きながら単語を憶えるリスニングスパンテストを行っても文章読解能力の高い人は侵入エラーが少なかったという研究や（De Beni et al. 1998）、成績の良い人は侵入エラーが少ないという研究（Passolunghi et al. 1999）、さらにRSTのエラーの中でも侵入エラーの割合が低いほうがRSTの成績が高いとい

う報告もある (苧阪ら 2002; Osaka et al. 2002)。これらの研究を参考にして、PST遂行中に起こる間違いの傾向と、テスト自体の成績、情報処理のテストの成績に関連があるかどうかを検討した。

その結果、情報の取捨選択ができなかった傾向のある実験参加者は、PSTや情報処理のテストの成績が比較的低い傾向にあった。言語情報に頼る傾向のある実験参加者には、特にそのような傾向は認められなかった。つまり視覚情報の取捨選択を行う能力が視覚的ワーキングメモリの容量を規定する一因となっていると考えられる。風景画像を見ているときに限られた情報処理容量をうまく活用するためには、やはり必要な情報を取捨選択する能力が重要なのである。ヒュッテルらの変化の見落としの研究で紹介したように、不必要な情報処理は抑えておかないと、目的や状況に合わせた情報処理が行えない。これは風景を見ているときに限ったことではなく、不必要な情報処理を抑える能力がさまざまな認知機能において重要であることが示されている (De Beni et al. 1998; Gernsbacher et al. 1990; Miyake et al. 2000)。普段見慣れているような風景であっても処理できる情報量は限られているため、目的に合わせて注意配分を行い、うまく不必要な情報処理を抑えておかないと、しっかり見ているようで見ていない、という事態に陥ってしまうのである。

ちなみに、先述の「変化の見落とし」の例で変化していたのは、中央の家の窓の有無である。気づいていたであろうか？

## おわりに

　ピクチャースパンテストという視覚ワーキングメモリのはたらきを評価するテストを新たに工夫した。このテストが「変化の見落とし」や「変化への気づき」とどのようにかかわるかを理解する手がかりとなればと考えている。われわれが意識しているつもりの視覚的環境も、実際にはかなり構成的な性質をもっていることがわかった。「見る」ということをもう一度「視覚的ワーキングメモリ」から再考する必要がありそうである。

Tanabe, A., & Osaka, N. (2009). Picture span test: Measuring visual working memory capacity involved in remembering and comprehension. *Behavior Research Methods, 41*, 309–317.

Thorpe, S. J., Gegenfurtner, K. R., Fabre-Thorpe, M. & Bulthoff, H. H. (2001). Detection of animals in natural images using far peripheral vision. *European Journal of Neuroscience, 14*, 869–876.

their contributions to complex "frontal lobe" tasks: A latent variable analysis. *Cognitive Psychology, 41*, 49–100.

苧阪満里子（2002）．脳のメモ帳 ワーキングメモリ．新曜社．

苧阪満里子・苧阪直行（1994）．読みとワーキングメモリ容量——日本語版リーディングスパンテストによる測定．心理学研究，*65*, 339–345.

苧阪満里子・西崎友規子・小森三恵・苧阪直行（2002）．ワーキングメモリにおけるフォーカス効果．心理学研究，*72*, 508–515.

Osaka, M. Nishizaki, Y., Komori, M. & Osaka, N. (2002). Effect of focus on verbal working memory: Critical role of the focus word in reading. *Memory and Cognition, 30*, 562–571.

Passolunghi, M. C., Cornoldi, C., & De Liberto, S. (1999). Working memory and intrusions of irrelevant information in a group of specific poor problem solvers. *Memory and Cognition, 27*, 779–790.

Rensink, R. A., O'Regan, J. K., & Clark, J. J. (1997). To see or not to see: The need for attention to perceive change in scenes. *Psychological Science, 8*, 368–373

Rizzo, M., Sparks, J. D., McEvoy, S., Viamonte, S., Kellison,I., & Vecera, S. P. (2009). Change Blindness, Aging, and Cognition. *Journal of Clinical and Experimental Neuropsychology. 31*, 245–256.

Salthouse, T. A., Mitchell, D. R., Skovronek, E., & Babcock, R. L. (1989). Effects of adult age and working memory on reasoning and spatial abilities. *Journal of Experimental Psychology: Learning, Memory and Cognition, 15*, 507–516.

Shah, P. & Miyake, A. (1996). The separability of working memory resources for spatial thinking and language processing: An individual differences approach. *Journal of Experimental Psychology: General, 125*, 4–27.

Simons, D. J. & Levin, D. T. (1997). Change blindness. *Trends in Cognitive Science. 1*, 261–267.

Simons, D. J. & Rensink, R. A. (2005). Change blindness: Past, present, and future. *Trends in Cognitive Science. 9*, 16–20.

differences in general comprehension skill. *Journal of Experimental Psychology: Learning, Memory, and Cognition, 16*, 430-445.

Haavisto, M-L. & Lehto, J. E., (2004). Fluid/spatial and crystallized intelligence in relation to domain-specific working memory: A latent-variable approach. *Learning and Individual differences, 15*, 1-21.

Handley, S. J., Capon, A., Copp, C. & Harper, C., (2002). Conditional reasoning and the Tower of Hanoi: The role of spatial and verbal working memory. *British Journal of Psychology, 93*, 501-518.

Huettel, S. A., Guzeldere, G., & McCarthy, G. (2001). Dissociating the neural mechanisms of visual attention in change detection using functional MRI. *Journal of Cognitive Neuroscience, 3*, 1006-1018.

Kelley, T. A. Chun, M. M., & Chua, (2003). Effects of scene inversion on change detection of targets matched for visual salience. *Journal of Vision, 3*, 1-5.

Kyllonen, P. C., & Christal, R. E. (1990). Reasoning ability is (little more than) working-memory capacity?! *Intelligence, 14*, 389-433.

Levin, D. T. & Simons, D. J. (1997). Failure to detect changes to attended objects in motion pictures. *Psychonomic Bulletin and Review, 4*, 501-506.

Levin, D. T. Simons, D. J., Angelone, B. L., & Chabris, C. F. (2002). Memory for centrally attended changing objects in an incidental real-world change detection paradigm. *British Journal of Psychology, 93*, 289-302.

Li, F. F., VanRullen, R., Koch, C. & Pietro, P. (2002). Rapid natural scene categorization in the near absence of attention. *Proceedings of National Academy of Sciences of the United States of America, 99*, 9596-9601

Logie, R. H. (1995). *Visuo-spatial working memory.* Hillsdale: Lawrence Erlbaum Associates.

Lyyra, P., Wikgren, J., & Astikainen, P. (2010). Event-related potentials reveal rapid registration of features of infrequent changes during change blindness. *Behavior Brain Function, 6*, 1-12.

Miyake, A., Friedman, N. P., Emerson, M. J., Witzki, A. H., Howerter, A., & Wager, T. D. (2000). The unity and diversity of executive functions and memory and reading. *Journal of Verbal Learning and Verbal Behavior, 19*, 450–466.

Daneman, M., & Merikle, P. M. (1996). Workig memory and language comprehension: A meta-analysis. *Psychonomic Bulletin & Review, 3*, 422–433.

Dennett, D. (1991). *Consciousness Explained.* Little, Brown & Co. (山口泰司（訳）(1998). 解明される意識. 青土社.)

De Beni, R., Palladino, P., Pazzaglia, F., & Cornoldi, C. (1998). Increases in intrusion errors and working memory deficit of poor comprehenders. *Quarterly Journal of Experimental Psychology, 51A*, 305–320.

Della Sala, S., Gray, C., Baddeley, A., Allamano, N. & Wilson, L. (1999). Pattern span: a tool for unwelding visuo-spatial memory. *Neuropsychologia, 37*, 1189–1199.

Delorme, A., Richard, G. & Fabre-Thorpe, M. (2000). Ultra-rapid categorization of natural scenes does not rely on colour cues: A study in monkeys and humans. *Vision Research, 40*, 2187–2200.

Engle, R. W., Tuholski, S. W., Laughlin, J. E., & Conway, A. R. A. (1999). Working memory, short-term memory, and general fluid intelligence: A latent-variable approach. *Journal of Experimental Psychology: General, 128*, 309–331.

Fabre-Thorpe M., Delorme A., Marlot C. & Thorpe S.J. (2001). A limit to the speed of processing in Ultra-Rapid Visual categorisation of novel natural scenes. *Journal of Cognitive Neuroscience, 13*, 171–180.

Fernandez-Duque, D., Grossi, G., Thornton, I. M., & Neville, H. J. (2003). Representation of change: Separate electrophysiological markers of attention, awareness, and implicit processing. *Journal of Cognitive Neuroscience, 15*, 491–507.

Friedman, N. P., & Miyake, A. (2000). Differential roles for visuospatial and verbal working memory in situation model construction. *Journal of Experimental Psychology: General, 129*, 61–83.

Gernsbacher, M. A., Varner, K. R., & Faust, M. E. (1990). Investigating the attentional blink: A visual "cocktail party" effect. *Journal of Experimental Psychology: Human Perception and Performance, 23,* 504-514.

Shapiro, K. L., Johnston, S. J., Vogels, W., Zaman, A., & Roberts, N. (2007). Increased functional magnetic resonance imaging activity during nonconscious perception in the attentional blink. *Neuroreport, 18,* 341-345.

Shapiro, K. L., Schmitz, F., Martens, S., Hommel, B., & Schnitzler, A. (2006). Resource sharing in the attentional blink. *Neuroreport, 17,* 163-166.

Singer, W. (1999). Neuronal synchrony: A versatile code for the definition of relations? *Neuron, 24,* 49-65, 111-125.

Visser, T. A. W., Bischof, W. F., & Di Lollo, V. (1999). Attentional switching in spatial and nonspatial domains: Evidence from the attentional blink. *Psychological Bulletin, 125,* 458-469.

Vogel, E. K., Luck, S. J., & Shapiro, K. L. (1998). Electrophysiological evidence for a postperceptual locus of suppression during the attentional blink. *Journal of Experimental Psychology: Human Perception and Performance, 24,* 1656-1674.

Weichselgartner, E., & Sperling, G. (1987). Dynamics of automatic and controlled visual attention. *Science, 238,* 778-780.

Wojciulik, E., & Kanwisher, N. (1999). The generality of parietal involvement in visual attention. *Neuron, 23,* 747-764.

## 8 視覚情報の容量制約——ピクチャースパンテスト (PST) を用いて

Baddeley, A. D. (1986). *Working Memory.* New York: Oxford University Press.

Beck, M. R., Levin D. T., & Angelone, B. L. (2007). Change blindness blindness: Beliefs about the roles of intention and scene complexity in change detection. *Consciousness and Cognition, 16,* 31-51.

Cowan, N. (2010). The magical mystery four: How is working memory capacity limited, and why? *Current Direction in Psychological Science, 19,* 51-57.

Daneman, M., & Carpenter, P. A. (1980). Individual differences in working

Olivers, C. N. L. (2007). The time course of attention: It is better than we thought. *Current Directions in Psychological Science, 16*, 11–15.

Olivers, C. N. L., & Meeter, M. (2008). A boost and bounce theory of temporal attention. *Psychological Review, 115*, 836–863.

Posner, M. I. (1980). Orienting of attention. *Quarterly Journal of Experimental Psychology, 32*, 3–25.

Potter, M. C., Chun, M. M., Banks, B. S., & Muckenhoupt, M. (1998). Two attentional deficits in serial target search: The visual attentional blink and an amodal task-switch deficit. *Journal of Experimental Psychology: Learning, Memory, and Cognition, 24*, 979–992.

Raymond, J. E. (2003). New objects, not new features, trigger the attentional blink. *Psychological Science, 14*, 54–59.

Raymond, J. E., Shapiro, K. L., & Arnell, K. M. (1992). Temporary suppression of visual processing in an RSVP task: An attentional blink? *Journal of Experimental Psychology: Human Perception and Performance, 18*, 849–860.

Reeves, A., & Sperling, G. (1986). Attention gating in short-term visual memory. *Psychological Review, 93*, 180–206.

Scalf, P. E., Banich, M. T., Kramer, A. F., Narechania, K., & Simon, C. D. (2007). Double take: Parallel processing by the cerebral hemispheres reduces attentional blink. *Journal of Experimental Psychology: Human Perception and Performance, 33*, 298–329.

Schweizer, T. A., Alexander, M. P., Cusimano, M., & Stuss, D. T. (2007). Fast and efficient visuotemporal attention requires the cerebellum. *Neuropsychologia, 45*, 3068–3074.

Sergent, C., Baillet, S., & Dehaene, S. (2005). Timing of the brain events underlying access to consciousness during the attentional blink. *Nature Neuroscience, 8*, 1391–1400.

Shapiro, K. L., Arnell, K. M., & Raymond, J. E. (1997). The attentional blink. *Trends in Cognitive Sciences, 1*, 291–296.

Shapiro, K. L., Caldwell, J., & Sorensen, R. E. (1997). Personal names and

Kranczioch, C., Debener, S., Maye, A., & Engel, A. K. (2007). Temporal dynamics of access to consciousness in the attentional blink. *Neuroimage, 37*, 947–955.

Kranczioch, C., Debener, S., Schwarzbach, J., Goebel, R., & Engel, A. K. (2005). Neural correlates of conscious perception in the attentional blink. *Neuroimage, 24*, 704–714.

Luck, S. J., & Vogel, E. K. (1997). The capacity of visual working memory for features and conjunctions. *Nature, 390*, 279–281.

Maki, W. S., Frigen, K., & Paulson, K. (1997). Associative priming by targets and distractors during rapid serial visual presentation: Does word meaning survive the attentional blink? *Journal of Experimental Psychology: Human Perception and Performance, 23*, 1014–1034.

Marcantoni, W. S., Lepage, M., Beaudoin, G., Bourgouin, P., & Richer, F. (2003). Neural correlates of dual task interference in rapid visual streams: An fMRI study. *Brain and Cognition, 53*, 318–321.

Marois, R., Chun, M. M., & Gore, J. C. (2000). Neural correlates of the attentional blink. *Neuron, 28*, 299–308.

Marois, R., & Ivanoff, J. (2005). Capacity limits of information processing in the brain. *Trends in Cognitive Sciences, 9*, 296–305.

Marois, R., Leung, H. C., & Gore, J. C. (2000). A stimulus-driven approach to object identity and location processing in the human brain. *Neuron, 25*, 717–728.

Marois, R., Yi, D.-J., & Chun, M. M. (2004). The neural fate of consciously perceived and missed events in the attentional blink. *Neuron, 41*, 465–472.

McArthur, G., Budd, T., & Michie, P. (1999). The attentional blink and P300. *Neuroreport, 10*, 3691–3695.

Nakatani, C., Ito, J., Nikolaev, A. R., Gong, P., & van Leeuwen, C. (2005). Phase synchronization analysis of EEG during attentional blink. *Journal of Cognitive Neuroscience, 17*, 1969–1979.

Nakayama, K., & Mackeben, M. (1989). Sustained and transient components of focal visual attention. *Vision Research, 29*, 1631–1647.

*Psychological Research, 69*, 191–200.

Einhauser, W., Kocha, C., & Makeig, S. (2007). The duration of the attentional blink in natural scenes depends on stimulus category. *Vision Research, 47*, 597–607.

Feinstein, J. S., Stein, M. B., Castillo, G. N., & Paulus, M. P. (2004). From sensory processes to conscious perception. *Consciousness and Cognition, 13*, 323–335.

Gross, J., Schmitz, F., Schnitzler, I., Kessler, K., Shapiro, K., Hommel, B., et al. (2004). Modulation of long-range neural synchrony reflects temporal limitations of visual attention in humans. *Proceedings of the National Academy of Sciences, U. S. A., 101*, 13050–13055.

Hein, G., Alink, A., Kleinschmidt, A., & Muller, N. G. (2009). The attentional blink modulates activity in the early visual cortex. *Journal of Cognitive Neuroscience, 21*, 197–206.

Husain, M., Shapiro, K., Martin, J., & Kennard, C. (1997). Abnormal temporal dynamics of visual attention in spatial neglect patients. *Nature, 385*, 154–156.

河原純一郎 (2003). 注意の瞬き. 心理学評論, *46*, 501–526.

Kessler, K., Schmitz, F., Gross, J., Hommel, B., Shapiro, K., & Schnitzler, A. (2005). Target consolidation under high temporal processing demands as revealed by MEG. *Neuroimage, 26*, 1030–1041.

Kihara, K., Hirose, N., Mima, T., Abe, M., Fukuyama, H., & Osaka, N. (2007). The role of left and right intraparietal sulcus in the attentional blink: A transcranial magnetic stimulation study. *Experimental Brain Research, 178*, 135–140.

Kihara, K., Ikeda, T., Matsuyoshi, D., Hirose, N., Mima, T., Fukuyama, H., & Osaka, N. (2011). Differential contributions of the intraparietal sulcus and the inferior parietal lobe to attentional blink: Evidence from transcranial magnetic stimulation. *Journal of Cognitive Neuroscience, 23*, 247–256.

Kihara, K., & Osaka, N. (2008). Early mechanism of negativity bias: An attentional blink study. *Japanese Psychological Research, 51*, 1–11.

*15*, 160-168.

Woodman, G. F., & Luck, S. J. (2003). Dissociations among attention, perception, and awareness during object-substitution masking. *Psychological Science, 14*, 605-611.

### 7 注意の瞬きの脳内表現

Anderson, A. K., & Phelps, E. A. (2002). Is the human amygdala critical for the subjective experience of emotion? Evidence of intact dispositional affect in patients with amygdala lesions. *Journal of Cognitive Neuroscience, 14*, 709-720.

Chun, M. M., & Potter, M. C. (1995). A two-stage model for multiple target detection in rapid serial visual presentation. *Journal of Experimental Psychology: Human Perception and Performance, 21*, 109-127.

Cooper, A. C., Humphreys, G. W., Hulleman, J., Praamstra, P., & Georgeson, M. (2004). Transcranial magnetic stimulation to right parietal cortex modifies the attentional blink. *Experimental Brain Research, 155*, 24-29.

Corbetta, M., Kincade, J. M., Ollinger, J. M., McAvoy, M. P., & Shulman, G. L. (2000). Voluntary orienting is dissociated from target detection in human posterior parietal cortex. *Nature Neuroscience, 3*, 292-297.

Corbetta, M., & Shulman, G. L. (2002). Control of goal-directed and stimulus-driven attention in the brain. *Nature Reviews: Neuroscience, 3*, 201-215.

Coull, J. T., Frith, C. D., Buchel, C., & Nobre, A. C. (2000). Orienting attention in time: Behavioral and neuroanatomical distinction between exogenous and endogenous shifts. *Neuropsychologia, 38*, 808-819.

Coull, J. T., & Nobre, A. C. (1998). Where and when to pay attention: The neural systems for directing attention to spatial locations and to time intervals as revealed by both PET and fMRI. *Journal of Neuroscience, 18*, 7426-7435.

Di Lollo, V., Kawahara, J., Ghorashi, S. M. S., & Enns, J. T. (2005). The attentional blink: Resource depletion or temporary loss of control?

looking. *Visual Cognition, 7*, 191-211.

O'Regan, J. K., Rensink, R. A., & Clark, J. J. (1999). Change-blindness as a result of "mudsplashes". *Nature, 398*, 34.

Pilling, M., & Gellatly, A. (2010). Object substitution masking and the object updating hypothesis. *Psychonomic Bulletin and Review, 17*, 737-742.

Prime, D. J., Pluchino, P., Eimer, M., Dell'Acqua, R., & Jolic?ur, P. (2011). Object-substitution masking modulates spatial attention deployment and the encoding of information in visual short-term memory: Insights from occipito-parietal ERP components. *Psychophysiology, 48*, 687-696.

Reiss, J. E., & Hoffman, J. E. (2006). Object substitution masking interferes with semantic processing: Evidence from event-related potentials. *Psychological Science, 17*, 1015-1020.

Reiss, J. E., & Hoffman, J. E. (2007). Disruption of early face recognition processes by object substitution masking. *Visual Cognition, 15*, 789-798.

Rensink, R. A., O'Regan, J. K., & Clark, J. J. (1997). To see or not to see: The need for attention to perceive changes in scenes. *Psychological Science, 8*, 368-373.

Simons, D. J., Franconeri, S. L. & Reimer, R. L. (2000). Change blindness in the absence of a visual disruption. *Perception, 29*, 1143-1154.

Simons, D. J., & Levin, D. T. (1997). Change blindness. *Trends in Cognitive Sciences, 1*, 261-267.

Spencer, T. J., & Shuntich, R. (1970). Evidence for an interruption theory of backward masking. *Journal of Experimental Psychology, 85*, 198-203.

Tata, M. S. (2002). Attend to it now or lose it forever: Selective attention, metacontrast masking, and object substitution. *Perception & Psychophysics, 64*, 1028-1038.

Tata, M., & Giaschi, D. E. (2004). Warning: Attending to a mask may be hazardous to your perception. *Psychonomic Bulletin and Review, 11*, 262-268.

Whitney, D., & Levi, D. M. (2011). Visual crowding: A fundamental on conscious perception and object recognition. *Trends in Cognitive Sciences,*

Jiang, Y., & Chun, M. M. (2001a). Asymmetric object substitution masking. *Journal of Experimental Psychology: Human Perception and Performance, 27*, 895–918.

Jiang, Y., & Chun, M. M. (2001b). The spatial gradient of visual masking by object substitution. *Vision Research, 41*, 3121–3131.

Kahan, T. A., & Enns, J. T. (2010). Object trimming: When masking dots alter rather than replace target representations. *Journal of Experimental Psychology: Human Perception and Performance, 36*, 88–102.

Kahan, T. A., & Lichtman, A. S. (2006). Looking at object-substitution masking in depth and motion: Toward a two-object theory of object substitution. *Perception & Psychophysics, 68*, 437–446.

Koivisto, M., & Silvanto, J. (2011). Relationship between visual binding, reentry and awareness. *Consciousness and Cognition, 20*, 1293–1303.

Koivisto, M. & Silvanto, J. (2012). visual feature binding: The critical time windows of V1/V2 and parietal activity. *Neuroimage, 59*, 1608–1614.

Lleras, A., & Moore, C. M. (2003). When the target becomes the mask: Using apparent motion to isolate the object-level component of object substitution masking. *Journal of Experimental Psychology: Human Perception and Performance, 29*, 106–120.

Moore, C. M., & Enns, J. T. (2004). Object updating and the flash-lag effect. *Psychological Science, 15*, 866–871.

Moore, C. M., & Lleras, A. (2005). On the role of object representations in substitution masking. *Journal of Experimental Psychology: Human Perception and Performance, 31*, 1171–1180.

Moran, J., & Desimone, R. (1985). Selective attention gates visual processing in extrastriate cortex. *Science, 229*, 782–784.

Neill, W. T., Hutchison, K. A., & Graves, D. F. (2002). Masking by object substitution: Dissociation of masking and cuing effects. *Journal of Experimental Psychology: Human Perception and Performance, 28*, 682–694.

O'Regan, J. K., Deubel, H., Clark, J. J., & Rensink, R. A. (2000). Picture changes during blinks: Looking without seeing and seeing without masked in object substitution masking? *Journal of Experimental Psychology: Human Perception and Performance, 32*, 1422–1435.

Germeys, F., Pomianowska, I., De Graef, P., Zaenen, P., & Verfaillie, K. (2010). Endogenous cueing attenuates object substitution masking. *Psychological Research, 74*, 422–428.

Goodhew, S. C., Visser, T. A. W., Lipp, O. V., & Dux, P. E. (2011). Implicit semantic perception in object substitution masking. *Cognition, 118*, 133–137.

Green, M. F., Wynn, J. K., Breitmeyer, B., Mathis, K. I., & Nuechterlein, K. H. (2011). Visual masking by object substitution in schizophrenia. *Psychological Medicine, 41*, 1489–1496.

Hirose, N., Kihara, K., Mima, T., Ueki, Y., Fukuyama, H., & Osaka, N. (2007). Recovery from object substitution masking induced by transient suppression of visual motion processing: A repetitive transcranial magnetic stimulation study. *Journal of Experimental Psychology: Human Perception and Performance, 33*, 1495–1503.

廣瀬信之・苧阪直行（2008）．オブジェクト置き換えマスキングの脳内機構．心理学評論，*51*, 301–317．

Hirose, N., & Osaka, N. (2009). Object substitution masking induced by illusory masks: Evidence for higher object-level locus of interference. *Journal of Experimental Psychology: Human Perception and Performance, 35*, 931–938.

Hirose, N., & Osaka, N. (2010). Asymmetry in object substitution masking occurs relative to the direction of spatial attention shift. *Journal of Experimental Psychology: Human Perception and Performance, 36*, 25–37.

Ho, M. C., & Wang, C. K. (2011). The effect of betel nut chewing on contour and object masking. *Attention, Perception, and Psychophysics, 73*, 2583–2593.

Jaśkowski, P., van der Lubbe, R. H. J., Schlotterbeck, E., & Verleger, R. (2002). Traces left on visual selective attention by stimuli that are not consciously identified. *Psychological Science, 13*, 48–54.

suppression, and information processing. *Psychological Review, 83*, 1–36.

Breitmeyer, B. G., & Ogmen, H. (2000). Recent models and findings in visual backward masking: A comparison, review, and update. *Perception and Psychophysics, 62*, 1572–1595.

Carlson, T. A., Rauschenberger, R., & Verstraten, F. A. J. (2007). No representation without awareness in the lateral occipital cortex. *Psychological Science, 18*, 298–302.

Chakravarthi, R., & Cavanagh, P. (2009). Recovery of a crowded object by masking the flankers, Determining the locus of feature integration. *Journal of Vision, 9* (10):4, 1–9.

Chelazzi, L., Miller, E. K., Duncan, J., & Desimone, R. (1993). A neural basis for visual search in inferior temporal cortex. *Nature, 363*, 345–347.

Chen, Z., & Treisman, A. (2009). Implicit perception and level of processing in object-substitution masking. *Psychological Science, 20*, 560–567.

Di Lollo, V., Bischof, W. F., & Dixon, P. (1993). Stimulus-onset asynchrony is not necessary for motion perception or metacontrast masking. *Psychological Science, 4*, 260–263.

Di Lollo, V., Enns, J. T., & Rensink, R. A. (2000). Competition for consciousness among visual events: The psychophysics of reentrant visual processes. *Journal of Experimental Psychology: General, 129*, 481–507.

Dux, P. E., Visser, T. A. W., Goodhew, S. C., & Lipp, O. V. (2010). Delayed reentrant processing impairs visual awareness: An object-substitution-masking study. *Psychological Science, e*, 1242–1247.

Enns, J. T. (2004). Object substitution and its relation to other forms of visual masking. *Vision Research, 44*, 1321–1331.

Enns, J. T., & Di Lollo, V. (1997). Object substitution: A new form of masking in unattended visual locations. *Psychological Science, 8*, 135–139.

Enns, J. T., & Di Lollo, V. (2000). What's new in visual masking? *Trends in Cognitive Sciences, 4*, 345–352.

Gellatly, A., Pilling, M., Cole, G., & Skarratt, P. (2006). What is being

Sakai, K. (2008). Task set and prefrontal cortex. *Annual Review of Neuroscience, 31*, 219-245.

Simons, D. J. & Chabris, C. F. (1999). Gorillas in our midst: Sustained inattentional blindness for dynamic events. *Perception, 28*, 1059-1074.

Todd, J. J., Fougnie, D., & Marois, R. (2005). Visual short-term memory load suppresses temporo-parietal junction activity and induces inattentional blindness. *Psychological Science, 16*, 965-972.

Todd, J. J. & Marois, R. (2004). Capacity limit of visual short-term memory in human posterior parietal cortex. *Nature, 428*, 751-754.

van Boxtel, J. J. A., Tsuchiya, N., & Koch, C. (2010). Consciousness and attention: on sufficiency and necessity. *Frontiers in Psychology, 1*, 217.

## 6 注意性のマスキング

Atchley, P., Grobe, J., & Fields, L. M. (2002). The effect of smoking on sensory and attentional masking. *Perception and Psychophysics, 64*, 328-336.

Atchley, P., & Hoffman, L. (2004). Aging and visual masking: Sensory and attentional factors. *Psychology and Aging, 19*, 57-67.

Binsted, G., Brownell, K., Vorontsova, Z., Heath, M., & Saucier, D. (2007). Visuomotor system uses target features unavailable to conscious awareness. *Proceedings of the National Academy of Sciences of United States of America, 104*, 12669-12672.

Boehler, C. N., Schoenfeld, M. A., Heinze, H. -J., & Hopf, J. -M. (2008). Rapid recurrent processing gates awareness in primary visual cortex. *Proceedings of the National Academy of Sciences of United States of America, 105*, 8742-8747.

Bouvier, S., & Treisman, A. (2010). Visual feature binding requires reentry. *Psychological Science, 21*, 200-204.

Boyer, J., & Ro, T. (2007). Attention attenuates metacontrast masking. *Cognition, 104*, 135-149.

Breitmeyer, B. G., & Ganz, L. (1976). Implications of sustained and transient channels for theories of visual pattern masking, saccadic

–215.

Corbetta, M., Kincade, J. M., Ollinger, J. M., McAvoy, M. P., & Shulman, G. L. (2000). Voluntary orienting is dissociated from target detection in human posterior parietal cortex. *Nature Neuroscience, 3*, 292–297.

Corbetta, M., Patel, G., & Shulman, G. L. (2008). The reorienting system of the human brain: From environment to theory of mind. *Neuron, 58*, 306–324.

de Fockert, J., Rees, G., Frith, C., & Lavie, N. (2004). Neural correlates of attentional capture in visual search. *Journal of Cognitive Neuroscience, 16*, 751–759.

Dosenbach, N. U. F., Fair, D. A., Cohen, A. L., Schlaggar, B. L., & Petersen, S. E. (2008). A dual-networks architecture of top-down control. *Trends in Cognitive Sciences, 12*, 99–105.

Indovina, I. & Macaluso, E. (2007). Dissociation of stimulus relevance and saliency factors during shifts of visuospatial attention. *Cerebral Cortex, 17*, 1701–1711.

Koch, C. & Tsuchiya, N. (2006). Attention and consciousness: Two distinct brain processes. *Trends in Cognitive Sciences, 11*, 16–22.

Majerus, S., Attout, L., D'Argembeau, A., Degueldre, C., Fias, W., Maquet, P., Martinez Perez, T., Stawarczyk, D., Salmon, E., Van der Linden, M., Phillips, C., & Balteau, E. (2012). Attention supports verbal short-term memory via competition between dorsal and ventral attention networks. *Cerebral Cortex, 22*, 1086–1097.

Matsuyoshi, D., Ikeda, T., Sawamoto, N., Kakigi, R., Fukuyama, H., & Osaka, N. (2010). Task-irrelevant memory load induces inattentional blindness without temporo-parietal suppression. *Neuropsychologia, 48*, 3094–3101.

苧阪直行 (1996). 意識とは何か:科学の新たな挑戦. 岩波書店.

苧阪直行 (2002). 意識の科学は可能か. 苧阪直行 (編著) 意識の科学は可能か (pp.1–65), 新曜社.

Ristic, J. & Kingstone, A. (2006). Attention to arrows: Pointing to a new direction. *The Quarterly Journal of Experimental Psychology, 59*, 1921–1930.

(5), 1062-1075.
Rock, I. & Gutman, D. (1981). The effect of inattention on form perception. *Journal of Experimental Psychology: Human Perception and Performance, 7* (2), 275-285.
Tamber-Rosenau, B. J., Esterman, M., Chiu, Y. C., & Yantis, S. (2011). Cortical mechanisms of cognitive control for shifting attention in vision and working memory. *Journal of Cognitive Neuroscience, 23* (10), 2905-2919.
Tipper, S. P. (1985). The negative priming effect: Inhibitory priming by ignored objects. *Quarterly Journal of Experimental Psychology. A, Human Experimental Psychology, 37* (4), 571-590.
Treisman, A. M. (1960). Contextual cues in selective listening. *Quarterly Journal of Experimental Psychology, 12*, 242-248.
Treisman, A. M. (1969). Strategies and models of selective attention. *Psychologial Review, 76* (3), 282-299.
Turner, M. L. & Engle, R. W. (1989). Is working memory capacity task dependent? *Journal of Memory and Language, 28*, 127-154.
Unsworth, N., Schrock, J. C., & Engle, R. W. (2004). Working memory capacity and the antisaccade task: Individual differences in voluntary saccade control. *Journal of Experimental Psychology. Learning, Memory, and Cognition, 30* (6), 1302-1321.
Vogel, E. K., McCollough, A. W., & Machizawa, M. G. (2005). Neural measures reveal individual differences in controlling access to working memory. *Nature, 438* (7067), 500-503.
Yi, D. J., Woodman, G. F., Widders, D., Marois, R., & Chun, M. M. (2004). Neural fate of ignored stimuli: Dissociable effects of perceptual and working memory load. *Nature Neuroscience, 7* (9), 992-996.

## 5　複数の注意と意識，脳

Corbetta, M. & Shulman, G. L. (2002). Control of goal-directed and stimulus-driven attention in the brain. *Nature Reviews Neuroscience, 3*, 201

*Psychology: General, 132*（1），47–70.

Kane, M. J., Hambrick, D. Z., Tuholski, S. W., Wilhelm, O., Payne, T. W., & Engle, R. W.（2004）. The generality of working memory capacity: A latent-variable approach to verbal and visuospatial memory span and reasoning. *Journal of Experimental Psychology: General, 133*（2），189–217.

Klingberg, T.（2007）. *The Overflowing Brain.* New York: Oxford University Press.（苧阪直行（訳）（2011）. オーバーフローする脳――ワーキングメモリの限界への挑戦. 新曜社.）

Lavie, N.（1995）. Perceptual load as a necessary condition for selective attention. *Journal of Experimental Psychology: Human Perception and Performance, 21*（3），451–468.

Lavie, N.（2005）. Distracted and confused?: selective attention under load. *Trends in Cognitive Sciences, 9*（2），75–82.

Lavie, N., Hirst, A., de Fockert, J. W., & Viding, E.（2004）. Load theory of selective attention and cognitive control. *Journal of Experimental Psychology: General, 133*（3），339–354.

McNab, F. & Klingberg, T.（2008）. Prefrontal cortex and basal ganglia control access to working memory. *Nature Neuroscience, 11*（1），103–107.

Minamoto, T., Osaka, M., Engle, R. W., & Osaka, N.（2012）. Incidental encoding of goal irrelevant information is associated with insufficient engagement of the dorsal frontal cortex and the inferior parietal cortex. *Brain Research,* 1429, 82–97.

Minamoto, T., Osaka, M., & Osaka, N.（2010）. Individual differences in working memory capacity and distractor processing: Possible contribution of top-down inhibitory control. *Brain Research, 1335,* 63–73.

苧阪満里子（2002）. 脳のメモ帳 ワーキングメモリ. 新曜社.

苧阪直行（編）（2010）. 脳イメージング――ワーキングメモリと視覚的注意からみた脳. 培風館.

Park, S., Kim, M. S., & Chun, M. M.（2007）. Concurrent working memory load can facilitate selective attention: evidence for specialized load. *Journal of Experimental Psychology: Human Perception and Performance, 33*

Engle, R. W., Cantor, J., & Carullo, J. J. (1992). Individual differences in working memory and comprehension: A test of four hypotheses. *Journal of Experimental Psychology. Learning, Memory, and Cognition, 18* (5), 972–992.

Epstein, R. & Kanwisher, N. (1998). A cortical representation of the local visual environment. *Nature, 392* (6676), 598–601.

Gazzaley, A., Cooney, J. W., McEvoy, K., Knight, R. T., & D'Esposito, M. (2005). Top-down enhancement and suppression of the magnitude and speed of neural activity. *Journal of Cognitive Neuroscience, 17* (3), 507–517.

Gazzaley, A., Rissman, J., Cooney, J., Rutman, A., Seibert, T., Clapp, W., et al. (2007). Functional interactions between prefrontal and visual association cortex contribute to top-down modulation of visual processing. *Cerebral Cortex, 17* Suppl 1, i125–135.

Grill-Spector, K. & Malach, R. (2001). fMR-adaptation: a tool for studying the functional properties of human cortical neurons. *Acta Psychologica* (Amsterdam), *107* (1–3), 293–321.

James, W. A. (1890/1950). *The principles of Pscyhology.* New York: Dover.

Jha, A. P., Fabian, S. A., & Aguirre, G. K. (2004). The role of prefrontal cortex in resolving distractor interference. *Cognitive, Affective, and Behavioral Neuroscience, 4* (4), 517–527.

Jonides, J., Smith, E. E., Marshuetz, C., Koeppe, R. A., & Reuter-Lorenz, P. A. (1998). Inhibition in verbal working memory revealed by brain activation. *Proceedings of the National Academy of Sciences USA, 95* (14), 8410–8413.

Kane, M. J. & Engle, R. W. (2002). The role of prefrontal cortex in working-memory capacity, executive attention, and general fluid intelligence: An individual-differences perspective. *Psychonomic Bulletin & Review, 9* (4), 637–671.

Kane, M. J. & Engle, R. W. (2003). Working-memory capacity and the control of attention: The contributions of goal neglect, response competition, and task set to Stroop interference. *Journal of Experimental*

## 4  注意し選択する脳——不要な情報を排除する脳

Aron, A. R., Robbins, T. W., & Poldrack, R. A. (2004). Inhibition and the right inferior frontal cortex. *Trends in Cognitive Sciences, 8* (4), 170-177.

Broadbent, D. E. (1958). *Perception and Communication*. Oxford: Oxford University Press.

Conway, A. R., Cowan, N., & Bunting, M. F. (2001). The cocktail party phenomenon revisited: the importance of working memory capacity. *Psychonomic Bulletin & Review, 8* (2), 331-335.

Conway, A. R., Tuholski, S. W., Shisler, R. J., & Engle, R. W. (1999). The effect of memory load on negative priming: an individual differences investigation. *Memory and Cognition, 27* (6), 1042-1050.

Corteen, R. S. & Dunn, D. (1974). Shock-associated words in a nonattended message: A test for momentary awareness. *Journal of Experimental Psychology, 102*, 1143-1144.

Daneman, M. & Carpenter, P. A. (1980). Individual differences in working memory and reading. *Journal of Verbal Learning and Verbal Behavior, 19*, 450-466.

D'Esposito, M., Postle, B. R., Jonides, J., & Smith, E. E. (1999). The neural substrate and temporal dynamics of interference effects in working memory as revealed by event-related functional MRI. *Proceedings of the National Academy of Sciences USA, 96* (13), 7514-7519.

de Fockert, J. W., Rees, G., Frith, C. D., & Lavie, N. (2001). The role of working memory in visual selective attention. *Science, 291* (5509), 1803-1806.

Dolcos, F., Miller, B., Kragel, P., Jha, A., & McCarthy, G. (2007). Regional brain differences in the effect of distraction during the delay interval of a working memory task. *Brain Research, 1152*, 171-181.

Driver, J. (2001). A selective review of selective attention research from the past century. *British Journal of Psychology, 92*, 53-78.

Duncan, J. (1980). The locus of interference in the perception of simultaneous stimuli. *Psychologial Review, 87* (3), 272-300.

*Psychological Monographs, 74*, 1–29.

Sperling, G., & Speelman, R. G. (1965). Visual spatial localization during object motion, apparent object motion, and image motion produced by eye movements [Abstract]. *Journal of the Optical Society of America, 55*, 1576–1577.

Todd, J. J. & Marois, R. (2004). Capacity limit of visual short-term memory in human posterior parietal cortex. *Nature, 428*, 751–754.

Todd, J. J. & Marois, R. (2005). Posterior parietal cortex activity predicts individual differences in visual short-term memory capacity. *Cognitive, Affective, and Behavioral Neuroscience, 5*, 144–155.

Vandenbroucke, A. R. E., Sligte, I. G., & Lamme, V. A. F. (2011). Manipulations of attention dissociate fragile visual short-term memory from visual working memory. *Neuropsychologia, 49*, 1559–1568.

Vogel, E. K. & Machizawa, M. G. (2004). Neural activity predicts individual differences in visual working memory capacity. *Nature, 428*, 784–751.

Vogel, E. K., McCollough, A. W., & Machizawa, M. G. (2005). Neural measures reveal individual differences in controlling access to visual working memory. *Nature, 438*, 500–503.

Wheeler, M. E., & Treisman, A. M. (2002). Binding in short-term visual memory. *Journal of Experimental Psychology: General, 131*, 48–64.

Woodman, G. F. & Vogel, E. K. (2008). Selective storage and maintenance of an object's features in visual working memory. *Psychonomic Bulletin and Review, 15*, 223–229.

Xu, Y. (2002). Encoding color and shape from different parts of an object in visual short-term memory. *Perception & Psychophysics, 64*, 1260–1280.

Xu, Y., & Chun, M. M. (2006). Dissociable neural mechanisms supporting visual short-term memory for objects. *Nature, 440*, 91–95.

横澤一彦・大谷智子（2003）．見落とし現象における表象と注意——非注意による見落としと変化の見落とし．心理学評論，*46*, 482–500.

Zhang, W., & Luck, S. J. (2008). Discrete fixed-resolution representations in visual working memory. *Nature, 453*, 233–235.

Rensink, R. A., O'Regan, J. K., & Clark, J. J. (1997). To see or not to see: The need for attention to perceive changes in scenes. *Psychological Science, 8,* 368–373.

Rich, A., & Gillam, B. (2000). Failure to detect changes in color for lines rotating in depth: the effects of grouping and type of color change. *Vision. Research, 40,* 1469–1487.

Sakai, K., Rowe, J. B., & Passingham, R. E. (2002). Active maintenance in pre-frontal area 46 creates distractorresistant memory. *Nature Neuroscience, 5,* 479–484.

Scholl, B. J., & Pylyshyn, Z. W. (1999). Tracking multiple items through occlusion: Clues to visual objecthood. *Cognitive Psychology, 38,* 259–290.

Simons, D. J. (1996). In sight, out of mind: When object representations fail. *Psychological Science, 7,* 301–305.

Simons, D. J., Franconeri, S. L., & Reimer, R. L. (2000). Change blindness in the absence of visual disruption. *Perception, 29,* 1143–1154.

Simons, D. J., & Levin, D. T. (1998). Failure to detect changes to people during a real-world interaction. *Psychonomic Bulletin and Review, 5,* 644–649.

Sligte, I. G., Scholte, H. S., & Lamme, V. A. F. (2008). Are there multiple visual short-term memory stores? *PLoS One, 3,* e1699.

Sligte, I. G., Scholte, H. S., & Lamme, V. A. F. (2009). V4 activity predicts the strength of visual short-term memory representations. *Journal of Neuroscience, 29,* 7432–7438.

Sligte, I., Vandenbroucke, A. R. E., Scholte, H. S., & Lamme, V. A. F. (2010). Detailed sensory memory, sloppy working memory. *Frontiers in Psychology, 1,* 175.

Sligte, I. G., Wokke, M. E., Tesselaar, J. P., Scholte, H. S., & Lamme, V. A. F. (2011). Magnetic stimulation of the dorsolateral prefrontal cortex dissociates fragile visual short-term memory from visual working memory. *Neuropsychologia, 49,* 1578–1588.

Sperling, G. (1960). The information available in brief visual presentations.

1078.

Matsukura, M., & Hollingworth, A. (2011). Does visual short-term memory have a high-capacity stage? *Psychonomic Bulletin & Review, 18*, 1098-1104.

McCollough, A. W., Machizawa, M. G., & Vogel, E. K. (2007). Electrophysiological measures of maintaining representations in visual working memory. *Cortex, 43*, 77-94.

McConkie, G.W., & Zola, D. (1979). Is visual information integrated across successive fixations in reading? *Perception and Psychophysics, 25*, 221-224.

Olson, I. R., & Jiang, Y. (2002). Is visual short-term memory object based? Rejection of the "strong- object" hypothesis. *Perception & Psychophysics, 64*, 1055-1067.

Ophir, E., Nass, C., & Wagner, A. D. (2009). Cognitive control in media multitaskers. *Proceedings of the National Academy of Sciences, 106*, 15583-15587.

O'Regan J. K., Deubel H., Clark J. J., Rensink R. A. (2000). Picture changes during blinks: Looking without seeing and seeing without looking. *Visual Cognition, 7*, 191-212

O'Regan, J.K., Rensink, R.A., & Clark, J.J. (1999). Change-blindness as a result of "mudsplashes". *Nature, 398*, 34.

苧阪直行 (2000). ワーキングメモリと意識. 苧阪直行 (編) 脳とワーキングメモリ (pp.1-18). 京都大学学術出版会.

苧阪直行 (2008). ワーキングメモリ研究の現在的意義. 苧阪直行 (編) ワーキングメモリの脳内表現 (pp.13-18), 京都大学学術出版会.

Osaka, N., Logie, R., & D'Esposito, M. (2007). *The Cognitive Neuroscience of Working Memory*. Oxford: Oxford University Press.

Pashler, H. (1988). Familiarity and visual change detection. *Perception and Psychophysics, 44*, 369-378.

Perez, V., Ashby, N. S., Awh, E., & Vogel, E. K. (in preparation). Complex objects do not consume more visual working memory capacity.

Rensink, R. A. (2002). Change detection. *Annual Review of Psychology, 53*, 245-277.

Hochberg, J. (1986). Representation of motion and space in video and cinematic displays. In K. R. Boff, L. Kaufman, & J. P. Thomas (Eds.), *Handbook of Perception and Human Performance: Vol.1: Sensory Processes and Perception* (pp.22.1–22.64). New York: John Wiley & Sons.

Kane, M. J., Bleckley, K. M., Conway, A. R. A., & Engle, R. W. (2001). A controlled-attention view of working-memory capacity. *Journal of Experimental Psychology: General, 130*, 169–183.

Kouider, S., Sackur, K., & Gardellee V, d. (2012). Do we still need phenomenal consciousness? Comment on Block. *Trends in Cognitive Sciences, 16*, 140–141.

Kubota, K., & Niki, H. (1971). Prefrontal cortical unit activity and delayed alternation performance in monkeys. *Journal of Neurophysiology, 34*, 337–47.

Landman, R., Spekreijse, H., & Lamme, V. A. F. (2003). Large capacity storage of integrated objects before change blindness. *Vision Research, 43*, 149–164.

Lepsien, J., Griffin, I. C., Delvin, J. T., & Nobre, A. C. (2005). Directing spatial attention in mental representations: Interactions between attentional orienting and working memory load. *NeuroImage, 26*, 733–743.

Levin, D. T., Momen, N., Drivdahl, S. B., & Simons, D. J. (2000). Change blindness blindness: The metacognitive error of overestimating change-detection ability. *Visual Cognition, 7*, 397–412.

Levin, D. T., & Simons, D. J. (1997). Failure to detect changes to attended objects inmotion pictures. *Psychonomic Bulletin and Review, 4*, 501–506.

Luck, S. J. & Vogel, E. K. (1997). The capacity of visual working memory for features and conjunctions. *Nature, 390*, 279–281.

Makovski, T. (2012). Are multiple visual short-term memory storages necessary to explain the retro-cue effect? *Psychonomic Bulletin & Review, 19*, 470–476.

Makovski, T., & Jiang, Y. V. (2007). Distributing versus focusing attention in visual short-term memory. *Psychonomic Bulletin & Review, 14*, 1072–

Fukuda, K., & Vogel, E. K. (2011). Individual differences in recovery time from attentional capture. *Psychological Science, 22*, 361–368.

船橋新太郎（2005）．前頭葉の謎を解く．京都大学学術出版会．

Funahashi, S., Bruce, C. J., & Goldman-Rakic, P. S. (1989). Mnemonic coding of visual space in the monkey's dorsolateral prefrontal cortex. *Journal of Neurophysiology, 61*, 331–349.

Fuster, J. M. (1973). Unit activity in the prefrontal cortex during delayed response performance: Neuronal correlates of transient memory. *Journal of Neurophysiology, 36*. 61–78.

Fuster, J. M., & Alexander, G. E. (1971). Neuron activity related to short-term memory. *Science, 173*, 652–654.

French, R. S. (1953). The discrimination of dot patterns as a function of number and average separation of dots. *Journal of Experimental Psychology, 46*, 1–9.

Gratton, G. (1998). The contralateral organization of visual memory: A theoretical concept and a research tool. *Psychophysiology, 35*, 638–647.

Griffin, I. C., & Nobre, A. C. (2003). Orienting attention to locations in internal representations. *Journal of Cognitive Neuroscience, 15*, 1176–1194.

Grimes, J. (1996). On the failure to detect changes in scenes across saccades. In K. Akins (Ed.), *Vancouver studies in cognitive science: Vol.2: Perception* (pp. 89–110). New York: Oxford University Press.

Gur, R. C., & Hilgard, E. R. (1975). Visual imagery and the discrimination of differences between altered pictures simultaneously and successively presented. *British Journal of Psychology, 66*, 341–345.

Hasher, L., & Zacks, R. T. (1988). Working memory, comprehension, and aging: A review and a new view. In G. H. Bower (Ed.), *The Psychology of Learning and Motivation*, Vol.22 (pp.193–225). New York, NY: Academic Press.

Henderson, J. M., & Hollingworth, A. (1999). The role of fixation position in detecting scene changes across saccades. *Psychological Science, 10*, 438–443.

memory reaches a plateau when individual item-limits are exceeded. *Journal of Neuroscience. 31*, 1128–1138.

Awh, E., Barton, B., & Vogel, E. K. (2007). Visual working memory represents a fixed number of items regardless of complexity. *Psychology Science, 18*, 622–628.

Blackmore, S. J., Brelstaff, G., Nelson, K., & Troscianko, T. (1995). Is the richness of our visual world an illusion? Transsaccadic memory for complex scenes. *Perception, 24*, 1075–1081.

Block, N. (2007). Consciousness, accessibility, and the mesh between psychology and neuroscience. *Behavioral and Brain Sciences, 30*, 481–548.

Block, N. (2011). Perceptual consciousness overflows cognitive access. *Trends in Cognitive Sciences, 15*, 567–575.

Bridgeman, B., Hendry, D., & Stark, L. (1975). Failure to detect displacement of the visual world during saccadic eye movements. *Vision Research, 15*, 719–722.

Currie, C., McConkie, G. W., Carlson-Radvansky, L. A., & Irwin, D. E. (1995). Maintaining visual stability across saccades: Role of the saccade target object. Technical Report No. UIUC-BI-HPP-95-01: Beckman Institute, University of Illinois.

Eng, H. Y., Chen, D., & Jiang, Y. (2005). Visual working memory for simple and complex visual stimuli. *Psychonics Bulletin & Reviews, 12*, 1127–1133.

Engle, R. W., Kane, M. J., & Tuholski, S. W. (1999). Individual differences in working memory capacity and what they tell us about controlled attention, general fluid intelligence and functions of the prefrontal cortex. In A. Miyake, & P. Shah (Eds.), *Models of Working Memory: Mechanisms of active maintenance and executive control* (pp.102–134). London: Cambridge Press.

Fukuda, K., Awh, E., & Vogel, E.K. (2010). Discrete capacity limits in visual working memory. *Current Opinion in Neurobiology, 20*, 177–182.

Fukuda, K., & Vogel, E. K. (2009). Human variation in overriding attentional capture. *Journal of Neuroscience, 29*, 8726–8733.

Woodman, G. F., & Luck, S. J. (2004). Visual search is slowed when visuospatial working memory is occupied. *Psychonomic Bulletin & Review, 11*, 269-274.

Woodman, G. F., & Luck, S. J. (2007). Do the contents of visual working memory automatically influence attentional selection during visual search? *Journal of Experimental Psychology: Human Perception and Performance, 33*, 363-377.

Yantis, S. & Jonides, J. (1984). Abrupt visual onsets and selective attention: Evidence from visual search. *Journal of Experimental Psychology: Human Perception and Performance, 10*, 601-621.

Yantis, S., & Jonides, J. (1990). Abrupt visual onsets and selective attention: Voluntary vs. automatic allocation. *Journal of Experimental Psychology: Human Perception and Performance, 5*, 121-134.

䕃田貴子・苧阪直行（2001）．視覚的注意と視覚的短期記憶――ポップアウト・プライミングを巡って．心理学評論，*44*, 95-108.

Zacks, J. M. (2008). Neuroimaging Studies of Mental Rotation: A meta-analysis and review. *Journal of Cognitive Neuroscience, 20*, 1-19.

この他，「心理学評論」に下記の特集号があるので参照されたい．

苧阪直行（編）（2001）．高次認知と注意．心理学評論，44巻 No.1, pp.83-111.

苧阪直行（編）（2002）．高次認知と注意（続）．心理学評論，45巻 No.2, pp.193-240.

苧阪直行（編）（2006）．ワーキングメモリと注意の脳内表現．心理学評論，48巻 No.4, pp.477-529.

## 3　視覚性ワーキングメモリの容量と注意制御

Alvarez, G. A., & Cavanagh, P. (2004). The capacity of visual short term memory is set both by visual information load and by number of objects. *Psychological Science, 15*, 106-111.

Anderson, D. E., Vogel, E. K., & Awh, E. (2011). Precision in visual working attention. *Cognitive Psychology, 12,* 97–136.

Treisman, A., & Gormican, S. (1988). Feature analysis in early vision: Evidence from search asymmetries. *Psychological Review, 95,* 15–48.

Treisman, A. & Sato, S. (1990). Conjunction search revisited. *Journal of Experimental Psychology: Human Perception and Performance, 16,* 459–478.

Trick, L. M., & Pylyshyn, Z. W. (1994). Why are small and large numbers enumerated differently? A limited-capacity preattentive stage in vision. *Psychological Review, 101,* 80–102.

Turner, M. L., & Engle, R. W. (1989). Is working memory capacity task dependent? *Journal of Memory & Language, 28,* 127–154.

Ungerleider, L. G., & Mishkin, M. (1982). Two cortical visual systems. In D. J. Engle, M. A. Goodale, & R. J. Mansfield (Eds.), *Analysis of Visual Behavior* (pp.549–586). Cambridge, MA: MIT Press.

Unsworth, N. & Engle, R. W. (2007). The nature of individual differences in working memory capacity: Active maintenance in primary memory and controlled search from secondary memory. *Psychological Review, 114,* 104–132.

Wickens, C. D. (2002). Multiple resources and performance prediction. *Theoretical Issues in Ergonomics Science, 3,* 159–177.

Wolfe, J. M. (1994). Guided Search 2.0: A revised model of visual search. *Psychonomic Bulletin and Review, 1,* 202–238.

Wolfe, J. M. (1998). Visual search. In H. Pashler (Ed.), *Attention* (pp.13–73). Hove, UK: Psychology Press.

Wolfe, J. M. (2007). Guided Search 4.0: Current Progress with a model of visual search. In W. Gray (Ed.), *Integrated Models of Cognitive Systems* (pp.99–119). New York: Oxford University Press.

Wolfe, J. M., Cave, K. R., & Franzel, S. L. (1989). Guided search: An alternative to the feature integration model for visual search. *Journal Experimental Psychological: Human Perception Performance, 15,* 419–33.

Wolfe, J. M., & Pokorny, C. W. (1990). Inhibitory tagging in visual search: A failure to replicate. *Perception & Psychophysics, 48,* 357–362.

A reevaluation. *Proceedings of National Academy of Science, USA, 94*, 14792–14797.

Tipper, S. P. (1985). The negative priming effect: Inhibitory priming with to be ignored objects. *The Quarterly Journal of Experimental Psychology, 37A*, 571–590.

Tipper, S. P., & Driver, J. (1988). Negative priming between pictures and words in a selective attention task: Evidence for semantic processing of ignored stimuli. *Memory and Cognition, 16*, 64–70.

Tipper, S. P., Weaver, B., & Houghton, G. (1994). Behavioral goals determine inhibitory mechanisms of selective attention. *The Quarterly Journal of Experimental Psychology, 47A*, 809–840.

Tipper, S. P., Weaver, B., Jerreat, L. M., & Burak, A. L. (1994). Object-based and environment-based inhibition of return of visual attention. *Journal of Experimental Psychology: Human Perception & Performance, 20*, 478–499.

Todd, J. J., Fougnie, D., & Marois, R. (2005). Visual-short term memory load suppresses temporo-parietal junction activity and induces inattentional blindness. *Psychological Science, 16*, 965–972.

Todd, J. J. & Marois, R. (2005). Posterior parietal cortex activity predicts individual differences in visual short-term memory capacity. *Cognitive, Affective, and Behavioral Neuroscience, 5*, 144–155.

Tomasi, D., Ernst, T., Caparelli, E. C., & Chang, L. (2006). Common deactivation patterns during working memory and visual attention tasks: An intrasubject fMRI study at 4 Tesla. *Human Brain Mapping, 27*, 694–705.

Tootell, R. B. H., Hadjikhani, N., Hall, E. K., Marrett, S., Vanduffel, W., Vaughan, J. T., & Dale, A. M. (1998). The retinotopy of visual spatial attention. *Neuron, 21*, 1409–1422.

Treisman, A. (1996). The binding problem. *Current opinion in Neurobiology, 6*, 171–178.

Treisman, A. M. & Gelade, G. (1980). A feature-integration theory of

*Neuroscience, 9*, 648–663.

Shulman, G. L., McAvoy, M. P., Cowan, M. C., Astafiev, S. V., Tansy, A. P., d'Avossa, G. , & Corbetta, M. (2003). Quantitative analysis of attention and detection signals during visual search. *Journal of Neurophysiology, 90*, 3384–3397.

Singer, W., & Gray, C. M. (1995). Visual feature integration and the temporal correlation hypothesis. *Annual Review of Neuroscience, 18*, 555–586.

Smith, A. T., Williams, A. L., & Singh, K. D. (2004). Negative BOLD in the visual cortex: Evidence against blood stealing. *Human Brain Mapping, 21*, 213–220.

Smith, E. E. & Jonides, J. (1999). Storage and executive processes in the frontal lobes. *Science 283*, 1657–1661.

Soto, D., Hodsoll, J., Rotshtein, P., & Humphreys, G. W. (2008). Automatic guidance of attention from working memory. *Trends in Cognitive Sciences, 12*, 342–348.

Soto, D., & Humphreys, G. W. (2007). Automatic guidance of visual attention from verbal working memory. *Journal of Experimental Psychology: Human Perception and Performance, 33*, 730–737.

Sperling, G. (1960). The information available in brief visual presentations. *Psychological Monographs, 74*, 1–29.

Stroop, J. R. (1935). Studies of interference in serial verbal reactions. *Journal of Experimental Psychology, 18*, 643–662.

武田裕司・小川洋和 (2003). 視覚探索における復帰の抑制. 心理学評論, *46*, 444–461.

Theeuwes, J. (1991). Cross-dimensional perceptual selectivity. *Perception and psychophysics, 50*, 184–193.

Theeuwes, J. (1992). Perceptual selectivity for color and form. *Perception and psychophysics, 51*, 599–60.

Thompson-Schill, S. L., D'Esposito, M., Aguirre, G. K., & Farah, M. J. (1997). Role of left inferior prefrontal cortex in retrieval of semantic knowledge:

Posner, M. I., & DiGirolamo, G. (1998). Executive attention: conflict, target detection and cognitive control. In R. Parasuraman, (Ed.), *The Attentive Brain* (pp.401-23). Cambridge: MIT Press.

Posner, M. I. & Petersen, S. E. (1990). The attention system of the human brain. *Annual Review of Neuroscience, 13*, 25-42.

Posner, M. I., & Snyder, C. R. R. (1975). Attention and cognitive control. In R. L. Solso (Ed.), *Information Processing and Cognition: The Loyola symposium*. Hillsdale, NJ: Erlbaum.

Pylyshyn, Z. W. (2000). Situating vision in the world. *Trends in Cognitive Sciences, 4*, 197-207.

Rafal, R. D. & Posner, M. I. (1987). Deficits in human visual spatial attention following thalamic lesions. *Proceedings of the National Academy of Science, USA., 84*, 7349-7353.

Raichle, M. E., MacLeod, A. M., Snyder, A. Z., Powers, W. J., Gusnard, D. A., & Shulman, G. L. (2001). A default mode of brain function. *Proceedings of the National Academy Sciences, USA, 98*, 676-682.

Rubens, A. B. & Benson, D. F. (1971). Associative visual agnosia. *Archives of Neurology, 24*, 305-316.

Schneider, W. & Shiffrin, R. M. (1977). Controlled and automatic human information processing: I. Detection, search, and attention. *Psychological Review, 84*, 1-66.

Shiffrin, R. M. & Schneider, W. (1977). Controlled and automatic human information processing: II. Perceptual learning, automatic attending, and a general theory. *Psychological Review, 84*, 127-190.

Shmuel, A., Yacoub, E., Pfeuffer, J., Van de Moortele, P-F., Adriany, G., Hu, X., & Ugurbil, K. (2002). Sustained negative BOLD, blood flow and oxygen consumption response and its coupling to the positive response in the human brain. *Neuron, 36*, 1195-1210.

Shulman, G. L., Fiez, J. A., Corbetta, M., Buckner, R. L., Miezin, F. M., Raichle, M. E., & Petersen, S. E. (1997). Common blood flow changes across visual tasks: II. Decreases in cerebral cortex. *Journal of Cognitive* automatic control of behavior. In R. Davidson, R. Schwartz & D. Shapiro (Eds.), *Consciousness and Self-Regulation: Advances in research and theory IV*. Plenum Press.

O'Craven, K, M., Downing, P. E., & Kanwisher, N. (1999). fMRI evidence for objects as the units of attentional selection. *Nature, 401*, 584–587.

苧阪直行 (2000). 脳とワーキングメモリ. 京都大学学術出版会.

苧阪直行 (2002). 中央実行系の脳内表現. 心理学評論, *45*, 227–240.

苧阪直行 (編) (2008). ワーキングメモリの脳内表現. 京都大学学術出版会.

Osaka, N., Logie, R., & D'Esposito, M. (2007). *The Cognitive Euroscience of Working Memory*. Oxford: Oxford University Press.

Owen, A. M., Stern, C. E., Look, R. B., Tracey, I., Rosen, B. R., & Petrides, M. (1998). Functional organization of spatial and nonspatial working memory processing within the human lateral frontal cortex. *Proceedings of the National Academy Science USA, 95*, 7721–7726.

Pashler, H. (1998). *The Psychology of Attention*. Cambridge: The MIT Press.

Pashler, H., Johnston, J. C., & Ruthruff, E. (2001). Attention and performance. *Annual Review of Psychology, 52*, 629–651.

Peterson, B. S., Skudlarski, P., Gatenby, J. C., Zhang, H., Anderson, A. W., & Gore, J. C. (1999). An fMRI study of stroop word-color interference: Evidence for cingulate subregions subserving multiple distributed attentional systems. *Biological Psychiatry, 45*, 1237–1258.

Peterson, M. S., Kramer, A. F., Wang, R. F., Irwin, D. E., & McCarley, J. S. (2001). Visual search has memory. *Psychological Science, 12*, 287–292.

Posner, M. I. (1980). Orienting of attention. *Quarterly Journal of Experimental Psychology, 32*, 3–25.

Posner, M. I., & Cohen, Y., (1984). Components of visual orienting. In H. Bouma & D. G. Bouwhuis (Eds.), *Attention and Performance X* (pp.531–556). Hillsdale, NJ: Erlbaum.

Posner, M. I., Cohen, Y., & Rafal, R. D. (1982). Neural systems control of spatial orienting. *Philosophical Transactions of the Royal Society of London. Series B Biological Sciences, 298*, 187–198.

*15*, 394-408.

McLeod, C. M. (1991). Half a Century of Research on the Stroop Effect: An Integrative Review. *Psychological Bulletin, 109*, 163-203.

Miller, B. T., & D'Esposito, M. (2005). Search for "the top" in top-down control. *Neuron, 48*, 535-538.

Miller, E. K., & Cohen, J. D. (2001). An integrative theory of prefrontal cortex function. *Annual Review of Neuroscience, 24*, 167-202.

Miller, G. A. (1956). The magical number seven, plus or minus two: Some limits on our capacity for processing information. *Psychological Review, 63*, 81-97.

Miyake, A., Friedman, N. P., Emerson, M. J., Witzki, A. H., Howerter, A., & Wagner, T. D, (2000). The unity and diversity of executive functions and their contributions to complex 'frontal lobe' tasks: A latent variable analysis. *Cognitive Psychology, 41*, 49-100.

Monsell, S. (2003). Task switching. *Trends in Cognitive Science, 7*, 134-140.

Muller, H. J., & Rabbit, P. M. (1989). Reflexive and voluntary orienting of visual attention: time course of activation and resistance to interruption. J*ournal of Experimental Psychology: Human Perception & Performance, 15*, 315-30.

Nakayama, K., & Silverman, G. H. (1986). Serial and parallel processing of visual feature conjunctions. *Nature, 320*, 264-265.

Neill, W. T. (1977). Inhibition and facilitation processes in selective attention. *Journal of Experimental Psychology: Human Perception & Performance, 3*, 444-450.

Neill, W. T., Valdes, L. A., & Terry, K. M. (1995). Selective attention and the inhibitory control of cognition. In F. N. Dempster & C. J. Brainerd (Eds.), *Interference and Inhibition in Cognition* (pp.207-261), San Diego, CA: Academic Press.

Norman, D. A., & Bobrow, D. G. (1975). On data-limited and resource-limited processes. *Cognitive Psychology, 7*, 44-64.

Norman, D. A., & Shallice, T. (1986). Attention to action: Willed and

Luck, S. J., & Vogel, E. K. (1997). The capacity of visual working memory for features and conjunctions. *Nature, 390*, 279–281.

MacDonald, A. W., Cohen, J. D., Stenger, V. A., & Carter, C. S. (2000). Dissociating the role of the dorsolateral prefrontal and anterior cingulated cortex in cognitive control. *Science, 288*, 1835–1838.

MacLeod, C. M., & MacDonald, A. W. (2000). Interdimensional interference in the Stroop effect: Uncovering the cognitive and neural anatomy of attention. *Trends in Cognitive Science, 4*, 383–391.

Malach, R., Reppas, J. B., Benson, R. R., Kwong, K. K., Jiang, H., Kennedy, W. A., Ledden, P. J., Brady, T. J., Rosen, B. R., & Tootell, R. B. H. (1995). Object-related activity revealed by functional magnetic resonance imaging in human occipital cortex. *Proceedings of the National Academy of Sciences, USA, 92*, 8135–8139.

Maljkovic, V. & Nakayama, K. (1994). Priming of popout: I. Role of features. *Memory and Cognition, 22*, 657–672.

Maljkovic, V. & Nakayama, K. (1996). Priming of popout: II. Role of position. *Perception and Psychophysics, 58*, 977–991.

Mason, M. F., Norton, M. I., Van Horn, J. D., Wegner, D. M., Grafton, S. T., & Macrae, C. N. (2007). Wandering minds: The default network and stimulus-independent thought. *Science, 315*, 393–395.

Mayer, J. S., Roebroeck, A., Maurer, K., & Linden, D. E. J. (2010). Specialization in the default mode: Task-induced brain deactivations dissociate between visual working memory and attention. *Human Brain Mapping, 31*, 126–139.

Mazoyer, B., Zago, L., Mellet, E., Bricogne, S., Etard, O., Houde, O., Crivello, F., Joliot, M., Petit, L., & Tzourio-Mazoyer, N. (2001). Cortical networks for working memory and executive functions sustain the conscious resting state in man. *Brain Research Bulletin, 54*, 287–298.

McKiernan, K. A., Kaufman, J. N., Kucera-Thompson, J., & Binder, J. R. (2003). A parametric manipulation of factors affecting task-induced deactivation in functional Neuroimaging. *Journal of Cognitive Neuroscience,*

*334*, 430-431.

Kondo, H., Morishita, M., Osaka, N., Osaka, M., Fukuyama, H., & Shibasaki, H. (2004). Functional roles of the cingulo-frontal network in performance on working memory. *NeuroImage, 21*, 2-14.

Koshino, H. (2001). Activation and inhibition of stimulus features in conjunction search. *Psychonomic Bulletin and Review, 8*, 294-300.

越野英哉 (2009). 二重課題の神経基盤. 基礎心理学研究, *28*, 59-71.

越野英哉 (2012). デフォルトモードネットワークから見たワーキングメモリ. 苧阪直行(編) 社会脳科学の展望——脳から社会をみる (pp.175-91), 新曜社.

Koshino, H., Carpenter, P. A., Keller, T. A., & Just, M. A. (2005). Interactions between the dorsal and the ventral pathways in mental rotation: An fMRI study. *Cognitive, Affective, and Behavioral Neuroscience, 5*, 54-66.

Koshino, H., Warner, C. B., & Juola, J. F. (1992). Relative effectiveness of central and peripheral cues and abrupt onsets in visual attention. *Quarterly Journal of Experimental Psychology, 45A*, 609-631.

熊田孝恒 (2003). 視覚探索. 心理学評論, *46*, 426-443.

LaBerge, D. & Buchsbaum, M. S. (1990). Positron emission tomographic measurements of pulvinar activity during an attention task. *Journal of Neuroscience, 10*, 613-619.

Laeng, B., Kosslyn, S. M., Caviness, V. S., & Bates, J. (1999). Can deficits in spatial indexing contribute to simultanagnosia? *Cognitive Neuropsychology, 16*, 81-114.

Laurienti, P. J., Burdette, J. H., Wallace, M. T., Yen, Y-F., Field, A. S., & Stein, B. E. (2002). Deactivation of sensory-specific cortex by cross-modal stimuli. *Journal of Cognitive Neuroscience, 14*, 420-429.

Lavie, N. (2005). Distracted and confused?: Selective attention under load. *Trends in Cognitive Sciences, 9*, 75-82.

Lavie, N. & Tsal, Y. (1994). Perceptual load as a major determinant of the locus of selection in visual attention. *Perception & Psychophysics, 56*, 183-197.

Hall.

Kane, M. J., & Engle, R. W. (2003). Working memory capacity and the control of attention: The contributions of goal neglect, response competition, and task set to Stroop interference. *Journal of Experimental Psychology: General, 132*, 47-70.

Kane, M. J., Poole, B. J., Tuholski, S. W., & Engle, R. W. (2006). Working memory capacity and the top-down control of visual search: Exploring the boundaries of "executive attention." *Journal of Experimental Psychology, 32*, 749-777.

Kanwisher, N., Chun, M. M., McDermott, J., & Ledden, P. J. (1996). Functional imaging of human visual recognition. *Cognitive Brain Research, 5*, 55-67.

Kanwisher, N., McDermott, J., & Chun, M. (1997) The fusiform face area: A module in human extrastriate cortex specialized for the perception of faces. *Journal of Neuroscience, 17*, 4302-4311.

Kastner, S., De Weerd, P., Desimone, R., & Ungerleider, L. G. (1998). Mechanisms of directed attention in the human extrastriate cortex as revealed by functional MRI. *Science, 282*, 108-111.

Kastner, S., Pinsk, M. A., De Weerd, P., Desimone, R., & Ungerleider, L. G. (1999). Increased activity in human visual cortex during directed attention in the absence of visual stimulation. *Neuron, 22*, 751-761.

Kastner, S., & Ungerleider, L. G. (2000). Mechanisms of visual attention in the human cortex. *Annual Review of Neuroscience, 23*, 315-341.

Kastrup, A., Baudewig, J., Schnaudigel, S., Huonker, R., Becker, L., Sohns, J. M., Dechent, P., Klingner, C., & Witte, O. W. (2008). Behavioral correlates of negative BOLD signal changes in the primary somatosensory cortex. *Neuroimage, 41*, 1364-1371.

Kerns, J. C., Cohen, J. D., MacDonald III, A. W., Cho, R. Y., Stenger, V. A., & Carter, C. S. (2004). Anterior cingulate conflict monitoring and adjustments in control. *Science, 303*, 1023-1026.

Klein, R. (1988). Inhibitory tagging system facilitates visual search. *Nature,*

PET-RCBF study of selective attention to faces and locations. *Journal of Neuroscience, 14*, 6336–6353.

Heilman, K. M., & Watson, R. T. (2001). Neglect and related disorders. In K. M. Heilman & E. Valenstein (Eds.), *Clinical Neuropsychology* (pp.243–293). New York: Oxford University Press.

Heitz, R. P., & Engle, R. W. (2007). Focusing the spotlight: Individual differences in visual attention control. *Journal of Experimental Psychology: General, 136*, 217–240.

Hopfinger, J. B., Buonocore, M. H., & Mangun, G. R. (2000). The neural mechanisms of top-down attentional control. *Nature Neuroscience, 3*, 284–291.

Horowitz, T. S., & Wolfe, J. M. (1998). Visual search has no memory. *Nature, 357*, 575–577.

Horrey, W. J., & Wickens, C. D. (2006). Examining the impact of cell phone conversations on driving using meta-analytic techniques. *Human Factors, 48*, 196–205.

James, W. (1890/1983). *The Principles of Psychology*. Harvard University Press.

Jonides, J. (1981). Voluntary vs. Automatic control over the mind's eye's movement. In J. B. Long & A. D. Baddeley (Eds.), *Attention and Performance IX*. Hillsdale, NJ: Lawrence Erlbaum Associates.

Jonides, J., Lacey, S. C., & Nee, D. E. (2005). Processes of working memory in mind and brain. *Current Directions in Psychological Science, 14*, 2–5.

Jordan, H., & Tipper, S. P. (1999). Spread of inhibition of return across an object's surface. *British Journal of Psychology, 90*, 495–507.

Juola, J. F., Koshino, H., & Warner, C. B. (1995). Tradeoffs between attentional effects of spatial cues and abrupt onsets. *Perception & Psychophysics, 57*, 333–342.

Just, M. A., & Carpenter, P. A. (1992). A capacity theory of comprehension. *Psychological Review, 99*, 122–149.

Kahneman, D. (1973). *Attention and effort*. Englewood Cliffs, NJ: Prentice-

Gardner, H. (1987). *The Mind's New Science: A history of the cognitive revolution.* Basic Books. (佐伯胖・海保博之（訳）(1987). 認知革命——知の科学の誕生と展開. 産業図書.)

Gazzaley, A., Cooney, J. W., McEvoy, K., Knight, R. T., & D'Esposito, M. (2005). Top-down enhancement and suppression of the magnitude and speed of neural activity. *Journal of Cognitive Neuroscience, 17,* 507–517.

Gilbert, S. J., Dumontheil, I., Simons, J. S., Frith, C. D., & Burgess, P. W. (2007). Comment on "Wandering Minds: The Default Network and Stimulus-Independent Thought". *Science, 317,* 43b.

Gilchrist, I. D., & Harvey, M. (2000). Refixation frequency and memory mechanisms in visual search. *Current Biology, 10,* 1209–1212.

Goldman-Rakic, P. S. (1995). Architecture of the prefrontal cortex and the central executive. *Annals of the New York Academy of Science, 769,* 71–83.

Gruber, O., & Goschke, T. (2004). Executive control emerging from dynamic interactions between brain systems mediating language, working memory and attentional processes. *Acta Psychologica, 115,* 105–121.

Gusnard, D. A., & Raichle, M. E. (2001). Searching for a baseline: Functional imaging and the resting human brain. *Nature Review Neuroscience, 2,* 685–694.

Halligan, P. W., Fink, G. R., Marshall, J. C., & Vallar, G. (2003). Spatial cognition: evidence from visual neglect. *Trends in Cognitive Sciences, 7,* 125–133.

Han, S-H., & Kim, M-S. (2004). Visual search does not remain efficient when executive working memory is working. *Psychological Science, 15,* 623–628.

Han, S. W., & Kim, M-S. (2009). Do the contents of working memory capture attention? Yes, but cognitive control matters. *Journal of Experimental Psychology: Human, Perception & Performance, 35,* 11292–1302.

Haxby, J., Horwitz, B., Ungerleider, L., Maisog, J., Pietrini, P., & Grady, C. (1994). The functional organization of human extrastriate cortex: A

Egeth, H. E., Virzi, R. A., & Garbart, H. (1984). Search for conjunctively defined targets. *Journal of Experimental Psychology: Human Perception and Performance, 10*, 32–39.

Egeth, H. E., & Yantis, S. (1997). Visual attention: control, representation, and time course. *Annual Review of Psychology, 48*, 269–297.

Egly, R., Driver, J., & Rafal, R. D. (1994). Shifting visual attention between objects and locations: Evidence from normal and parietal lesion subjects. *Journal of Experimental Psychology: General, 123*, 161–177.

Egly, R., & Homa, D. (1984). Sensitization of the visual Weld. *Journal of Experimental Psychology: Human Perception and Performance, 10*, 778–793.

Engle, R. W. (2002). Working memory capacity as executive attention. *Current Directions in Psychological Science, 11*, 19–23.

Eriksen, B. A., & Eriksen, C. W. (1974). Effects of noise letters upon identification of a target letter in a non- search task. *Perception and Psychophysics, 16*, 143–149.

Eriksen, C. W. (1995). The flankers task and response competition: A useful tool for investigating a variety of cognitive problems. *Visual Cognition, 2*, 101–118.

Fan, J., McCandliss, B. D., Sommer, T., Raz, M., & Posner, M. I. (2002). Testing the Efficiency and Independence of Attentional Networks. *Journal of Cognitive Neuroscience, 14*, 340–347.

Farah, M. J. (1995). *Visual Agnosia: Disorders of object recognition and what they tell us about normal vision*. Cambridge, Massachusetts: The MIT Press.

Fellows, L. K., & Farah, M. J. (2005). Is anterior cingulate cortex necessary for cognitive control? *Brain, 128*, 788–796.

Folk, C. L., Remington, R. W., & Johnston, J. C. (1992). Involuntary covert orienting is contingent on attentional control setting. *Journal of Experimental Psychology: Human, Perception & Performance, 18*, 1030–1044.

Fuster, J. M. (2000). Executive frontal functions. *Experimental Brain Research, 133*, 66–70.

*24*, 87–185.

Cowan, N. (2005). *Working Memory Capacity*. Hove, East Sussex, UK: Psychology Press.

Cowan, N. (2010). The magical mystery four: How is working memory capacity limited, and why? *Current Directions in Psychological Science, 19*, 51–57.

Dalrymple-Alford, E. C. & Budayr, B. (1966). Examination of some aspects of the Stroop color word test. *Perceptual and Motor Skills, 23*, 1211–1214.

Daneman, M., & Carpenter, P. A. (1980). Individual differences in working memory and reading. *Journal of Verbal Learning and Verbal Behavior, 19*, 450–466.

Desimone, R. & Duncan, J. (1995). Neural mechanisms of selective visual attention. *Annual Review of Neuroscience, 18*, 193–222.

Deutsch, J. A., & Deutsch, D. (1963). Attention: Some theoretical considerations. *Psychological Review, 70*, 80–90.

Downing, P. E. (2000). Interactions between visual working memory and selective attention. *Psychological Science, 11*, 467–73.

Drevets, W. C., Burton, H., Videen, T. O., Snyder, A. Z., Simpson, J. R., & Raichle, M. (1995). Blood flow changes in human somatosensory cortex during anticipated stimulation. *Nature, 373*, 249–252.

Duncan, J. (1984). Selective attention and the organization of visual information. *Journal of Experimental Psychology: General, 113*, 501–517.

Duncan, J. & Humphreys, G. W. (1989). Visual search and stimulus similarity. *Psychological Review, 96*, 433–458.

Duncan, J. & Humphreys, G. W. (1992). Beyond the search surface: Visual search and attentional engagement. *Journal of Experimental Psychology: Human Perception & Performance, 18*, 578–88.

Durston, S., Davidson, M. C., Thomas, K. M., Worden, M. S., Tottenham, N., Martinez, A., Watts, R., Ulug, A. M., & Casey, B. J. (2003). Parametric manipulation of conflict and response competition using rapid mixed-trial event related fMRI. *Neuroimage, 20*, 2135–2141.

(1999). Conflict monitoring versus selection for action in anterior cingulate cortex. *Nature, 402*, 179–181.

Broadbent, D. E. (1958). *Perception and Communication*. London: Pergamon Press.

Buckner, R. L., Andrews-Hanna, J. R., & Schacter, D. L. (2008). The brain's default network: Anatomy, function, and relevance to disease. *Annals of the New York Academy of Sciences, 1124*, 1–38.

Bunge, S. A., Hazeltine, E., Scanlon, M. D., Rosen, A. C., & Gabrieli, J. D. E. (2002). Dissociable contributions of prefrontal and parietal cortices to response selection. *Neuroimage, 17*, 1562–1571.

Bush, G., Luu, P., & Posner, M. I. (2000). Cognitive and emotional influences in anterior cingulate cortex. *Trends in Cognitive Sciences, 4*, 215–222.

Cavanagh, P. & Alvarez, G. A. (2005). Tracking multiple targets with multifocal attention. *Trends in Cognitive Sciences, 9*, 349–354.

Christoff, K., Gordon, A. M., Smallwood, J., Smith, R., & Schooler, J. W. (2009). Experience sampling during fMRI reveals default network and executive system contributions to mind wandering. *Proceedings of the National Academy Science USA, 106*, 8719–8724.

Conway, A. R. A., Cowan, N., & Bunting. (2001). The cocktail party phenomenon revisited: The importance of working memory capacity. *Psychonomic Bulletin and Review, 8*, 331–335.

Corbetta, M., & Shulman, G. L. (2002). Control of goal-directed and stimulus driven attention in the brain. *Nature Review Neuroscience, 3*, 201–215.

Corbetta, M., Patel, G., & Shulman, G. L. (2008). The reorienting system of the human brain: From environment to theory of mind. *Neuron, 58*, 306–324.

Coren, S. & Ward, L. M. (1989). *Sensation and Perception* (3rd ed.). Harcourt Brace Jovanovich.

Cowan N. (2001). The magical number 4 in short-term memory: A reconsideration of mental storage capacity. *Behavioral and Brain Sciences,* working memory. *Trends in Cognitive Sciences, 5,* 119–126.

Awh, E., Jonides, J., &Reuter-Lorenz, P. A. (1998). Rehearsal in spatial working memory. *Journal of Experimental Psychology: Human Perception and Performance, 24,* 780–790.

Bacon, W. F., & Egeth, H. E. (1994). Overriding stimulus-driven attention capture. *Perception and Psychophysics, 55,* 485–496.

Baddeley, A. D. (2000). The episodic buffer: A new component of working memory? *Trends in Cognitive Science, 4,* 417–423.

Baddeley, A. D., & Hitch, G. J. (1974). Working memory. In G. H. Bower (Ed.), *The Psychology of Learning and Motivation: Advances in research and theory,* Vol. 8, (pp.47–89). New York: Academic Press.

Barch, D. M., Braver, T. S., Akbudak, E., Conturo, T. E., Ollinger, J. M., & Snyder, A. Z. (2001). Anterior cingulate and response conflict: Effects of response modality and processing domain. *Cerebral Cortex, 11,* 837–848.

Barch, D. M., Braver, T. S., & Noll, D. C. (2000). Anterior cingulate and the monitoring of response conflict: Evidence from an fMRI study of overt verb generation. *Journal of Cognitive Neuroscience, 12,* 298–309.

Binder, J. R., Frost, J. A., Hammeke, T. A., Bellgowan, P. S. F., Rao, S. M., & Cox, R. W. (1999). Conceptual processing during the conscious resting state: A functional MRI study. *Journal of Cognitive Neuroscience, 11,* 80–95.

Bisiach, E., & Luzzatti, C. (1978). Unilateral neglect of representational space. *Cortex, 14,* 129–133.

Bleckley, M. K., Durso, F. T., Crutchfield, J. M., Engle, R. W., & Khanna, M. M. (2004). Individual differences in working memory capacity predict visual attention allocation. *Psychonomic Bulletin and Review, 10,* 884–889.

Bloom, F. E. & Lazerson, A. (1988). *Brain, Mind, and Behavior* (2nd ed.). New York: W. H. Freeman and Co.

Botvinick, M. M., Cohen, J. D., & Carter, C. S. (2004). Conflict monitoring and anterior cingulate cortex: An update. *Trends in Cognitive Sciences, 8,* 539–546.

Botvinick, M. M., Nystrom, L., Fissell, K., Carter, C. S., & Cohen, J. D.

*Neuroscience*. New York: Oxford University Press.

Zelazo, P.H ., Chandler, M., & Crone, E.(Eds.)(2010). *Developmental Social Cognitive Neuroscience*. London: Psychology Press.

### 1　注意の時間窓

Dennett, D.(1991). *Consciousness Explained*. Litttle, Brown & Company.（山口泰司（訳）(1998). 解明される意識. 青土社.）

James, W.(1892). *Psychology: Briefer course*. New York: Henry Holt.（今田寛（訳）(1999). 心理学. 岩波書店.）

難波精一郎（2001）. 音の環境心理学. NECクリエイティブ.

西田幾多郎（1949）. 絶対矛盾的自己同一. 西田幾多郎全集第9巻, pp.147-222.

苧阪直行（1994）. 注意と意識の心理学. 安西祐一郎他（編）岩波講座・認知科学, 第9巻, 注意と意識. pp.2-52.

Poeppel, E.(1985). *Grenzen des Bewusstseins*. Stuttgart: Deutsche Verlags-Anstalt GmbH.（田山忠行・尾形敬次（訳）(1995). 意識の中の時間. 岩波書店.）

松田文子他（編著）(1996). 心理的時間. 北大路書房.

### 2　注意の脳内メカニズム──歴史と最近の展開

Allport, D. A., Tipper, S. P., & Chmiel, N. R. J.(1985). Perceptual integration and postcategorical filtering. In M. I. Posner & O. S. M. Marin(Eds.), *Attention and Performance XI*(pp.107-132). Hillsdale, NJ: Erlbaum.

Alvarez, G. A., & Cavanagh, P.(2004). The capacity of visual short-term memory is set both by visual information load and by number of objects. *Psychological Science, 15*, 106-111.

Atkinson, R. C., & Shiffrin, R. M.(1968). Human memory: A proposed system and its control processes. In K. W. Spence, & J. T. Spence(Eds.), *The Psychology of Learning and Motivation*(Volume 2). New York: Academic Press. pp. 89-195.

Awh, E. & Jonides, J.(2001). Overlapping mechanisms of attention and

# 文　献

**「社会脳シリーズ」刊行にあたって**

Cacioppo, J. T., & Berntson, G. G. (Eds.) (2005). *Social Neuroscience*. London: Psychology Press.

Cacioppo, J. T., Berntson, G. G., Adolphs, R., Carter, C. S., Davidson, R. J., McClintock, M. K., McEwen, B. S., Meaney, M. J., Shacter, D. L., Sternberg, E. M., Suomi, S. S., & Taylor, S. E. (Eds.) (2002). *Foundations of Social Neuroscience*. Cambridge: MIT Press.

Cacioppo, J. T., Visser, P. S., & Pickett, C. L. (Eds.) (2006). *Social Neuroscience*. Cambridge: MIT Press.

Decety, J., & Cacioppo, J. T. (Eds.) (2011). *The Oxford Handbook of Social Neuroscience*. Oxford: Oxford University Press.

Decety, J., & Ickes, W. (Eds.) (2009). *The Social Neuroscience of Empathy*. Cambridge: MIT Press.

Dumbar, R.I.M. (2003). The social brain: Mind, language, and society in evolutionary perspective. *Annual Review of Anthropology, 32*, 163-181.

Harmon-Jones, E., & Beer, J. S. (Eds.) (2009). *Methods in Social Neuroscience*. New York: Guilford Press.

Harmon-Jones, E., & Winkielman, P. (Eds.) (2007). *Social Neuroscience*. New York: Guilford Press.

苧阪直行 (2004). デカルト的意識の脳内表現——心の理論からのアプローチ. 哲学研究, 578号, 京都哲学会.

苧阪直行 (2010). 笑い脳——社会脳からのアプローチ. 岩波科学ライブラリー166, 岩波書店.

Taylor, S. E. (Eds.) (2002). *Foundations in Social Neuroscience*. Cambridge: MIT Press.

Todorov, A., Fiske, S. T., & Prentice, D. A. (Eds.) (2011). *Social

明所視条件　160
メタコントラスト　155
　——マスク　157
メタ分析　216
メンタルローテーション　23

網膜神経節細胞　22
モニタリング仮説　50

─────── ヤ行 ───────

有効　25
　——条件　125
誘導探索モデル　37

要素主義　3
容量制約　4, 72, 213
予期　144
抑制　53
　——効果　110
　——的タグ付け　39
　——モデル　197
4点マスク　160

─────── ラ行 ───────

ランダムアクセスメモリ　4
ランダム図形　185
ランダムドット　170

リスニングスパンテスト　223

リソースモデル　75
リーディングスパンテスト（RST）
　108, 216
利得　25
　——効果　123
リハーサル　51
　——過程　51
流動性知性　216
両耳分離聴課題　97
両耳分離聴法　15
輪郭線干渉　160
輪郭線近接度　164
輪郭線形成　159
リング課題　57

連合失認　43

ローテーションドットスパンテスト
　218

─────── ワ行 ───────

ワーキングアテンション　5
ワーキングメモリ　4
　——・システム　215
　——スパン課題　18
　——スパンテスト　108
　——デザイン　95, 119
　——容量　74, 109, 215, 216
　——容量の個人差　57

皮質盲　43
非注意盲　135
皮膚電気反応　99
描画課題　32
表現　4
表象　4
標的刺激　40

フィードフォワード処理　175
フィルター　14
　——理論　97
風景刺激　113
複数資源モデル　20
複数物体追跡　55
腹側経路　23
腹側前頭皮質（VFC）　129
腹側注意ネットワーク（VAN）　30, 127
復帰抑制　27, 126
物体認識の3段階　42
物体認識の障害　43
物体の複雑性　76
物体ベースの注意　28
物理的特徴　98
負のプライミング　47, 100
フラジャイル（弱い）ワーキングメモリ
　90, 91
フランカー課題　48
プランニング　53
分散的注意　163
文章理解　108
分離　30

並列処理過程　197

並列探索　37
ベースライン条件　113
ベータ帯域　202
ヘッドフォン　97
変化検出課題　54, 135
変化の見落とし　69, 152, 207, 219

妨害刺激　40, 48, 110
紡錘状回顔領域　24, 45, 113
捕捉　21
補足眼野　213
ポップアウト　35
　——・プライミング　48
ボトムアップの制御　20
ボトムアップの注意　122, 129
ボトルネック　16

———— マ行 ————

マインドワンダリング　63, 89
マジカルナンバーは4　55
マスク表象　171
瞬き　150
マルチタスク（多重課題）　93
マルチプルドラフト理論　206

見落としの回避　185

無意識　92
無意図的想起　63
無効　25
　——条件　125
矛盾的自己同一　7

同側半球　84
頭頂間溝（IPS）　23, 85, 129, 138, 189, 190
頭頂葉　22, 127
島皮質　213
特徴　22
　——探索　33
　——統合理論　33
　——マップ　35
トークン　222
読解　108
　——能力　216
特化負荷理論　119
トップダウンの制御　20
トップダウンの注意　122, 129

———————— ナ行 ————————

内側前頭前野　62
内的情報　119
内的注意　122
内的メカニズム　26
7±2　54
ナビゲータ　93

二次記憶　50
二重課題　18, 216
2チャンネル理論　157
日本語版RST　216
認知革命　15
認知神経科学　14
認知的アクセス　92
認知脳科学　6
認知モデル　5

ノイズマスキング　170, 172
脳機能画像法　14, 103
脳磁図（MEG）　175
脳損傷患者　29
脳の「現在」　7
脳の注意ネットワーク　128
脳波　171, 186

———————— ハ行 ————————

バイアス競合モデル　21
背外側前頭前野（DLPFC）　50
背側経路　22
背側注意ネットワーク（DAN）　30, 127
バインディング　8, 170
　——問題　41
パターンスパンテスト　218
パターンマスキング　162, 170
パックマン図形　166
ハノイの塔課題　218
パラドックス　90
バリント症候群　33
反サッケード課題　109
半側空間無視　31
反応競合課題　48, 101
反応コスト　101
反応適合性効果　173
反応抑制　14
反復経頭蓋磁気刺激（rTMS）　177

光マスク　91
ピクチャースパンテスト（PST）　219, 220
皮質　23

知覚負荷　101
逐次自動打ち切り探索　37
注意：
　――関与理論　40
　――制御能力　108
　――性のマスキング　149, 179
　――段階　17
　――の移動　30
　――の科学　6
　――の構え　144
　――のコントロール　192
　――の時間学　8
　――の時間窓　11
　――の制御　20
　――のフィルターモデル　16
　――の瞬き（AB）　183
　――のメカニズム　5
　――の容量制約　207
　――の抑制　112
　――マップ　35
　外的――　123
　空間的――　14
　視覚的――　14
　時間的――　183
　焦点的――　41
　選択的――　51, 96
　トップダウンの――　122, 129
　内的――　122
　物体ベースの――　28
　分散的――　164
　ボトムアップの――　122, 129
中央実行系　51, 215
中心溝　213

中心視　26
中心前回　107
中心手がかり　27, 125
中心マスク　167
中前頭回　107, 111, 213
中脳　22
中立　25
　――条件　125
長期記憶　51, 119
鳥距溝　213
直列処理過程　197

追唱　97

低次視覚野　174
ディストラクタ　153
　――刺激　101
　――情報　110
低スパン群　57, 108
ディセプション　147
低負荷条件　101
手がかりパラダイム　25
手がかり法　123
デカルトの劇場モデル　8
デフォルトモードネットワーク（DMN）　62
電気ショック　99

統覚失認　43
統合失調症　169
同時オンセットマスキング　157
同時失認　31
動詞生成課題　49

錐体　22
随伴的捕捉　40
推論　217
スクランブル顔　112
ストループ課題　46, 109
ストレス　95
スパムメール　94
スパン　216
スプラット法　70
スポットライト　5, 26
　　──メタファー　24
スマートフォン　93
スロット　78
　　──数　78
　　──モデル　73, 74

制御的過程　19
制御的反応　51
舌状回　107
セットサイズ　35
線画　100
先行標的　185
漸次法　70
選択的処理機能　122
選択的注意　51, 96
　　──の負荷理論　101
前注意段階　17
前頭眼野（FEF）　30, 129, 213
前頭前野　30
前頭-頭頂ネットワーク　143
前頭葉　108, 127
　　──機能　109
前部前頭前野（aPFC）　144

前部帯状回（ACC）　49, 213
前部帯状皮質　144
線分分割課題　32

相貌失認　43, 45
即時把握　55
側頭-頭頂接合部（TPJ）　59, 129, 137
損失　25
　　──利得法　123

──────── タ行 ────────
第1次視覚野　22
第5次視覚野　23
帯状回　201
帯状-弁蓋ネットワーク　144
体性感覚野　59
対側遅延活動（CDA）　84
対側半球　84
第二言語　19
大脳基底核　111, 144, 213
第4次視覚野　23
ターゲット　153
　　──刺激　101
　　──情報　110
　　──表象　164, 171
タスクスイッチング　18
単一資源モデル　20
短期記憶　51, 197
探索の非対称性　36

遅延期間　81
知覚的意識　92
知覚的オブジェクト　165, 166

ゴリラ実験　135
コントロール機能　88

―――― サ行 ――――

再帰性　133
再入力処理　174
再認　222
作業効率　95
サッカード法　69

視蓋視床枕系視覚経路　22
視覚失認　43
視覚性 WM　54
視覚性意識　92
視覚性ワーキングメモリ　71
視覚探索　14, 33
視覚的注意　14
視覚的物体認識　42
視覚的ワーキングメモリ　38, 136
　　――負荷　138
時間的注意　183
時間的同期　42
時間の範囲（窓）　9, 10
色環　78, 79
視空間スケッチパッド　51
刺激競合　14
刺激駆動型　21
自己意識　133
志向的な意識　3
視床　29
事象関連 fMRI　113
事象関連電位（ERP）　82, 171
視床枕核　30

持続型チャンネル　157
実行系機能　13, 53
膝状体系視覚経路　22
失認　43
自動化　18
自動的過程　18
社会脳　95
遮蔽法　70
周辺視　27
周辺手がかり　125
主観的時間　7
主体性　133
瞬目法　69
上外線条皮質　22
上丘　22
消去課題　32
上前頭回　213
焦点的注意　41
小脳　200, 213
情報処理チャンネル　14
情報の維持　53
情報の洪水　95
初期視覚野　37
初期選択説　16, 99
処理資源　5
　　――の再分配　61
シングルトン　21, 40
　　――検出　40
神経注意学　6, 95
心的資源　17
侵入エラー　223
心理的な特徴　98
心理的不応期　18

下部側頭葉　23
下部頭頂葉　62
カラーマップ　38
感覚記憶　51, 91
眼球運動　152
監視注意システム　52
緩衝説　100
関心領域　112
桿体　22
ガンマ帯域　202

記憶：
　——できる数　78
　——の精度（解像度）　78
　——容量　88
　——リソース　76
　一次——　50
　感覚——　51, 91
　短期——　51, 197
　長期——　51, 119
　二次——　50
機能主義　4
機能的磁気共鳴画像法（fMRI）　5, 85, 129, 137, 187, 189, 212
技能の習得　19
逆相関　138
逆向マスキング　149, 153, 154
ギャップ弁別　56
ギャップ法　69
教示　21

空間的注意　14
空間スパンテスト　217

空白画面　69
空白時間　154
クラウディング　153
クロマニョン人　93

携帯電話　18, 89
経頭蓋磁気刺激法（TMS）　187, 191
結合探索　33
楔前部　213
現在　6
現象的な意識　92
顕著性　123

後期選択説　17, 99
光景画像　220
高次視覚野　174
更新　53
　——プロセス　176
高スパン群　57, 108
構成主義　3
高速逐次視覚提示（RSVP）　183
後続標的　185
行動主義　3
後頭葉　22
高度情報化社会　94
高負荷条件　102
後部帯状回　62
後部頭頂葉　30, 189
個人差　72, 78
　——研究　57
骨子概念　214
古典的条件付け　98
誤反応の検出　49

意識 131
　——的気づき 133
　——的モニタリング 145
　——の流れ 9
位相同期分析 202
一次記憶 50
位置マップ 38
一過型チャンネル 157
イベント 8
意味処理 172

上書き 177

エージェント 133
エピソードバッファー 51

オーバーフロー 95
オーバーロード 98
オブジェクト：
　——置き換えマスキング（OSM）
　　149, 156, 163
　——更新（説） 176, 177
　——同定 159
　——トリミング 169
　——連続性 176
オペレーションスパンテスト 108
音韻コード 52
音韻ストア 51
音韻ループ 51

―――――― カ行 ――――――

外線条皮質 213
外側後頭複合野 86

外側後頭複合体（LOC） 171
外側膝状体 22
外的環境 119
外的注意 123
外的メカニズム 26
概念駆動型 20
海馬萎縮 211
海馬傍回 200
　——場所領域（PPA） 24, 105, 113
顔 58
　——刺激 113
　——のワーキングメモリ課題 112
下外線条皮質 22
角回 213
覚醒 132
カクテルパーティ効果 15
カクテルパーティ問題 96
仮説的表象 175
下前頭回 107, 112
下前頭皮質 213
課題：
　——によって誘発された活動の低下
　　（TID） 61
　——無関連情報 101
　——処理 112
傾きマップ 38
葛藤 145
活動リズム 202
カット法 70
カテゴリー情報 173
下頭頂間溝 86
下頭頂小葉 189, 190, 192
かに座星雲 6

(5)

# 事項索引

## A to Z

ACC（前部帯状回） 49
aPFC（前部前頭前野） 144
CDA（対側遅延活動） 84
DAN（背側注意ネットワーク） 30, 127
DLPFC（背外側前頭前野） 50
DMN（デフォルトモードネットワーク） 62
ERP（事象関連脳電位） 5, 212
FEF（前頭眼野） 30, 129, 213
fMRI（機能的磁気共鳴画像法） 5, 85, 129, 137, 187, 189, 212
——順応 171
fMR アダプテーション 104
iPhone 93
iPod 93
IPS（頭頂間溝） 22, 23, 85, 129, 138, 189, 190
LOC（外側後頭複合体） 171
MEG（脳磁図） 175
MT+ 177
N170 成分 173
N2pc 成分 171
N400 成分 172
OSM（オブジェクト置き換えマスキング） 149, 156, 163
——課題 171
——の非対称性 167
PET 30
PPA（海馬傍回場所領域） 23, 105, 113
PST（ピクチャースパンテスト） 219, 220
RST（リーディングスパンテスト） 108, 216
RSVP（高速逐次視覚提示） 183
rTMS（反復経頭蓋磁気刺激） 177
SOA 156
SPCN 172
TID（課題によって誘発された活動の低下） 61
TMS（経頭蓋磁気刺激法） 187, 191
TPJ（側頭 - 頭頂接合部） 129, 137
U 字型のマスキング効果 157
V5 177
VAN（腹側注意ネットワーク） 30, 127
VFC（腹側前頭皮質） 129

## ア行

アウェアネス 99, 133
アクセス可能な意識 92
アルツハイマー病 211
アルファ帯域 202
暗算課題 163
暗所視条件 161
安静時 63

ビンステッド（Binsted, G.）　168

ブーヴィエ（Bouvier, S.）　170
フェルナンデス - ドゥケ（Fernandez-Duque, D.）　212
フォーク（Folk, C. L.）　40
フォーゲル（Vogel, E. K.）　54, 71, 82, 88, 110
フクダ（Fukuda, K.）　88
プライム（Prime, D. J.）　172
フリードマン（Friedman, N. P.）　218
ブロック（Block, N.）　92
ブロードベント（Broadbent, D. E.）　16, 97

ペッペル（Poeppel, E.）　10
ベーラー（Boehler, C. N.）　175

ポズナー（Posner, M. I.）　24, 25, 30
ホフマン（Hoffman, J. E.）　172
ホフマン（Hoffman, L.）　163, 170
ホロウィッツ（Horowitz, T. S.）　39

―――――― マ行 ――――――
マイヤー（Mayer, J. S.）　63
マカルソ（Macaluso, E.）　142
マクナブ（McNab, F.）　111
マチザワ（Machizawa, M. G.）　82
マッキールナン（McKiernan, K. A.）　61

マロイス（Marois, R.）　85
マロワ（Marois, R.）　200

ミヤケ（Miyake, A.）　217, 218
ミラー（Miller, G. A.）　54

ムーア（Moore, C. M.）　176

メイソン（Mason, M. F.）　64

―――――― ラ行 ――――――
ライス（Reiss, J. E.）　172
ラヴィ（Lavie, N.）　101
ラック（Luck, S. J.）　54, 56, 71, 78, 171

リッツォ（Rizzo, M.）　211
リェラス（Lleras, A.）　176
リラ（Lyyra, P.）　212

ルザッチ（Luzzatti, C.）　32

レイヴン（Raven, J. C.）　218
レヴィン（Levin, D. T.）　207
レヒト（Lehto, J. E.）　218
レンシンク（Rensink, R. A.）　69, 150, 207

ロック（Rock, I.）　100

シャー（Shah, P.）　217
ジャ（Jha, A. P.）　112
ジャスト（Just, M. A.）　53
シャライス（Shallice, T.）　52
ジャン（Jiang, Y.）　167
シュルマン（Shulman, G. L.）　128, 196
聖徳太子　18
ジョニデス（Jonides, J.）　27
シルヴァーマン（Silverman, G. H.）　37
シルヴァント（Silvanto, J.）　170
シンガー（Singer, W.）　42

スー（Xu, Y.）　85
スパーリング（Sperling, G.）　91
スライト（Sligte, I. G.）　90

ソト（Soto, D.）　56

──────── タ行 ────────

ダウニング（Downing, P. E.）　56
タタ（Tata, M.）　177
ダックス（Dux, P. E.）　163
ダン（Dunn, D.）　98
ダンカン（Duncan, J.）　40

チェン（Chen, Z.）　173
チャクラバルティ（Chakravarthi, R.）　170
チャブリス（Chabris, C. F.）　135
チャン（Chun, M. M.）　85, 167

ティッパー（Tipper, S. P.）　100
デイネマン（Daneman, M.）　216

ディ・ロロ（Di Lollo, V.）　156, 157
テーヴス（Theeuwes, J.）　40
デネット（Dennett, D.）　206
デラ・サラ（Della Sala, S.）　218

トッド（Todd, J. J.）　85, 136
ド・フォッカール（de Fockert, J.）　105
ドライバ（Driver, J.）　96
ドルコス（Dolcos, F.）　112
トレイスマン（Treisman, A.）　34, 99, 170, 173

──────── ナ行 ────────

ナカヤマ（Nakayama, K.）　37
難波精一郎　3

ノーマン（Norman, D. A.）　52

──────── ハ行 ────────

ハーヴィスト（Haavisto, M-L.）　218
パーク（Park, S.）　117
バックナー（Buckner, R. L.）　64
バッドリー（Baddeley, A. D.）　51, 215
ハンドリー（Handley, S. J.）　218
ハンフリーズ（Humphreys, G. W.）　40, 56

ビシアッチ（Bisiach, E.）　32
ピーターセン（Petersen, S. E.）　30
ヒュッテル（Huettel, S. A.）　212, 224
ピリング（Pilling, M.）　177
廣瀬信之　149, 165

# 人名索引

## ア行

アウグスチヌス（Augustinus） 2
アチュリー（Atchley, P.） 163, 170
アトキンソン（Atkinson, R. C.） 50
アンダーソン（Anderson, D. E.） 78

イワノフ（Ivanoff, J.） 200
インドヴィナ（Indovina, I.） 142

ウォルフ（Wolfe, J. M.） 37, 39
ウッドマン（Woodman, G. F.） 56, 171

エグリィ（Egly, R.） 28
エングル（Engle, R. W.） 57, 109
エンズ（Enns, J. T.） 157, 169

オウ（Awh, E.） 55, 77, 78
オクレイブン（O'Craven, K. M.） 58
苧阪直行 18, 53, 72, 94, 120, 131, 149, 165, 216
オフィア（Ophir, E.） 89

## カ行

ガザレイ（Gazzaley, A.） 113
カストナー（Kastner, S.） 60
ガットマン（Gutman, D.） 100
カバナー（Cavanagh, P.） 170
カハン（Kahan, T. A.） 169
カーペンター（Carpenter, P. A.） 53, 216

木原 健 190, 196

グッドヒュー（Goodhew, S. C.） 173
クーパー（Cooper, A. C.） 190
クライン（Klein, R.） 39
クランチオク（Kranczioch, C.） 203
クリングバーグ（Klingberg, T.） 111
クール（Coull, J. T.） 192
グレイ（Gray, C. M.） 42
グロス（Gross, J.） 202

ゲラトリー（Gellatly, A.） 169, 177
ケーン（Kane, M. J.） 109

コイヴィスト（Koivisto, M.） 170
越野英哉 18, 64
コーティーン（Corteen, R. S.） 98
コルベッタ（Corbetta, M.） 128, 191, 196
コーワン（Cowan, N.） 55
コンウェイ（Conway, A. R.） 109

## サ行

サージェント（Sergent, C.） 200
ザン（Zhang, W.） 78

ジアスキ（Giaschi, D. E.） 177
ジェームス（James, W.） 13, 50, 96
シフリン（Shiffrin, R. M.） 50
シモンズ（Simons, D. J.） 135, 207

**執筆者紹介**

苧阪直行（おさか　なおゆき）【1章、4章（共著）、8章（共著）】
京都大学名誉教授　1976年京都大学大学院文学研究科博士課程（心理学専攻）修了、文学博士。京都大学名誉教授。専門は意識とワーキングメモリの認知神経科学

越野英哉（こしの　ひでや）【2章】
カリフォルニア州立大学サンベルナルディーノ校心理学部・教授　1994年カンザス大学博士課程、実験・認知心理学修了、Ph.D.　専門は視覚的注意とワーキングメモリの認知心理学・認知神経科学

坪見博之（つぼみ　ひろゆき）【3章】
富山大学人文学部准教授　2006年京都大学大学院文学研究科博士課程（心理学専攻）研究指導認定退学、博士（文学）。専門は意識とワーキングメモリの認知神経心理学

源　健宏（みなもと　たけひろ）【4章（共著）】
大阪大学大学院生命機能研究科招へい研究員　2011年京都大学大学院文学研究科博士後期課程（行動文化学専攻）修了、博士（文学）。専門は認知神経科学

松吉大輔（まつよし　だいすけ）【5章】
東京大学先端科学技術研究センター研究院講師　2009年京都大学大学院文学研究科博士後期課程（心理学専修）修了、博士（文学）。専門は物体認知の認知神経科学

廣瀬信之（ひろせ　のぶゆき）【6章】
九州大学大学院システム情報科学研究院助教　2007年京都大学大学院文学研究科博士後期課程（心理学専修）研究指導認定退学、博士（文学）。専門は視覚心理学

木原　健（きはら　けん）【7章】
鹿児島大学大学院理工学研究科助教　2007年京都大学大学院文学研究科博士後期課程（心理学専修）研究指導認定退学、博士（文学）。専門は視覚的注意の認知神経科学

田邊亜澄（たなべ　あずみ）【8章（共著）】
追手門学院大学特任助教　2010年京都大学大学院文学研究科博士課程（心理学専攻）研究指導認定退学、博士（文学）。専門は視覚認知心理学

**編者紹介**

苧阪直行（おさか　なおゆき）

1946年生まれ。1976年京都大学大学院文学研究科博士課程修了、文学博士（京都大学）。京都大学大学院文学研究科教授、文学研究科長・文学部長、日本学術会議会員などを経て現在、京都大学名誉教授、日本ワーキングメモリ学会会長、日本学術会議「脳と意識」分科会委員長、日本学士院会員

**主な著訳書**

『意識とは何か』（1996、岩波書店）、『心と脳の科学』（1998、岩波書店）、『脳とワーキングメモリ』（2000、編著、京都大学学術出版会）、『美を脳から考える』（2000、共訳、新曜社）、『意識の科学は可能か』（2002、編著、新曜社）、『心の神経生理学入門』（2005、共訳、新曜社）、『大脳皮質と心』（2005、共訳、新曜社）、*Cognitive Neuroscience of Working Memory*（2007、編著、オックスフォード大学出版局）、『ワーキングメモリの脳内表現』（2008、編著、京都大学学術出版会）、『意識の脳内表現』（2008、監訳、培風館）、『笑い脳』（2010、岩波書店）、『脳イメージング』（2010、編著、培風館）、『オーバーフローする脳』（2011、訳、新曜社）、『社会脳シリーズ 全9巻』（2012～2015、編著、新曜社）

---

社会脳シリーズ 3
**注意をコントロールする脳**
神経注意学からみた情報の選択と統合

| 初版第1刷発行 | 2013年 8月25日 |
|---|---|
| 初版第2刷発行 | 2016年11月15日 |

| 編　者 | 苧阪直行 |
|---|---|
| 発行者 | 塩浦　暲 |
| 発行所 | 株式会社　新曜社 |
| | 〒101-0051　東京都千代田区神田神保町3-9 |
| | 電話(03)3264-4973・FAX(03)3239-2958 |
| | e-mail：info@shin-yo-sha.co.jp |
| | URL：http://www.shin-yo-sha.co.jp/ |
| 印刷所 | 株式会社　シナノ |
| 製本所 | イマヰ製本所 |

Ⓒ Naoyuki Osaka, 2013　Printed in Japan
ISBN978-4-7885-1352-5　C1040

――― 新曜社の本 ―――

## 社会脳シリーズ〈全9巻〉 苧阪直行 編

**1 社会脳科学の展望** 脳から社会をみる
未来予測する脳、嘘つく脳、妬む心を担う脳…社会脳研究最前線。
四六判272頁 本体2800円

**2 道徳の神経哲学** 神経倫理からみた社会意識の形成
脳研究の進化がもたらした新しい哲学的・人間学的問題への挑戦。
四六判274頁 本体2800円

**3 注意をコントロールする脳** 神経注意学からみた情報の選択と統合
複雑化する情報社会。脳は心の働きをどうコントロールするのか?
四六判306頁 本体3200円

**4 美しさと共感を生む脳** 神経美学からみた芸術
人はなぜ美に惹かれるのか? 美への感動を生物学的立場から探る。
四六判198頁 本体2200円

**5 報酬を期待する脳** ニューロエコノミクスの新展開
脳の報酬系の働きを解明する、ニューロエコノミクスの最新研究。
四六判200頁 本体2200円

**6 自己を知る脳・他者を理解する脳** 神経認知心理学からみた心の理論の新展開
自己と他者をつなぐ心の迷路、「心の理論」の脳内メカニズムに迫る。
四六判336頁 本体3600円

**7 小説を愉しむ脳** 神経文学という新たな領域
文字や小説、詩歌をも愉しむ機能を、脳はどう獲得したのか?
四六判236頁 本体2600円

**8 成長し衰退する脳** 神経発達学と神経加齢学
新生児脳の発達の秘密から、高齢者の物忘れを防ぐ秘訣まで。
四六判408頁 本体4500円

**9 ロボットと共生する社会脳** 神経社会ロボット学
ペットや掃除、介護など日常生活に現れたロボットの未来を展望。シリーズ総索引付。
四六判424頁 本体4600円

＊表示価格は消費税を含みません